名·师·教·育·坊

向雅而行

—— 素养导向的雅慧教育实践

主编 高怀阳

四川大学出版社

图书在版编目（CIP）数据

向雅而行：素养导向的雅慧教育实践 / 高怀阳主编．
—成都：四川大学出版社，2025.5. --（名师教育坊）．
ISBN 978-7-5690-7550-2

Ⅰ．G62-53

中国国家版本馆 CIP 数据核字第 2025C1S963 号

书　　名：	向雅而行——素养导向的雅慧教育实践
	Xiangya'erxing——Suyang Daoxiang de Yahui Jiaoyu Shijian
主　　编：	高怀阳
丛 书 名：	名师教育坊

丛书策划：	梁　平　唐　飞
选题策划：	梁　平　李　梅　孙滨蓉
责任编辑：	李波翔
责任校对：	杨梓樱
装帧设计：	裴菊红
责任印制：	李金兰

出版发行：	四川大学出版社有限责任公司
地　　址：	成都市一环路南一段 24 号（610065）
电　　话：	（028）85408311（发行部）、85400276（总编室）
电子邮箱：	scupress@vip.163.com
网　　址：	https://press.scu.edu.cn
印前制作：	四川胜翔数码印务设计有限公司
印刷装订：	成都金龙印务有限责任公司

成品尺寸：	170 mm×240 mm
印　　张：	22
字　　数：	401 千字

版　　次：	2025 年 5 月 第 1 版
印　　次：	2025 年 5 月 第 1 次印刷
定　　价：	88.00 元

本社图书如有印装质量问题，请联系发行部调换

扫码获取数字资源

四川大学出版社
微信公众号

版权所有 ◆ 侵权必究

编 委 会

主　编：高怀阳

副主编：王欢　谢晓琼　李艳

编　委：（以姓名拼音为序）

程　娇　高怀阳　苟　亮　李彩琼　李　红

李　艳　戚　伟　王　欢　吴南明　向　玲

谢晓琼　熊柳欣　徐　泽　杨晓春　张　博

张坤菊　朱　霞

写起来，更"雅慧"

就教师写作，我认为有这样一些意义和价值：一是可以梳理和砥砺自己的思想。法国启蒙思想家帕斯卡尔说："人是一根能思想的苇草"，"我们要努力好好地思想，这就是道德的原则"。写作是梳理和砥砺自己思想的一种途径，它可以促进我们的思想，帮助我们好好地思考。一方面，写作（不仅是书面写作，讲述、交流实际上具有同样的价值）是将内心的言说转化为外显的词语，写作需要接受语言的规范和逻辑的约束，写作的过程既是内在思想条理化、深刻化、系统化的过程，也是表达规范化和精致化的过程。另一方面，写作和言说将缄默的知识明晰化，使个体的思想成为可以传递和分享、讨论和批评的公共知识，并且能在传递和讨论过程中生长、改造，使其更加丰富和成熟。二是反思和建构自己的实践。写作是一种反思行为，通过写作的反思，教师可以对自己、自己的专业活动乃至相关的事物有更深入的认识和理解，并在认识和理解中发现其中的意义。同时写作又是一种建构行为，通过写作的建构，我们可以发现更为理想和值得追求的未来。三是可以交流和传播自己的经验。教育实践的改善和教育科学的繁荣都需要广大一线教师的成功案例和经验，教师应该主动地总结和传播自己的成功经验。英国作家萧伯纳说："你一个苹果，我一个苹果，咱俩交换，我们各还是一个苹果；你一个思想，我一个思想，咱俩交换，我们各就有两个思想。"四是记录和留下生命的"痕迹"。基于教师的写作具有叙事性，叙事性写作更为深刻的意义在于审视自己的生命，为自己的生命留下"痕迹"，这种"痕迹"具有"立言"的性质和"不朽"的可能。

通江县第六小学在高怀阳校长的领导下，以"养高雅之气，育聪慧之人"为教育追求，开展"雅慧教育"，着力培养"外雅于形、内慧于心，有家国情怀、未来眼光"的现代学生，实现了高质量的快速发展。在办学过程中，学校领导注重理性实践和经验总结，鼓励和支持教师写作。《向雅而行——素养导向的雅慧教育实践》一书，不仅呈现了学校在教育理念、德育实践、课程建设、科研成果等多个方面的不断探索，而且促进和展示了教师的成长进步。可喜可贺，为之点赞：写起来，更"雅慧"！

审视当下，可以说现在的学生需要"雅"和"慧"，社会和学生需要"雅慧教育"。关于雅慧和雅慧教育，高怀阳校长有这样的界定："雅者，正也。正而有美德者谓之雅。慧者，心系于事也。明白一切事相谓之智，了解一切事理谓之慧。雅是德，慧是智。雅慧教育的目的，是引导学生发展成为内涵修养丰富，外在气质优雅的雅士、慧者，开启学生的幸福人生。"这种定位指明了雅慧教育的目标和方向。

"雅慧"需要修养。"修以求其粹美，养以期其充足；修犹切磋琢磨，养犹涵育熏陶。""雅"代表着高尚、文雅、纯正和合乎规范，"雅"不仅体现在语言、行为举止等外在表现上，更体现在精神追求、艺术向往和生活方式等方面。"慧"是智慧，智慧不仅体现为所学和人生经验的灵活运用，而且体现德行标准和更高的境界要求。"雅慧教育"需要"雅慧教师"，写作是修炼"雅慧教师"的一种有效途径。书中有"雅慧"，写作提升"雅慧"。

期待通江县第六小学在"雅慧教育"的道路上越来越好，教师和学生一起越来越"雅慧"。

成都大学师范学院教授
四川西部教育研究院院长

2024 年 7 月 11 日

前 言

通江县第六小学开办于2014年9月,地处高明新区城乡接合部。建校之初,学校面临地域劣势、生源不足、师资薄弱、缺乏知名度等诸多困难。学校班子通过广泛调研、深入思考,确定了以"雅慧教育"为载体的办学思想,旨在培养"外雅于行、内慧于心,有家国情怀、未来眼光"的现代小学生,办"质量一流,特色鲜明,家长满意,学生向往"的川东北名校。雅是德,慧是智。"雅慧教育"的核心是五育并举,目标是立德树人。

办学10年来,学校紧紧围绕"雅慧教育"的办学思想,通过建雅慧校园、塑雅慧教师、修雅慧课程、育雅慧学生,实现了学校的快速发展。学校持续开展"12345"("一赛二帮三研四课五星")教师专业发展工程。一赛:每年举行一次学科全员课堂教学竞赛。二帮:建立教师发展共同体,通过"五共"(共读、共教、共研、共进、共成长),助力青年教师专业发展。三研:每周三个半天分学科集体开展校本教研活动,星期二下午语文,星期三上午综合(科学、英语、音乐、体育、美术和书法),星期四下午数学。四课:每年开展一次新进教师见面课、青年教师合格课、骨干教师示范课、校级班子和中年教师研讨课。五星:五星级教师专业能力培养体系,每个星级设置专业能力标准,从一星到五星逐级申报,每年考核一次,考核合格方可申报下一个星级,不断提升教师的专业素养。通过党建引领师德师风建设,培养教师的敬业精神,教育教学质量不断提升,一直名列全县同类学校前茅,书法、劳动、足球三块品牌不断彰显,得到社会和家长的高度认可。在校学生由600余人迅速增加到2700余人,生源质量不断改善。系统开展德育课程、艺术体育课程、传统文化课程、劳动实践课程、五育融合课程,助推学校高质量发展。学校荣获国家、省、市、县各类荣誉108项,被中央电视台、学习强国、《中国教育报》、《四川教育》、《教育导报》、《巴中日报》、巴中电视台等主流媒体多次报道。在"雅慧教育"的实践过程中,我们从理论思考、课程建设、教学实践等各方面都积累了广泛的素材和资料,有的已写成了文章，发表在国家、省级报刊；有的作为练笔，成为珍贵的第一手资料。

2024年是学校办学十周年，我们把教师们10年来笔耕的成果，按照学校管理、德育实践、课程建设、科研实践等类别汇编成册，公开出版，既是教师们热爱六小、建设六小、发展六小的缩影，也是向学校十周年华诞献礼！既是总结过往，更是激励将来。

本书出现的人名均为化名。由于教师们主要是利用课余时间和假期进行写作，受时间和写作水平的限制，书中内容难免存在错漏，敬请读者批评指正。

本书编委会

2024年9月9日

目 录

第一篇　学校管理

养高雅之气　育聪慧之人
　　——通江县第六小学"雅慧教育"实践 ………… 高怀阳 / 3
实施"雅慧教育"　向"雅"而行　因"慧"而生
　　…………………………………… 王　欢　谢晓琼 / 9
"五融"工作法提升学校思想政治工作水平 ………… 田　涛 / 13
落实"雅慧"教育理念　助力学生成长成才 ………… 张彩兰 / 16
以勤为本培塑小学生良好品格 ………………………… 李彩琼 / 20
墨香雅行　书道慧心 ………… 高怀阳　谢晓琼　戚　伟 / 23

第二篇　德育实践

学生不想上学的背后 …………………………………… 高怀阳 / 29
课程赋能　劳动育德 …………………… 王　欢　冉倩华 / 31
以爱之名　将心比心 …………………………………… 程兰平 / 37
那些照片背后的故事 …………………………………… 张　琳 / 39
平凡彰显伟大　伟大隐于平凡 ………………………… 苟　亮 / 42
为心灵"护航"　为成长"扬帆" ……………………… 朱元芹 / 45
擦星星的人 ……………………………………………… 陈伟红 / 48
"小魔王"变形计 ………………………………………… 任亚楠 / 51
立德树人　培育"雅慧"少年 …………………………… 赵　静 / 54

加强班级管理　打造优质班级
　　——小学班主任加强班级管理的有效策略 ············· 赵志强 / 57
用爱育桃李芬芳 ··· 杨　艳 / 61
潜心耕耘　静待花开 ·· 杨晓春 / 65
付出必有回报　真情必有回应 ································· 程　娇 / 69
三尺讲台　无悔选择 ·· 何　燕 / 72
育心之花　行爱之旅 ·· 李海霞 / 75
我的成长故事
　　——知己知彼，谋定而后动 ································ 向　玲 / 78
"熊孩子"也有春天 ··· 王亚兰 / 81
浅谈为特殊需要学生的教育撑伞
　　——以"校长助理"李欣为例 ······························ 段豆豆 / 84
守望花开 ··· 闫　静 / 88
"立德树人"育人案例分析 ······································· 杜　沫 / 90

第三篇　课程建设

劳动实践，学校思政教育新路径
　　——让孩子们在"田间地头"接受思政教育 ············· 高怀阳 / 97
发现内在联系，促进结构化学习
　　——以西南大学版六年级上册"圆"单元为例 ·········· 王　欢 / 100
读《诗经》有感 ··· 向建川 / 106
浅谈儿童视野下的小学语文识字教学 ·························· 谢晓琼 / 109
核心素养视域下信息技术助力数学模型意识形成 ············ 朱　霞 / 112
浅谈小学科学教师如何有效备课 ······························· 徐　泽 / 115
以形助理，让算理可视
　　——数形结合在乘法分配律教学中的运用 ··············· 张进华 / 119
小学低段数学家庭作业"变形记" ······························ 王　欢 / 123
浅谈小学低中段写作能力的培养 ······························· 李琼阳 / 128
探究小学语文教学中的互动式学习策略与效果 ··············· 冯　艳 / 132
新课标下小学数学跨学科融合的思考与实践 ·················· 李晓红 / 135
浅谈如何提高六年级学生数学计算的正确率 ·················· 王　丽 / 139
新课标下小学音乐教育与美育结合路径 ······················· 米大微 / 143

篇名	作者	页码
基于小学数学大单元教学的实践与思考	杜俊华	146
以课程建设为核心　深化"雅慧教育"实践	李　艳	149
小学数学作业设计多元化实施路径	戚　伟	153
浅析如何在阅读教学中张扬学生的个性	谢晓琼	156
浅析如何减少小学三年级学生的错别字	熊柳欣	159
小学语文习作训练的有效策略	冉倩华	162
小学英语绘本教学探究	张素菲	166
如何提升小学数学课堂效率	李　萍	170
在"商的近似值"教学中培养学生的核心素养	王利华	173
小学生自主学习能力培养策略	吴伦一	176
"双减"背景下小学数学作业设计策略	吴　彪	179
班级事务网格化管理实践与初探	王晓莉	181

小学语文"随课微写"设计策略
　　——以"火烧云"教学为例 …………………… 董帅缨 / 184
让量感在小学数学课堂中落地生根 …………………… 吴南明 / 188
基于团队合作小学低段识字教学的策略 …………………… 李　红 / 191
浅谈小学生数学思维的培养 …………………… 李　玲 / 195
小学数学"圆、圆柱、圆锥"章节计算策略
　　——计算策略"五招"法 …………………… 王俊蓉 / 198
小学语文教学的创新性策略 …………………… 谢　丹 / 203
浅谈小学美术创造性思维能力培养策略 …………………… 杨晓燕 / 206
小学低年级数学语言表达能力的培养策略 …………………… 唐小梅 / 209
浅谈低段语文学习兴趣培养 …………………… 刘晓莉 / 214
从"感性要求"到"理性要求" …………………… 谭　滨 / 217
优秀传统文化在小学语文课堂中的渗透策略 …………………… 张　博 / 220
践行"以学为主"　让探究走向深入
　　——"平均数"教学实践与思考 …………………… 李　艳 / 223
图文结合　启迪思维
　　——探讨小学语文课本插图在阅读教学中的实践应用
　　………………………………………………… 郭　芳 / 232
数学游戏在小学数学教学中的有效应用研究 …………………… 龙春桦 / 235
重视细节构建优质高效的语文课堂 …………………… 张坤菊 / 240

小学低段课堂管理问题的成因及对策 …………………… 金　敏 / 243
汉字之美　美在风骨
　　——微课在小学语文识字教学中的应用 …………… 李崇芳 / 248
小学科学教学质量提升之我见 ………………………… 曾义军 / 251
在小学语文教学中渗透德育的思考与实践 ……………… 艾　梅 / 255
基于核心素养的小学高段语文写作教学研究 …………… 何亚琼 / 258
绘本教学在小学作文中的创新应用研究 ………………… 吕俊英 / 261
浅谈如何转化小学后进生 ………………………………… 苟泽国 / 264

第四篇　科研实践

小学足球特色学校建设策略
　　………… 高怀阳　王　欢　李　艳　张进华　向　鹏　向　东 / 269
传统文化理念下的小学生"勤、礼、孝、信"品格培育体系
　　的建构与实践 ………… 王　欢　高怀阳　李　艳　熊柳欣 / 296
基于激发教师内驱力的星级教师动态评价策略
　　………… 王　欢　高怀阳　熊柳欣　李　艳　朱　霞　谢晓琼 / 317

第一篇 学校管理

养高雅之气 育聪慧之人

——通江县第六小学"雅慧教育"实践

高怀阳

优质学校如何更优质，薄弱学校如何突破瓶颈、走向优质，这是每个学校在发展中都应思考的问题。通江县第六小学是一所新建学校，地处城乡接合部。建校之初学校面临地域劣势、条件艰苦、师资薄弱、缺乏知名度等诸多困难。快速提升办学质量，办出让人民满意的教育，成了学校的当务之急。通江县第六小学结合学校实际，经过认真研究，提出了"养高雅之气，育聪慧之人"的教育追求和以"雅慧"为核心的校园文化建设策略，着力培养"外雅于形、内慧于心，有家国情怀、未来眼光"的现代学生。

"雅慧教育"的实施，引领学校实现了快速发展。如今的通江县第六小学环境优美，特色鲜明，文化氛围浓厚，赢得了社会各界的广泛好评。在校学生从600余人迅速发展到2700余人，呈现出勃勃的发展生机。

雅者，正也。正而有美德者谓之雅。慧者，心系于事也。明白一切事相谓之智，了解一切事理谓之慧。雅是德，慧是智。通江县第六小学"雅慧教育"的核心是以德为先，德智共生，全面发展。雅慧教育的目的，是引导学生发展成为内涵修养丰富，外在气质优雅的雅士、慧者，开启学生的幸福人生。

一、雅慧校园，一花一景皆育人

校园是师生学习和生活的重要场所，对师生行为习惯、品格的形成具有潜移默化的影响作用。学校始终把打造清幽、雅致、优美的自然环境和包容、互助、奋发有为的人文环境作为"雅慧教育"的重要内容。校园内的一草一木、一砖一石、一言一行皆体现出教育的引导和熏陶。

（一）建筑景观浸润雅

学校因地制宜，打造了一轴四景——杏坛讲学浮雕、校赋墙、校训墙、雅慧雕塑群，两室两场——校史陈列室、图书室、雅慧广场、运动场，一囿一堂——艺囿、通慧堂，三廊四楼——尔雅廊、尔慧廊、初心廊、静雅楼、勤雅楼、博雅楼、品雅楼。校园内的建筑和景观，从色彩到命名无不体现出"雅"的气质。以楷、行、草、隶、篆五种书法字体书写的"雅""慧"形成的中国印，由汉隶书写的校训"尔雅尔慧"，编钟、编磬、围棋、古琴雕塑等校园景观，处处透露着文气和雅气。

（二）校园绿化勾勒雅

学校的桃园、李园、樱桃园、海棠园相继成形，"春赏繁花秋尝果"的意境应时而生，蔷薇、杜鹃、丹桂、紫薇、玫瑰、月季、紫荆与各色时令鲜花交相开放。爬山虎绿满墙，三角梅红满窗。朝夕闻鸟语，四季有花香。校园内，人与自然相得益彰。师生身临其中，心灵得以净化，智慧得以提升。

（三）人文环境彰显雅

最好的教育不是说教而是影响。学校要求从校长到其他班子成员必须是全体教职工"行的榜样，学的示范"，做到"谋事干事勇担当，清正廉明做表率"。学校不断创新管理策略，营造了良好的校园氛围。学校坚持制度化和人性化相结合、原则性和灵活性相结合、层级管理和扁平管理相结合的管理三原则，既给教师留足个性发展的空间，又要求教师自觉遵守各项规则，努力工作、不断进取。学校做到了树立正气，避免"劣币驱逐良币"；公平公正，激发教师的工作热情；民主参与，人人都是学校主人。由是，包容互助、奋发有为的人文环境逐渐形成。

二、雅慧教师，打造"五星"教师成长体系

雅慧教师是推进"雅慧教育"的关键。学校致力于培养一支言行雅正、知识丰富、技能卓著的雅慧教师队伍。学校通过"党建示范、愿景激励、文化引领、制度保障"等策略，营造了良好的校园生态，激励每位教师树立自己的职业愿景，为实现自己的人生价值而努力工作。在每周的工作例会上，学校都会对教师进行鼓励和引导。每年利用"七一"和教师节评选"优秀党

员""师德标兵""年度人物""优秀教师""优秀班主任""最美雅慧教师"等,弘扬正气,激励先进。

新课改对教师的专业发展提出了新要求。学校立足本校现有的资源,为教师搭建发展的平台。学校每年选派学科教师赴成都、北京等各地参加培训,学习先进的教育思想和教学方法。学校还邀请省内外知名教育专家、特级教师进校园举办讲座、巡课、评课,对教师进行全员培训。学校加强了课题研究和校本研修,培养科研型教师,将科研成果纳入绩效考核和评职晋级评优选模计分项目,激发教师参与课题研究的积极性。

学校持续开展了"12345"("一赛二帮三研四课五星")教师专业发展工程。"一赛"是指每学期开展一次课堂教学竞赛。"二帮"是骨干教师与青年教师结对帮扶。"三研"是每周固定三个半天开展学科校本教研,周二下午为语文教研时间,周三上午为艺体及综合科教研时间,周四下午为数学教研时间。学校的课表专门为校本教研留出了时间,确保任课教师全员参与。"四课"是指新进教师的见面课、青年教师的合格课、骨干教师的示范课、校级班子和中老年教师的研讨课,由学科教研组实施,每学年分别进行一次。"五星"是指学校的"五星级教师专业化发展培养"工程。学校制定了星级教师的专业化标准,教师对标申报,学校组织评议审核。审核通过后,学校将根据不同的星级标准给予每年200~1000元的科研经费补助,同时把星级教师评定和评职晋级挂钩。星级教师只能逐级申报,每年一考核,考核合格的方可申报高一星级,不合格的将不再享受相应荣誉和补助。县级骨干教师必须从三星级以上教师中推荐,市级骨干教师从四星级中推荐,以此类推。目前,学校有四星级教师1人,三星级教师12人,二星级教师20人,一星级教师28人。星级教师的评定只看专业水平,不受名额限制。这既是对职称评定受名额和硬条件限制的补充,又避免了职称评定一评定终身、一评了事的弊端,有力激发了教师专业发展的动力。

星级教师培养,目的是让年轻教师迅速成长,中年教师不断走向优秀。李丽和向一两位教师四年前考入学校,短短几年已成长为在市内有影响的学科骨干教师——李丽在课堂展评中获全市第一名,向一代表巴中参加全省课堂展评获二等奖。徐明由一位年轻教师迅速成长为全县科学学科带头人,在全市科学课堂教学展评活动中获一等奖,参加全省、全国实验操作比赛和科技创新大赛,屡获佳绩。到目前为止,学校教师在全国、省、市、县课堂教学展评和各项专业技能竞赛中获一、二等奖的达100多人次,为教学质量的提升奠定了坚实的基础。

三、雅慧课程，走高质量发展之路

课程建设是学校走向高质量发展的必由之路。雅慧课程是"雅慧教育"的重要载体。近年来，学校大力进行课程建设，开发了传统文化、品格教育、艺术体育、实践体验等雅慧课程体系。雅慧课程既关注学生的实践动手能力，又关注学生的品行修养和智力发展，让学生在活动中求知，在活动中益智。

（一）传统文化课程

学校打破了每节课 40 分钟的固定范式，推行了长短课。每天上午，全校统一开展 20 分钟的经典诵读，从"三百千"及《弟子规》《声律启蒙》《笠翁对韵》等蒙学到"四书五经"等传统经典，全员诵读，师生共读。每天下午课前 20 分钟，全校学生进行书法练习。通过开展国学吟诵、书法、国画、剪纸、古筝、武术、围棋、中国象棋等社团活动，大力弘扬传统文化。

（二）品格教育课程

学校把"正品成格，立德树人"作为"雅慧教育"的核心要义，以"勤、礼、孝、信"为核心，根据学生的不同年龄特征，持续开展品格教育。最好的教育就是无所作为的教育。学生看不到教育的发生，教育却实实在在地影响着他们的心灵。学校通过班级"集雅榜"、评选"品格小明星""最美雅慧学生""中华好少年"、举行班队活动等多种途径，把教育融入生活之中、活动之中，寓教于做，寓教于乐，努力实现"四爱"的德育目标，引导学生爱生命、爱父母、爱同学、爱祖国。

（三）艺术体育课程

学校开设有国学文化艺术节、校园吉尼斯、樱桃诗会、桃李文化节、"雅慧之声"校园卡拉 OK 大赛、千人现场书写大赛、师生田径运动会、校园足球联赛等传统活动，成立了科创、蜀绣、舞蹈、绘画、书法、剪纸、古筝、跆拳道、武术、围棋、中国象棋、国学吟诵、银耳种植、花木种植等四十多个精品社团，为实现学生德智体美劳全面发展搭建了广阔的平台。

（四）实践体验课程

校园内，学校设有以粮食、蔬菜、耳类、花木种植为主要内容的实践体验园地，让学生动手操作，引导学生去实践、去体验、去感受、去生长。学校与通江县银耳科研所、通江银耳博物馆合作，指导学生参与银耳种植实践的全过程，收获的银耳在食堂熬成银耳羹供全校师生分享。校园外，通过学校+基地，充分利用国家研学旅行的政策空间，改变走走看看的单一模式，把研学旅行和劳动实践有机整合，开发出学生喜欢、家长支持，融德智体美劳为一体的研学课程。这些课程既培养、锻炼了学生的实践能力，又让学生充分了解了家乡，彰显了地域特色。学生以身为通江人而自豪，家国情怀愈发浓烈。

学校栽植了大量果树，打造了桃园、李园、樱桃园，因地制宜，创新性地开发和设置了"樱桃诗会""桃李节"等校本课程，春赏繁花秋尝果。这类课程既培养了学生的生态意识，又让学生了解了"春华秋实"的生命过程。中央电视台、学习强国、《中国教育报》、《四川教育》、《教育导报》、《巴中日报》、巴中电视台等主流媒体对学校的实践课程多次进行了专题报道。课程建设为学生的未来多播下几粒种子，总有一粒会生根发芽、开花、结果。

四、雅慧学生，助推核心素养生成

培养"博识约取、知书达礼"的雅慧学生是"建雅慧校园，塑雅慧教师，修雅慧课程"的终极目标。学校自建校以来，特别重视学生的德、智、体、艺、能全面发展。学校通过雅慧课程的实践，培养了学生良好的行为习惯和道德品质。学校发挥了课堂教学的主渠道作用，把德育内容细化到学科教学之中，渗透进世界观、价值观、道德观的培养。在课堂教学中，教师根据学科特点引导学生动口、动手、动脑，用心参与实践活动，让学生在探索中获得真知，在体验中激活思维，在实践中生成核心素养。学校组织学生成立了丰富的社团，举办各类活动，为学生搭建了个性展示的舞台，在丰富的活动中培养了学生的团队精神、合作意识和坚韧意志。学生在国家、省、市、县各类比赛中获奖 1000 余人次，真正朝着"外雅于行，内慧于心"的方向迈进。

办学近十年来，学校先后荣获"全国校园足球特色学校""四川省义务教育优质发展共同体领航学校""四川省校园足球示范学校""四川省优秀传统文化传承学校""四川省少先队工作先进单位""巴中市文明校园""巴中市阳光体育示范学校"等国家、省、市级荣誉40多项。学校连续九年在主管部门组织的年度综合考核中获一等奖,连续八年被政府和教育主管部门评为"教育教学质量先进单位"。

一路研究,一路花开。雅慧兼行,蓄势起航。通江县第六小学正在脚踏实地,走内涵发展之路,让"外雅于行,内慧于心"不仅成为师生的品格,更成为学校的品格。

(本文于2020年11月发表在《四川教育》总第715期)

实施"雅慧教育" 向"雅"而行 因"慧"而生

王 欢 谢晓琼

一、建"雅慧"校园 养高雅之气

"雅"者，正也。正而有美德者谓之雅。"慧"者，心系于事也。明白一切事相谓之智，了解一切事理谓之慧。雅是德，慧是智。在通江县第六小学看来，想要培养"外雅于行、内慧于心，有家国情怀、未来眼光"的现代小学生，学校教育必须对学校的周边环境、学生的来源保持足够的敏感性，不只关注知识的传递，更要致力于让孩子们厚植"外有雅言雅行、内有慧心慧质"内外兼修的人格，把知识转化为智慧，从能力走向智慧，让智慧驻扎童心。同时，通江县第六小学的"雅慧"文化，雅与慧是相互支撑、共同促进的关系，因雅致慧，以慧养雅。总之，通江县第六小学雅慧教育的核心，是以德为先、德智共生、全面发展。雅慧教育的目的，是引导学生发展成为内涵修养丰富，外在气质优雅的雅士、慧者，开启学生的幸福人生。

"雅慧"文化，不是飘在空中的精神，而是可以触摸的美好。"一轴四景一音韵"——孔子塑像、雅慧雕塑、校训墙、通江县第六小学赋、杏坛讲学浮雕；"一院一堂"——博雅书院、通慧堂；"三廊四楼"——初心廊、尔雅廊、尔慧廊、静雅楼、勤雅楼、博雅楼、品雅楼……从可观、可感、可碰触的观赏和实用并存的建筑，到以楷、行、草、隶、篆五种书法字体书写的"雅""慧"形成的中国印，由汉隶书写的校训"尔雅尔慧"，编钟、编磬、围棋、古琴、雕塑等校园景观以及廊道文化，通江县第六小学让学生触摸世界文明，领略人类的伟大创举，感受别具匠心的表达方式和艺术美感，为灵魂深处注入"雅"的气质，拓宽视野、提升格局。伴随每年四季的循环节律，学校的桃园、李园、樱桃园、海棠园相继形成"春赏繁花秋尝果"的意境，蔷薇、杜鹃、丹桂、紫薇等各色时令鲜花交相开放。"朝夕闻鸟语，四季有花香",雅慧文化带着醉人的芬芳如百花齐放般弥散校园,体现出无尽的育人价值。

"雅慧"文化,不是空洞的说教,而是耳濡目染的影响。"从校长到其他班子成员必须是全体教职工'行的榜样,学的示范',做到'谋事干事勇担当,清正廉明做表率'。"这是通江县第六小学对全体教育者的要求。在党建引领下,学校始终坚持通过点燃、唤醒、激活、鼓励与成就等方式,来治理学校的人、事、物、空间、信息、风气,既给教师留足个性发展的空间,又要求教师自觉遵守各项规则,努力工作,不断进取。学校一直坚持制度化和人性化相结合、原则性和灵活性相结合、层级管理和扁平管理相结合的原则,因此,通江县第六小学的教师没为评职晋级、评优评先、绩效发放产生过矛盾,因为每个人只要努力就能被认可和奖励。如今,公平公正、积极进取、良性竞争已然成为学校的清新风气,行政团队清醒清廉、教师团队清雅清纯。这是雅慧文化深入每位教育工作者血液的本真表现。

二、修"雅慧"课程 培"雅慧"学生

"雅慧"课程是学校为了实现教育目标而规定的教育内容、实施教学过程的总和。通江县第六小学"雅慧"文化的课程化表达,便是"雅慧课程"体系。结合培育学生综合素养、落实"五育并举"、传承传统文化等多重目标,"雅慧课程"体系以书香墨香为"经",以传统文化为"纬",以雅慧教育为根,以高效课堂为本,以"五育并举"为目标,下设传统文化、品格教育、艺术体育、实践体验等多元课程。

中华优秀传统文化课程,聚焦大力弘扬优秀传统文化。依循小学生认知规律,学校打破"每节课40分钟"的传统模式,推行"长短课":每天上午20分钟,从《三字经》《百家姓》《千字文》《弟子规》《声律启蒙》《笠翁对韵》等蒙学到"四书五经"等传统经典,实施全员通读,师生共读。每天下午课前20分钟,全校学生进行书法练习。开展吟诵、书法、国画、剪纸、古筝、武术、围棋、中国象棋等社团活动,让传承中华优秀传统文化的种子在学生心中发芽、开花。

品格教育课程,聚焦塑造学生健全人格。学校把"正品成格、立德树人"作为"雅慧教育"的核心要义,以"勤、礼、孝、信"为核心,根据学生的不同年龄特征,持续开展品格教育。通过评选"品格小明星""最美'雅慧'学生""中华好少年"、发布"集雅榜"、举行班级活动等多种途径,

把教育融入生活之中、活动之中，寓教于做，寓教于乐，努力实现"四爱"德育目标，引导学生爱生命、爱父母、爱同学、爱祖国。

艺术体育课程，聚焦德智体美劳全面发展。无论是课后服务中的科创、蜀绣、舞蹈、绘画、书法、剪纸、古筝、跆拳道、武术、围棋、中国象棋、吟诵等四十多个精品社团，还是定期举办的国学文化艺术节、校园吉尼斯挑战赛、樱桃诗会、桃李文化节、"雅慧之声"校园卡拉OK大赛、千人现场书写大赛等，这些活动搭建的舞台，帮助通江县第六小学师生找到了自己发光的特长和优势，也找到了气质、经验、性格、兴趣匹配的"团友"，聚焦、碰撞、执行、创新，老中青一起，如切如磋，如琢如磨，书写着"雅慧"助力"五育并举"的教育美景。

实践体验课程，聚焦培养家国情怀和实践能力。校园内，学校设有以粮食、蔬菜、银耳、花木种植为主要内容的实践体验园地，依据桃园、李园、樱桃园等地创新性地开发设置了"樱桃诗会""桃李节"等校本课程，引导学生去实践、去体验、去感受、去成长。校园之外，创新开展"劳动实践＋研学旅行"的育人新模式，通过农耕文化、田园课堂、生存训练、劳动实践、红色教育等课程，落实"双减"政策，培养德智体美劳全面发展的时代新人。通江县第六小学的孩子们在百花簇拥中、在体味深耕中、在看着种子发芽结果中、在烹饪操作中、在美味品尝中，对家乡的特色熟稔于心，对得来不易的每一粒粮食都倍加感恩，更加热爱自己的家乡、自己的祖国。

三、塑"雅慧"教师　铸育人品牌

百年大计，教育为本；教育大计，教师为本。因此，通江县第六小学一直非常重视教师队伍建设。自办学以来，学校先后获得全国校园足球特色学校、四川省义务教育优质发展共同体领航学校、四川省校园足球示范学校、四川省优秀传统文化艺术传承学校、巴中市文明校园等国家、省、市级荣誉40多项。教师在各级专业技能竞赛中，获得国家级奖10人次，省级奖30人次，市级一、二等奖128人次，县级一等奖231人次，学生在国家、省、市、县各类比赛中获等级奖500余人次……一项项耀眼成绩的取得，与"雅慧"教师队伍的成长息息相关。在高校长的带领下，学校多措并举助力教师练就过硬本领，引领大家潜心教书、匠心育人。为了提升教师的思想道德素养，学校将"愿景激励、党建示范、文化引领、制度保障"等策略作为教师团队建设的理念，以此营造良好的校园生态，凝聚人心，激发斗志。通过精神哺育，引导教师从个体的"我"走向集体的"我们"；通过实践淬炼，评选"师德标兵""优秀教师""优秀党员""最美雅慧教师"，打造"雅慧教师朵朵开"的蓬勃生长景象；通过个性化发展，助力教师寻找到职业愿景；通过引导教师树立职业理想，激励教师热爱教育事业，激发出内生动力。如今的通江县第六小学，"雅慧"教师已然成为学校的亮眼品牌。

一面是师德，一面是教师专业素养。通过持续开展"一赛二帮三研四课五星"的"12345"教师专业发展工程，推行教学设计、教学进度、作业设计、质量评估、质量分析的"五统一"年级学科集体备课和电子备课模式，建立教师专业成长档案。通江县第六小学将教师专业成长同评优晋级、职称评定挂钩。通过新教师入职培训、优秀教师经验分享以及青蓝工程、师徒结对等方式，学校建立起"12345"五星级教师专业成长培养体系："一赛"是指每学期开展一次教师全员课堂教学竞赛。"二帮"是骨干教师与青年教师结对帮扶。"三研"是每周固定三个半天开展学科校本教研。"四课"是指新进教师的见面课、青年教师的合格课、中年教师的研讨课、校级班子和骨干教师的示范课。"五星"是指学校为期五年的"五星级教师专业化发展培养"工程，一年一考核，一年一评比，实行动态管理。每个星级的量化要求都不一样，按一至五星依次递增，考核合格才能进入下一个星级的申报。考核不合格的，要看是否达到继续保留在原星级的要求，否则就降一级。

纵观通江县第六小学近十年的发展历程，我们深刻认识到，即便是地处城乡接合部，没有教学资源上的优势，也依然可以开展整体育人的建构与实践：把雅慧文化传播到校园的每一个角落；以雅慧文化，描绘师生的精神长相；让雅慧精神融入自主、协作、扁平、闭环的高效管理；以"雅慧"课程串起学生成长的生动轨迹……雅慧兼行，蓄势起航。通江县第六小学的全体师生，依旧秉持着终身学习的理念，诗意地栖居在美丽的校园，践行着"外雅于行，内慧于心"的现代化教育新生活。

（本文于 2023 年 7 月发表在《中国教育报》第 11 版）

"五融"工作法提升学校思想政治工作水平

田 涛

学校思想政治工作是教育工作的重要组成部分,是培养学生正确世界观、人生观、价值观的重要途径。学校思想政治工作贯穿于学校教育教学工作的方方面面,对学生成长成才起着至关重要的作用。学校思想政治工作的开展需要我们高度重视和认真对待。

一、"融"目标,让工作方向明起来

坚持服务学校工作大局,将思想政治工作和党风廉政建设聚焦到学校发展目标上,以"融合学生成长"为主题,以"激发学生内生动力"为主线,紧密联系实际,坚持学研结合,确定了"进一步改进作风,推动高质量发展""推进党小组工作标准""提升书香校园软实力"等研究方向,作为思想政治工作和校园文化工作的重点目标与工作方向,持续加强思想政治工作的指引力、凝聚力和感召力。

二、"融"组织,让思政队伍强起来

充分依托党支部组织力,以党建带群团织密两张思想政治工作网。一是以党支部为基础架构,以党小组为工作点位,建立覆盖全校的学习工作小组网。发挥党支部战斗堡垒作用,拓展党小组学习功能,确保每一名党员、教师都纳入学习小组管理。有针对性地吸纳群众参与政治理论学习和各类活动,以"党员+群众"共同组队,开展"党建+安全""党建+法规"竞赛,"红色故事分享会"等活动,营造比学赶超的良好氛围,持续提升全体教职工素质。二是高质量构建"大思政"人才库。以"党建+业务+宣传"人才库为基础，不断提升人才库吸引力，把政治素质高、创新意识强、文字功底好、热爱宣传工作的优秀教师，特别是青年教师，吸纳到人才库中。采用自主选题、正向激励的方式，积极参与党建创新案例、微党课、微经验征集，及时总结经验，提炼做法，审视工作成效。

三、"融"教育，让思政内容新起来

有针对性地开展五类思政教育，不断丰富思政内容。一是以理论学习为先导。扎实抓好"四课"（新进教师见面课、青年教师合格课、中年教师研讨课、校级班子和骨干教师示范课），构建"三三"学习模式（原文研学＋现场参学、集中领学＋个人自学、理论学习＋工作实践），充分发挥理论学习中心组学习龙头作用，个人严格执行学习计划，落实学习任务，提升干部教师思想政治素养。二是以专业培训为支点。每年组织开展队会课评比，提升学校思政工作专业水平。三是以干部引领为带动。党支部书记每季度为全体教职工上党课，与党员教师谈心谈话，在工作生活中做好表率，增进教师认同。四是以先进典型为标杆。学习先进，典型引路，以点带面，推动教师思想道德水准的提高。五是以实践教育为特色。坚持研学结合，开展"研学旅行＋劳动实践"等系列活动，开展劳动技能交流与理论指导实践经验分享，提高教师运用科学理论解决实际问题的能力。

四、"融"文化，让思政氛围浓起来

开展"融"文化系列活动，从成长讨论、成长典型、常态化活动和文艺活动集中展示等方面营造良好的融合氛围，弘扬正能量，激发教师干事创业热情。开展评选"最美教师"活动，弘扬成长正能量；推进常态化的文化文明活动，与社区联系，常态化开展志愿联合活动；开展送温暖、送清凉、送祝福、送健康等活动，增强归属感、获得感、融入感、幸福感，注重家风培育，扩大文化辐射力；搭建文化活动阵地平台，组织开展弘扬主旋律，丰富"融"文化成果，通过壁州讲坛等形式，汇报文化成果、展示文化品牌积淀。

五、"融"阵地，让思政载体活起来

学校坚持"主题鲜明、功能实用、特色鲜明"的工作思路，结合实际，

在充分利用现有资源的基础上，初步构建形成了"1357"党建工作思路："一围绕"即围绕"为党育人，为国育才"的初心使命；"三融合"即党建工作与提升办学品位相融合，党建工作与乡村振兴相融合，党建工作与立德树人相融合；"五带头"即党员带头提高教学质量，党员带头完成乡村振兴，党员带头关爱留守学生，党员带头树立职业理想，党员带头维护学校团结；"七引领"即党建引领队伍建设，党建引领师德建设，党建引领群团组织，党建引领教学改革，党建引领教育科研，党建引领艺术体育，党建引领劳动实践。通过以上做法，凝聚力量，激发活力，提升学校文化软实力。

学校通过对思想政治工作落地"五融法"的探索与实践，持续释放思想政治工作强劲动能，进一步提升了全体教职工干事创业的激情和动力，学校党建工作质量明显提升，特色成效越来越凸显。

落实"雅慧"教育理念 助力学生成长成才

张彩兰

十年磨一剑，通江县第六小学自2014年建校以来，以立德树人为根本任务，为培养德、智、体、美、劳全面发展的学生，办家长满意、学生向往的高品质学校而不懈努力。十年来，不论是管理架构还是教学实践，从教师培养到学生成长，通江县第六小学教育人始终将"雅慧"教育理念融入学校建设与发展的方方面面。在"雅慧"教育理念的感召下，通江县第六小学学生有素养更有理想、教师懂专业更有情怀，学校对内不断壮大自身建设，对外知名度美誉度持续扩大，获得了家长的纷纷点赞和社会的一致认可。在物质生活更加丰裕的当下，对学生的精神培育工作更加重要，落实好"雅慧"教育理念，是培育温文尔雅、聪慧有为的新时代好少年，实现"为党育人，为国育才"初心使命的有效途径。

一、雅慧教育理念的重大意义与作用

（一）推动建设一座有文化有温度的知名校园

每一位家长都希望为孩子选择一所优秀的学校，每一名学生都希望自己在一所能快乐成长的学校学习，校园文化是一所学校靓丽的名片、最美的底色，彰显着学校的气质与温度，体现着学校的形象和底蕴。从校园大门沿着台阶拾级而上，漫步于通江县第六小学，犹如翻开一本古书，古墨陈香。书法创作有神有韵、诗歌对联有意有境，院墙角落书香氤氲，学校的一廊一壁、一厅一室、一草一木，无不彰显着文化之雅；课堂上老师们专业的讲授和孩子们自信的回应，无不透露出聪慧之气。这一切都归功于"雅慧"教育理念潜移默化的影响。思想的大解放推动教育理念的大转变，从建校之初，通江县第六小学就在思考"办什么样的学校,培养什么样的学生"这个时代之问。十年来,通江县第六小学人脚踏实地、躬耕不辍,始终把"雅慧"教育理念作为学校建设发展的立身之本,久久为功不动摇,走出了一条具有通江县第六小学特色的教育之路,其独特的教育模式多次被中央和省、市主流媒体报道,并得到了各级领导的充分肯定,成为其他学校学习的样本和典范。

(二)塑造影响一支懂专业有情怀的教师队伍

教育是国之大计、党之大计,教师是立教之本、兴教之源,培养德智体美劳全面发展的新时代学生,一支富有教育情怀、具有高深专业水平,并对学生温暖相待的教师队伍是关键所在。不论是从课堂到课外、从学校到社会,还是从专业素养到师德师风,学校以雅慧为核心建立的一系列制度,有效保障了学校教师队伍的高素养、高能力和高水平。一是以思想建设铸魂,通过党员教育大会、支部书记上党课、主题教育等系列活动,把政治学习教育作为首要任务,引导教师树立职业理想、热爱教育事业。二是以培训学习强基,通过开展校本教研、集体备课、外出学习等活动苦修内功,通过作业设计大赛、课堂教学大比武、青年教师风采比赛等,以赛促学不断提升教师的专业水平。三是以作风建设增效,建立师德师风监督、考评、激励机制,通过作风建设专题会、师德师风演讲比赛等活动引导教师修师德、铸师魂,塑造一批懂专业有情怀的好教师。

(三)教育培养一批有素养有未来的现代学生

学校以"养高雅之气、培聪慧之人"为目标,将"雅慧"元素有效植入课堂内外。课堂上,教师们发挥所能,通过创新教育教学方法,让学生在课堂40分钟内学有所得;课堂外,应季应景创新开设了一系列有内涵、有趣味的文化活动大餐,比如在清凉舒适的4月开办"品诗文"樱桃诗会,在绿意葱茏的5月割油菜感受丰收,在激情澎湃的6月下田插秧苗,在万物疯长的7月进塘入棚采银耳等,让学生感受春华秋实,接受实践的浸润。利用课后延时服务时间,开设了走班制形式的吟诵、国画、蜀绣、书法、剪纸、中国象棋等30多个精品校本课程,让学生全面发展。学校成体系的教育模式,让学生有理想,热爱祖国和人民,努力学习和弘扬社会主义先进文化、革命文化和中华优秀传统文化;让学生有本领,乐学善学、勤于思考,保持好奇心与求知欲,形成良好的学习习惯,学会在真实情境中发现问题、解决问题,具有探究能力和创新精神;让学生肯担当,坚毅勇敢、自信自强,具有集体主义精神，积极为社会做力所能及的贡献。

二、推动雅慧教育理念具体化的措施

（一）教师队伍先学先悟做示范

教师是推动学校"雅慧"教育理念落实的具体执行者，对于学校的教育理念，教师队伍首先要统一思想认识，要立足"两个大局"、心怀"国之大者"，始终站在"为党育人、为国育才"的高度，要绝对认可和信服学校确立的教育理念，对学校集体研究决定的事，做到不议论不争论，对学校正面的宣传报道要积极转发点赞，做好示范带动。其次，要把"雅慧"教育的核心内涵理解透彻、学习深入，做到知其然并知其所以然，切实练好内功。最后，要懂得灵活运用，找准小切口将"雅慧"教育理念融入课堂教学中，在潜移默化中影响学生的心智、匡正学生的"三观"，为培养"更多高素质技术技能人才、能工巧匠、大国工匠"的时代重任打好坚实基础。

（二）打造精品课堂教育培养学生

课堂教学始终是提升教育质量的核心，打造精品高效课堂，才能让学生通过有效的40分钟学到知识、增长才干。优质的个性化、特色化课程，不仅能全面提升学生综合素质，更为每一位学生终身发展和幸福人生奠基，让学生遇见更好的自己。对于课堂教学，必须大胆改革创新，推动今后小学阶段的课堂形式更加趋于多元化，绝不仅仅满足于40分钟和有限的教室空间，比如学校可以通过集体备课实现教师思想大碰撞，通过定期研课磨课提升课堂教学的质量，通过引导学生自主学习自主探究激发学生的能动性和创造性。打破"每节40分钟"的传统文化课程定式，推行"长短课"更加值得坚持和推广，让每一堂课都成为有爱心、有温度、有深度的人生大课堂。

（三）组织课外活动激发调动学生

打开通江县第六小学的微信公众号，我们总能在里面找到学校精心组织的各类趣味活动。研学旅行让学生在旅途中开阔了眼界、收获了团队带来的友谊，千人书法大赛让学生感受到了"笔墨纸砚"传统文化的共融共生之美，插秧、打谷子、楼顶种菜和爱心义卖等让学生体验到了劳动带来的极大成就感、满足感，葫芦丝、武术、舞蹈和球类等社团让学生敢于充分展示自我，增加了自信和才干，国旗下的讲话、观看红色电影激发了学生的家国情怀。实践证明，通江县第六小学丰富多彩的课外活动让学生受益良多，彻底打开了学生的思维和格局，激发了学生成长成才的无限可能。

三、几点思考

（一）解放思想打开心门才能孕育先进的教育理念

教育是一项关乎国家前途命运、关乎民族未来的伟大事业，一个学校需要解放思想、改革创新才能与时俱进、科学发展，但更需要一位思想睿智、担当实干的领路人。从建校之初，通江县第六小学校长就以开放的眼光、超前的思维，系统思考学校的定位、目标与发展，跳出通江教育看未来、打开心门思良策，最终确定围绕以"雅慧"为核心，构建温馨和谐的文化育人环境和育人氛围，让校园的一墙一树、一花一草成为教育载体，让校园文化处处开花，培养学生们良好的学习兴趣和习惯，不断提升学生们的品德，通过全校干部职工的勇毅前行和埋头苦干，用十年时间让学校的发展取得了阶段性成效。

（二）素质过硬的强大团队才能培育出一流的学校

红色的土地养育坚毅的人民，从川陕苏区走出来的教师队伍，身上流淌着"智勇坚定、排难创新、团结奋斗、不胜不休"的红色基因。在学校优秀管理团队的带领下，教师队伍实行规范化、科学化、精细化管理，通江县第六小学教师队伍呈现出高素养高水平、肯担当能吃苦的优秀特质。优秀的团队带领优秀的教师，优秀的教师培养优秀的学生，优秀的学生成就一流的学校。

（三）先进的教育理念必须久久为功坚持落实到底

世间事，最怕开端信心满满、勤勤恳恳，中途不温不热、左右摇摆，最终半途而废、无果而终。通过十年的实践证明，"雅慧"教育理念在通江县第六小学水土相宜、愈发强大，而且早已深深扎根。对于"雅慧"教育理念，作为通江县第六小学的教育工作者，我们必须好好学习、深刻领会、加强运用，在思想认识层面更加重视，在具体行动上更加务实，将"雅慧"教育理念贯穿于教育教学的各方面，推动学校教育事业再上新台阶，为通江教育高质量发展作出更大贡献！

以勤为本培塑小学生良好品格

李彩琼

良好品格的养成对于一个人的成长、发展起着至关重要的作用。小学阶段是一个人养成良好品格的关键时期，每个教育者都有责任帮助学生养成良好的品格。为此，我校积极开展实践探究，主要从以下方面抓实学生勤奋精神的培养、勤劳习惯的养成和勤俭品格的塑造。

一、抓实教育，培养学生"勤奋"精神

勤奋是每个人成才的重要条件。很多事实证明，事业上有成就的人，大多在小学时期开始养成勤奋的精神。要培养学生勤奋精神，必须在学校教育的各个环节抓实勤奋文化的渗透和勤奋意识的培养，让学生深悟勤奋精神的实质。

一是校园文化彰显勤奋精神。中国历史上有很多业精于勤、勤能补拙、天道酬勤的名人故事，证明"勤奋"是取得成功的秘诀。在校园内设置名言警句，如"书山有路勤为径，学海无涯苦作舟""聪明出于勤奋，天才在于积累"等。同时精心打造班级核心文化，以学生漫画、作文、小诗、心得等作品的形式呈现，彰显"勤"文化，让学生在校园的每一个角落都能获得潜移默化的积极影响。

二是主题班会弘扬勤奋精神。常态开展以勤奋为主题的主题班会，通过播放与勤奋有关的视频和纪录片、讲解成功人士创业之路、寻找身边的勤奋故事、讲述名人勤奋学习的故事、介绍他人刻苦学习的事迹等，让学生明白成功来源于勤奋，从而逐渐树立勤奋精神。

三是日常训练激发勤奋意识。要培养学生的耐心，锻炼学生的耐力，这样学习才能持之以恒。要教育学生有责任感，什么时间做什么事，要有明确目标，今天要做的事，不要等明天再做。培养学生的惜时意识，使其学会想办法把零星的时间利用起来。

二、夯实措施，培养学生"勤劳"习惯

培养学生"勤劳"习惯，应在树立"勤劳"意识上下功夫，通过实践体验提升学生的劳动技能，并在家校共育上形成合力，把爱劳动作为良好习惯常态化培养。

一是学科渗透，培养劳动意识。我们把劳动教育渗透到学科教育中来，在学科教育中寻找劳动因子，培养学生的劳动意识。在语文书本中有很多脍炙人口的古诗词都有我们劳动人民勤劳的身影，如"种豆南山下，草盛豆苗稀。晨兴理荒秽，戴月荷锄归""童孙未解供耕织，也傍桑阴学种瓜""大儿锄豆溪东，中儿正织鸡笼。最喜小儿无赖，溪头卧剥莲蓬"……在课堂中还可带领学生诵读描写劳动场面的古诗，如在春天里诵读《乡村四月》，初夏时节诵读《悯农》，秋天丰收的季节里诵读《四时田园杂兴》，在冬日里诵读《卖炭翁》。一首首脍炙人口的古诗，就是对劳动最好的诠释。让学生摘抄、诵读这些关于劳动的古诗，既可以看到劳动人民勤劳的身影，又可以把劳动人民勤劳而又美好的品格铭记于心。

语文学科渗透了我们中华民族热爱劳动的传统，可帮助学生树立正确的劳动观，培养学生崇尚劳动、尊重劳动的意识，做一个勤劳的人。

二是实践体验，提升劳动能力。仅培养学生的劳动意识还远远不够，还需要在实践活动中提升学生的劳动能力，让学生成为一个会劳动的人。在日常班级管理中，设计一些主题活动，如"自己的汤自己打""自己的餐桌自己抹""自己的餐盘自己倒""整理书包我最快"等系列活动，让学生养成良好的劳动习惯。近年来，学校为丰富学生实践课，在校园开辟了桃李采摘园、樱桃采摘园、银耳种植园、油菜种植园、小麦种植园等劳动实践园，学生选择在实践园土地上栽种花卉、蔬菜或果树，自己浇水、施肥、除草和采摘，收获的蔬菜和水果大家一起分享，体验播种和收获带来的快乐。同时，学校还在校外联系开辟劳动实践基地，以农耕活动为载体，专业导师指导学生参与体验，了解农耕文化，开展农业生产活动，把研学旅行与劳动体验相结合，让学生在掌握劳动技术、体验劳动艰辛的同时，享受劳动带来的快乐。学校近年来开展的形式多样的劳动实践活动多次被学习强国、《教育导报》等主流媒体报道，得到上级领导的高度认可、社会各界的美好赞誉及家长朋友的满心喜爱。

实践体验不仅把劳动的理念和行为渗透到学生的学习、生活中，还让学

生在劳动实践中提升了劳动能力，磨炼了意志，增长了才干，使热爱劳动成为一种积极的生活理念。

三是家校合作，共育勤劳品格。家庭是落实劳动教育的重要场所，对学生的成长有显著的影响。为了让学生有更多的劳动实践机会，我们通过家长会、家校平台、班级微信群等形式与家长积极沟通，建议家长要转变观念，放手让孩子参与劳动。家长可以根据孩子的年龄特点让孩子做一些力所能及的家务劳动，让孩子参加一些社会劳动，利用一些特殊的节日对孩子进行劳动教育。同时，学校结合学生年龄特点，分低中高学段，聚焦自理能力、家务技能，制定日常生活技能清单。借助元宵、端午、中秋等传统节日，开展"我是生活小达人"展示活动，促使学生每年学会1~2项生活技能。

家校合作让学生把劳动作为常态的良好习惯，助力学生养成勤劳品格。

三、落实管理，培养学生"勤俭"品质

在日常的班级管理过程中，我们注意到个别学生存在不爱惜文具、乱倒饭菜、乱买东西等现象，缺乏勤俭节约意识。因此教师需要对学生浪费的现象进行监督引导。

一是开展消费教育。开展以"浪费"为主题的班会，鼓励学生说说身边的浪费现象，在学校食堂就餐的具体行为等。让学生在对比的过程中树立起"浪费可耻"的意识，引导学生认识到勤俭节约的重要性。

二是加强日常监督。通过班委干部、红领巾监督岗，加强学生在校内外的浪费行为监督，及时制止并纠正其不良行为。同时，加强与家长的联系，随时了解学生学习生活开支情况，杜绝家长因溺爱孩子而忽略勤俭节约良好品质的养成。

扎实的教育、务实的举措有效地促进了学生勤奋精神、勤劳习惯、勤俭品质的养成，学生自觉自主学习、生活、劳动的意识进一步提升，在校园形成了勤奋学习、积极劳动、勤俭节约的良好氛围。

墨香雅行　书道慧心

高怀阳　谢晓琼　戚　伟

通江县第六小学成立于 2014 年 8 月，学校以"雅慧文化"为核心，"养高雅之气，培聪慧之人"为办学理念，着力培养"外雅于行、内慧于心，有家国情怀、未来眼光"的现代小学生。自建校以来，学校坚持以传统文化为切入点，从校园文化建设、课程设置、教学研究、师资培养、活动开展等多个方面整体推进书法教育，继承和弘扬中华优秀传统文化，培养学生的家国情怀，落实立德树人根本任务。

一、开展书法教育的背景

习近平总书记指出："中国传统文化博大精深，学习和掌握其中的各种思想精华，对树立正确的世界观、人生观、价值观很有益处。"[①] 2017 年 1 月 25 日，中共中央办公厅、国务院办公厅印发的《关于实施中华优秀传统文化传承发展工程的意见》指出，"把中华优秀传统文化全方位融入思想道德教育、文化知识教育、艺术体育教育、社会实践教育各环节"，"丰富拓展校园文化，推进戏曲、书法、高雅艺术、传统体育等进校园"。

书法是中国传统文化的核心，是国家基础教育的重要内容。在现代社会智能电子产品的冲击下，很多学生的汉字书写能力大大降低。为贯彻落实《四川省新时代深化改革推进基础教育高质量发展实施方案》《巴中市"实施四质工程　培育时代新人"工作方案》等精神，全面实施素质教育，继承和弘扬中华优秀传统文化，探讨开展书法教育的有效方法和途径，促进学校普及书法教学。通江县第六小学树立科学的教育发展观、人才培养观、课程建设观，以书法课程为载体，把书法教育作为学校重点特色课程，渗透到校园

[①] 习近平：《在中央党校建校 80 周年庆祝大会暨 2013 年春季开学典礼上的讲话》，人民出版社，2013 年，第 9 页。

文化和各项教育教学活动中，提升学生对书法的认同和热爱，涵养高尚品格。

二、开展书法教育的措施

在书法特色学校建设中，学校根据育人目标，按照一体化、分学段、有序推进的原则，对全体师生开展书法教育教学活动，实现了既定目标，取得了可喜成绩。

（一）以制度建设为驱动，激发书法学习热情

学校结合实际，制定了《通江县第六小学书法教育 2020—2025 学年五年规划》《通江县第六小学全面加强和改进新时代学校美育工作实施方案》《通江县第六小学书法美术教学奖励条例》等制度，从校园文化建设、课程安排、教学研究、师资培养、活动开展等多个方面力求整体推进书法教育。

（二）以环境建设为依托，营造书法学习氛围

学校着力建设"墨香校园"，将书法传统文化与学校的校园文化有机结合。用中国印的形式，以五种书法字体将校园文化核心"雅"和"慧"在前校门岩壁展示。用汉隶和篆书呈现校训"尔雅尔慧"。建有专用书法教室 5 间，其中信息化教室 1 间。建有"艺圃"艺术展廊和字画装裱实践园。在走廊、墙壁、橱窗、班级足迹、班级黑板报展示师生书法作品。开办"红领巾书法文化"广播站，创建书法特色班级。师生置身于翰墨飘香的校园环境中，耳濡目染，潜移默化，自觉走近书法、爱上书法。

（三）以师资培养为抓手，夯实书法教育基础

当前，学校书法教育面临的最大困难是师资问题。我们通过"内培外聘"的方式，有效化解了书法师资的困境。我校现有专任书法教师 3 人，兼任书法教师 36 人，所有班级每周 1 节书法课均由专业教师授课。一是以艺术和语文教师为主体，聘请市、县书法家协会专业书法家到校开展校本培训。二是选派书法骨干教师到专业院校进修。三是聘请书法专业教师担任校外辅导员，为学生书法社团授课。四是充分利用书法教育云平台，为专兼职书法教师开展书法教学提供资源和帮助。五是把教师的书写技能，纳入教师专业成长培训，要求教师每月完成一幅书法作品，寒暑假各完成一本书法作

业。六是建立教师写字过关制、学生写字合格制，开展学生综合能力检测，把学生书写水平纳入语文教师的业绩考核指标。

（四）以课程建设为保障，搭建书法学习平台

一是严格落实四川省义务教育课程计划，每周一节书法课。二是打破每节课40分钟的传统模式，推行"长短课"，每天下午课前20分钟，全校进行书法练习。三是利用课后服务，每周三下午通过"专业教师线上直播＋兼任教师线下辅导"双师课堂模式进行全员书法练习。四是组建10个硬笔、毛笔书法社团。五是根据《中小学书法教育指导纲要》要求，分学段设置课程目标。六是编写书法校本教材，构建书法教育课程体系。七是设立书法教研组，每周开展一次书法教研活动。

（五）以主题活动为载体，丰富书法教育实践

一是持续开展一日一练、一周一课、一月一评、一期一展、一年一赛的"五个一"书法教育活动，即每天一次20分钟书法练习，每周一节书法课，每月一次书法展评，每学期一次校内书法展览，每年一次"千人现场书写大赛"。二是借助传统节日和学校重大活动开展"写祝福""写经典""写春联"等主题书写活动，激发师生学习书法的兴趣。三是积极参加四川省书法水平测试和各类展赛活动。四是成立校园书法协会，专门负责校园书法活动的组织和开展。

三、开展书法教育的成效

通过书法教育课程的开展与实践，我校师生的书写能力有了质的飞跃。学校现有省书协会员2人，市书协会员7人，县书协会员32人。师生累计1900余人次参加了四川省书法水平测试，1700余人次取得合格证书，平均通过率90%以上。其中，教师取得毛笔九级、硬笔六级，学生取得毛笔六级、硬笔五级的优异成绩。在第九届通江县中小学生艺术节中，师生参展作品达30余幅，占参展作品总数的30%。四年级一名学生书写的作品《百载九洲》，是巴中市唯一入选四川省第十届中小学生艺术节书画展小学组的作品，并获省二等奖。师生累计200余人次在省、市、县书法作品展赛中参展或获奖。学校被省教育厅评为"四川省优秀传统文化传承学校"，被北京师范大学授予"书法教育教学基地校"。《教育导报》、巴中市人民政府网站、

巴中电视台、巴中市教育和体育局网站、通江县人民政府网站等多次对学校书法教育成果进行专题报道。

通过持续不断地对全校师生进行书法教育教学,学校营造了浓厚的书法文化氛围,既美化了校园环境,又提高了师生学习书法的积极性。学生不断练习和强化书法,陶冶了情操,了解了中华优秀传统文化,形成了文化自信和民族自豪感,学校达到正字正心正人的育人目的。

下一步,学校将在各级领导的指导和支持下不断探索学校书法教育的有效途径,进一步改善硬件条件,编印《师生书法作品集》,为深入实施"四质工程",提升学生综合素养,落实立德树人根本任务而不懈努力!

向雅而行

第二篇 德育实践

学生不想上学的背后

高怀阳

2023年9月中旬的一天早上,我按照惯例,来到校门口查看师生上学情况。7时50分左右,一辆二轮摩托车从校门口人行道上驶过,后面一位孩子边哭边追。到科技馆附近,摩托车停了下来,车上男子下车对孩子用力地踢了两脚,我正准备上前询问,男子一下把孩子抱在车上疾驰而去。停在门口送孩子的几位家长说,是一位一年级新生不上学,骑摩托车的是他的父亲。我当时心里在想,一位父亲怎么能这样对待自己的孩子呢?

第二天上午,我照例到教学楼巡课,走到一年级七班教室外,一位父亲正把孩子往教室里拽,同时拳打脚踢,我急忙走上前制止了父亲的粗暴行为,并详细询问了情况。父亲说,孩子刚上一年级,面对陌生的环境和新的要求不适应,希望给孩子调到一个有幼儿园同学的班。面对家长的要求,我并未答应,我必须了解到真实的情况,才能对症下药。

我先让家长离开,然后把孩子哄进旁边的心理辅导室。为了让孩子放松,我蹲下来问他:"你父亲为什么打你?"他不回答。我又问:"你为什么不愿意上学?"他还是不回答。我又耐心地问道:"你宁可挨打还是宁可上学?"这次孩子回答了,他说:"我宁可挨打!"他的回答让我心头一颤,我看到他脸上的瘀痕和脖子上的血印,内心非常难过。心里想,原因可能不像他父亲说的那么简单。我慢慢地试着和孩子聊天,我说我是校长,你想不想去我办公室。可能是孩子并无校长的概念,他仰起头问我:"你办公室可以打游戏不呢?"旁边的老师都笑了,我却笑不出来,我隐约感觉到了孩子不上学的原因。我没有直接回答他的问题,然后又问他:"你平时都在哪儿打游戏呢?"他说:"手机上。"我又问:"谁的手机呢?",他说:"爸爸的,妈妈的,爷爷的,婆婆的。"我看他慢慢放下了戒备,就再次问他:"你告诉我,你为什么不想上学呢?"他这次回答了,对我说:"在家里可以打游戏,可以吃零食,可以和妹妹一起玩儿。"他在说这些的时候,脸上洋溢着自豪和喜悦。到此,我让他的班主任老师把他带到了教师办公室,暂不要强行要求他进教室，同时通知家长到我办公室谈话。

过了一个多小时，孩子的爸爸和爷爷一起来到我的办公室，我再次对父亲的粗暴行为进行了语重心长的批评教育。此时，孩子的爷爷眼圈也有些湿润了，他说："高校长，我也给他说，这样会把孩子打废的，他们就是不听。"我问他："他们是指谁？"他说孩子的妈妈也是这样打过，还让孩子跪在凳子上，让孩子保证会去上学。但只要一回家，孩子第二天早上就又不上学。

我说："你们知不知道孩子为什么不想上学？"父子俩一脸的疑惑："可能是觉得班上的同学都认不到。"我说："我了解过了，这个班上也有他幼儿园的同学，显然根本原因不是这个。"他们问："那是什么原因呢？"我说："他在家里是不是可以用手机打游戏？是不是可以随意吃零食？是不是随时可以和妹妹一起玩？"他们回答说："是，家里零食没有断过。"我说："这就是根源，在学校不能打游戏，不能吃零食，不能和妹妹一起玩，还要规规矩矩听课……两相比较，他肯定不愿上学了。小孩子并不知道上学的意义，他只会比较哪个地方更好玩。"此时，孩子的爷爷问："那咋办呢？"我说："你们愿不愿意听我的？如果按我说的做，不出一周，孩子就会愿意上学。"爷爷马上说："愿意！"我说："第一，今天下午你们把孩子带回去，暂时不要求他上学，就让他待在家里。第二，家里任何人的手机不能让他碰。第三，家里的所有零食全部清除。第四，不要让他与妹妹一起玩。你们拿一个大人看着他，不给他提任何要求，只要确保他安全就好，饭他愿吃就吃，不吃也不管他。因为你们给他创造了一个比学校舒适的环境，两相比较，他宁愿挨打都不愿上学，如果他感受不到在家里的那种舒适，他就会觉得在学校更有意思了。你们做不做得到？"爷爷马上表态："高校长，我保证一定做到！"我说好，一周后看情况。

父子俩如释重负，走出我的办公室。事后，我从班主任那儿了解到，第二天、第三天这个孩子都没到学校。第四天主动到了教室，再也不用强行让他进教室了。又过了一段时间，我问老师孩子怎么样，老师说很正常。

从这个教育案例可以看出：在处理孩子的问题上，不能只看表面现象而简单粗暴地进行处理，我们必须深入了解现象背后的深层原因，才能真正做到因材施教，对症下药。

教育是一项精细的活儿，必须用心用情，才能听到花开的声音。

课程赋能　劳动育德

王　欢　冉倩华

一、实施背景

劳动教育作为培养学生德智体美劳全面发展的重要途径之一，在贯彻党的教育方针，落实立德树人根本任务，传承社会主义先进文化等方面，有着非常重要的综合育人功能。2020年以来，中共中央、国务院、教育部、四川省教育厅先后出台了《中共中央　国务院关于全面加强新时代大中小学劳动教育的意见》《教育部大中小学劳动教育指导纲要（试行）》《四川省教育厅等10部门关于全面加强新时代大中小学劳动教育实施方案》等文件，劳动教育作为我国教育制度的重要组成内容，决定新时代社会主义建设者和接班人的劳动精神面貌、劳动价值取向和劳动技能水平。当前，不少中小学生面对劳动，表现出不会劳动、不愿意劳动、对劳动成果不珍惜等现象。为此，通江县第六小学探索具有通江县第六小学特色的劳动育人新模式，把劳动教育纳入课程体系，创新机制，将家校社各方劳动资源有机整合，让劳动教育与德育、智育、体育、美育相融合，贯穿学生培养全过程，培养学生"五育并举"，达到知行合一，帮助学生形成正确的人生观、世界观、价值观。

二、实施过程

（一）成立学校劳动教育领导小组，强化劳动教育组织领导

通江县第六小学成立了以党支部书记、校长为组长，分管教学副校长为副组长的劳动教育领导小组，重要劳动教育活动由组长亲自部署，关键劳动教育活动环节由组长亲自把关，劳动教育落实情况由组长亲自督查，从组织领导层面促进劳动教育活动全面落实。

（二）丰富劳动教育制度体系，落实劳动教育制度保障

牢牢把握立德、增智、强体、育美这一育人目标，围绕学生成长这一任务，以文化为引领、劳动课程建设为基础、实践活动为载体，通江县第六小学科学设计、规划，系统制定了劳动教育实施方案、"劳动实践＋研学旅行"实施方案、劳动教育任务清单、劳动教育评价细则等保障制度，确保劳动教育有方向，学生成长有评价，活动开展有保障，最大限度发挥好劳动教育的育人功能。

（三）建设"校内＋校外"劳动实践基地，做优劳动教育基地文化

坚持渗透式劳动育人模式，结合小学生发展特点，建设校内外劳动实践基地。作为一所城镇小学，学校充分挖掘校内资源，利用学校的空闲边角地、绿化地、楼顶、走廊等空间，开辟了银耳、蔬果、粮食、花木种植四个园区，共1200余平方米，主要种植银耳、水稻、油菜、小麦、红薯、土豆、李子、樱桃等，还将蔬菜园区划分为12个种植块，由教师带领学生种植蔬菜，让学生不出校门就能实实在在地参与生产劳动，体会劳动创造价值，实现劳动感悟与良好价值培养完美融合。在民胜镇鹰歌葡萄庄园建设校外劳动实践基地4000余平方米，主要种植水稻、油菜、红薯、土豆、小麦、玉米等粮食作物，拓宽劳动教育渠道，扩大学生参与面，促进劳动教育迈向更高层次。

（四）构建劳动教育课程体系，落实课程育人

1. 劳动教育育人目标

劳动教育是促进中小学生德智体美劳全面发展的重要载体。劳动并非一味地艰辛，它是人与自然的充分接触，更是新时代党对教育的新要求，是大中小学生必须开展的教育活动。因此，要引导学生正确看待劳动，树立正确的劳动观，养成热爱劳动的良好习惯，从内心深处崇尚劳动、尊重劳动，增强对劳动人民的感情，传承中华传统美德，从小立志报效国家、奉献社会。结合学校实际和学生的年龄特征，我们分设了各学段的育人目标。

第一学段（1~2年级）：懂得人人都要劳动、劳动成果来之不易的道理。初步感知劳动的艰辛与乐趣，学会尊重他人的劳动付出。喜欢劳动，具有主动劳动、积极参加劳动的愿望。形成"自己的事情自己做"的意识，具有初步的个人生活自理能力。学会规范使用一些简单的工艺工具，初步养成

有始有终、认真劳动的习惯。

第二学段（3~4年级）：懂得"一分耕耘，一分收获"的道理。体会劳动最光荣、劳动无高低贵贱之分的道理，认识到美好生活离不开各行各业的劳动者。尊重劳动，尊重普通劳动者，初步形成热爱劳动的态度。学会简单的家务劳动，生活能够自理。参加校园卫生劳动，初步形成公共服务意识。初步养成有始有终、专心致志的劳动习惯和品质。

第三学段（5~6年级）：懂得劳动创造财富、劳动来不得半点虚假、"业精于勤荒于嬉"等道理。认识到劳动者是国家的主人，"三百六十行，行行出状元"，体会普通劳动者的光荣与伟大。初步树立劳动最光荣、劳动最崇高、劳动最伟大、劳动最美丽的观念。掌握整理与收纳基本技能。初步养成持之以恒的劳动品质。初步形成劳动效率意识和劳动质量意识，初步形成爱岗敬业、乐于奉献的精神。劳动中主动克服困难，初步形成不怕辛苦、积极探索、追求创新的精神。

2. 劳动教育课程体系

（1）常态课程。

劳动教育的落实离不开家庭教育和个人努力，课堂也不仅限于教室的课堂。学生只有把卫生习惯、整理与收纳等劳动技能融入自己常态的生活中，成为学生生活中的常态课程，才能达到育人效果。结合学校实际，学校德育处分学段制定出学生的常态课程。

第一学段开设"我想做"课程。兴趣是最好的老师，以兴趣爱好为动力，让学生积极参与、想参与，享受整个劳动的过程。引导学生学会自己穿脱衣服、起床后叠好自己的棉被；学会扫地，会用抹布擦桌子；学会整理自己的书桌、书包；学会将教室内的足球、绿植规范摆放；学会洗红领巾、袜子等小衣物；学会自己系鞋带等。

第二学段开设"我能做"课程。树立学生的自信心，让他们拥有想做好、会做好的决心。引导学生学会做好个人清洁卫生，学会为班级的绿植浇水、洗净污垢、去掉黄叶，学会维护班级公共区域内的环境卫生，学会合理地除尘、浇灌，学会做一道简单的家常菜（拍成照片或者视频上传至班级群，或将照片张贴在班级教室），学会参加一些适量的社会公益劳动。

第三学段开设"我会做"课程。学习就是从"不会"到"会"。学生通过前期一、二学段的努力，利用家里的食材学会制作几道简单的家常菜；掌握常用的清洁、整理、收纳基本技能；学会春季种银耳和木耳、水稻、红薯，秋季种植油菜、小麦、蔬菜、土豆等劳动技能；学会分摊家务劳动；学会参加一些适量社会公益劳动。

(2) 特色课程。

劳动教育离不开劳动，学生只有在真实的劳动体验中才能全面树立劳动观念、提升劳动能力、培养劳动习惯和品质、锤炼劳动精神。为此，学校开发了以下特色课程：

一是"爱家乡"银耳种植课程。利用通江是"中国银耳之乡"的地域特色，深入挖掘"通江银耳"的育人功能，与县银耳科研所、县银耳博物馆合作，修建60多平方米银耳种植实践园地（耳房），成立银耳种植社团，先后组织师生2000余人次参与银耳种植实践，既让学生体会到了收获的喜悦，又让学生受到了爱家乡的教育。

二是"品诗文"樱桃诗会活动课程。学校为大力传承和弘扬中华优秀传统文化，在运动场四周种植了30余株樱桃树，每株樱桃树都有班级认领，负责养护和管理，每年樱桃成熟时，学校都会举办樱桃诗会。诗会共有"诵樱桃""书樱桃""画樱桃""赞樱桃""扮樱桃""赏樱桃""摘樱桃""品樱桃"8个环节。这样的劳动实践，让全校师生在樱桃成熟时感受丰收的喜悦，体会古诗词的文化内涵，传承和弘扬中华优秀传统文化。

三是"惜粮食"粮食种植课程。学校充分利用楼顶、校内空地，开辟了700余平方米的粮食种植园，500余平方米银耳、蔬果、花木种植区；利用校外4000余平方米的实践基地，主要种植水稻、油菜、红薯、土豆、小麦、玉米等粮食作物。四至六年级共1200多名学生，在教师和种植技术员的带领下，参与粮食种植活动。通过这样的实践活动，学生从劳动中求知，从劳动中培能，从劳动中塑魂，体验了"谁知盘中餐，粒粒皆辛苦"，养成了珍惜粮食的好习惯。

四是"美环境"班级植物养护课程。学校利用教室内的环境，在学生书包柜上面留出位置，放置绿色植物，让学生在浇水、打理的过程中，认识植物、了解植物的属性、掌握养护的知识等，让学生形成热爱自然的品质。

(五) 开展劳动教育实践活动，巩固育人实效

(1) "课程＋劳动"实践。以课后服务为依托，开设了蔬菜、花木、银耳种植等社团，把劳动实践活动作为教育核心，让学生在课程学习中，感受劳动的快乐，获得劳动给人们生活创造价值的直观经验和感受。

(2) "生活＋劳动"实践。教育来源于生活，将劳动教育与学校生活、家庭生活巧妙融合，从学生日常衣食住行等细节着力，培养学生良好的劳动

习惯和生活习惯。学校生活中，根据学生年龄特点，学校开发了不同的劳动项目，让每一位学生都能成为劳动的参与者、经历者。一、二年级在校内主要是在教师的带领下打扫教室、整理书桌等；三、四年级除了打扫环境卫生外，还会参与一些较为简单的生产劳动，如栽红苕、栽土豆等；五、六年级除了打扫环境卫生外，会参与插秧、栽油菜、打谷子、割麦子等一些相对复杂的生产劳动。家庭生活中，设计劳动教育实践作业，让孩子做一些力所能及的家务劳动，既培养了孩子的劳动习惯，又让孩子懂得了感恩。

（3）"研学＋劳动"实践。在校内劳动实践教育的基础上，学校在市级研学基地鹰歌嘴葡萄庄园租赁土地4000余平方米，作为学校校外实践基地，种植水稻、红苕、土豆、玉米等主粮及西红柿、辣椒、黄瓜、茄子等蔬菜。主要参与对象为4～6年级学生。根据季节确定学校劳动实践周，由年级任课老师带领学生分批次参与农作物的种植、管理、收获。学生在翻地、播种、施肥、锄草、收割等田间劳作活动中，感受春种秋收的不易，树立劳动精神。校外劳动基地还建有手工作坊体验区，学生可以将收获稻谷加工成大米来煮饭、收获的豆子加工成豆浆或者豆腐、收获的蔬菜做成丰富的菜品等，从而丰富劳动体验。

（4）"公益＋劳动"实践。结合重要节庆，开展丰富多彩的公益劳动服务，拓宽劳动教育的渠道，在学生参与社会实践的同时，为学生创造参与劳动的机会。每年3月5日前后，开展学雷锋志愿服务活动，组织学生到公园、街道等地方开展净化环境志愿服务，既弘扬了雷锋精神，又让学生在活动中参加了劳动，强化了学生的社会责任感。清明、国庆时，采用"集中＋分散"的形式，组织学生到王坪烈士陵园、军史陈列馆、敬老院等地方开展常态化社会实践和志愿服务，在志愿服务中渗透劳动教育，从根本上达到了育人的目的。

三、实施效果

（一）树立了劳动观念

通过系列劳动课程的实施和活动的开展，学生了解了农业耕作的发展史，丰富了对农作物的认知，提升了社会实践能力，树立了正确的劳动观念，培育了热爱劳动人民的情感，明白了劳动是光荣而又崇高的、劳动人民是伟大的、收获是美好的。

（二）提升了劳动能力

经过劳动教育，低段的学生学会了自己穿脱衣服、叠被子、整理书包、扫地、擦桌子、洗红领巾等技能。高段的学生能利用家里的食材制作简单的家常菜；掌握了常用的清洁、整理、收纳技能；学会了春季种银耳和木耳、水稻、红薯，秋季种植油菜、小麦、蔬菜、土豆等种植劳动技能；学会了分摊家务劳动。由此，学生的劳动能力显著提升。

（三）培养了劳动习惯和品质

学生在劳动教育课程和活动过程中，养成了注意安全、规范操作、有始有终等良好习惯，培养了自觉担责、认真仔细、诚实、吃苦耐劳等良好品质，为日后的成长奠定了坚实基础。

（四）锤炼了劳动精神

学生在劳动教育过程中，深刻理解了劳动的内涵——"幸福是奋斗出来的"，传承了中华民族的传统美德——勤俭节约、敬业奉献，锤炼了劳动精神——时代精神、劳模精神、革命精神、工匠精神。

四、经验总结

教育要坚守"为党育人、为国育才"的初心使命，开展劳动教育事关"立德树人"的根本任务，人人有责，我们要充分利用身边的教育资源，创造条件积极开展相关活动。

劳动教育是一门既熟悉而又陌生的学科，坚持至关重要，我们不能蜻蜓点水式地走过场、搞形式应付开展，要系统思考、长期实施，不能一日曝十日寒，要层层递进，由易到难，系统地培养孩子的劳动观念、劳动能力、劳动习惯、劳动精神。

劳动教育不等于简单的劳动课程，更不等于劳动活动。实施劳动教育，我们不能把学一学劳动历史、认一认劳动工具、开展几次活动就认为是劳动教育，要深度挖掘每一项劳动活动背后的育人功能，贵在系统培养、长期坚持。

以爱之名　将心比心

程兰平

有一种品德最为动人，那是爱心流淌的师德；有一种职业最为美丽，那是默默耕耘的教师；有一种风景最为隽永，那是暖意无限的师生情。

2012年的秋天，带着对明天的憧憬，我走上了三尺讲台，实现了我的梦想。

虽是偏远的小镇，我却异常满足。在与孩子们的相处中，我们一起包饺子、煮汤圆、跳锅庄，看着孩子们一天比一天懂事，一天比一天成熟，我感受到了教育的力量，看到了未来的希望。同时我为我的梦想感到骄傲，更为实现梦想的自己感到自豪。爱学生是教师的天职，没有爱就没有教育。我把爱镶在举手投足间，嵌在一颦一笑中。在教室里看见孩子的书、笔掉在地上，我会弯腰帮她们捡起；上课时发现有情绪异常的孩子，下课后我会主动找她们聊天；课堂上我会关注那些性格内向的孩子，让他们回答问题并及时给予他们鼓励。

2018年，我离开了那个最初承载我梦想的学校。可每到周末，我QQ上都能收到那些孩子们的留言："程老师，想您了！""程老师，您最近好吗"……每当这时，我更坚定了我最初的选择，顿时觉得一切的挑灯夜战都是值得的。

也正是在这一年的秋天，我有幸加入通江县第六小学。在这里，我遇到了一群天真善良的孩子。当我第一次走进教室，看到五六十张稚嫩的脸庞冲我笑着，暖阳映在她们脸上，哇，多么绚丽多彩的一幅画卷啊！这难道不正是令我心生向往的那种美好吗？

我憧憬着一切美好，可课堂却给了我一个"措手不及"。"程老师，他说我坏话""程老师，某某用脚踢我""程老师，她把笔给我弄丢了"……一节课下来我汗流浃背，哭笑不得。从那之后，我深知当好一名老师不容易，当好一名小学老师更不容易。我开始研究儿童心理学，向身边的老教师请教。我摸索着、前进着，慢慢地，班上的孩子们有了变化：上课不再叽叽喳喳，不再告状。我又见到了初次的暖阳，这一次的暖阳更为明媚、耀眼。

　　四年级七班的小航同学给了我莫大的惊喜。还记得刚接手他们班时，班主任老师就对我说："小航不错哦，你上英语课他还把书拿出来的。"我当时很纳闷，心想：上课拿书不是很正常吗？后来才知道他之前上课从不拿书出来。从那以后我每次上英语课都会特别关注他，第一单元测试他考了52分，当同学们听到这里分数的时候报以雷鸣般的掌声，然后一个孩子告诉我："程老师，他之前英语只考几分。"听到这里我给了小航一个大大的拥抱，并对他说："继续加油，争取下次及格，程老师奖励你，好不好？"他对我点头，我微笑地对他说："不能点头，要说话。"他说了一个"好"。我终于听到了他的声音，一个特别稚嫩的声音。第二单元测试他考了59；第三单元测试他及格了，62分；第四单元……从那以后，他爱笑了，话也比以前多了。

　　还记得在一个阳光明媚的早晨，我准备去另一个班上课，当我在走廊的这头，小航从教室后门出来走向我，对我说："程老师，给你。"一颗阿尔卑斯糖，我很惊讶，我知道那是他对老师的一种情谊。随即我把糖放进了嘴里："好甜。"听到这里，他笑了。甜蜜、欣慰油然而生。我很开心，这一粒种子终于含苞待放了。孩子们或许仅因为教师的一句赞赏、一个微笑、一个拥抱而改变自己，变得开朗、积极、乐观。也许教师不能做到随时播种便能开花，但我们可以用爱去抚慰每一个孩子的心灵，让爱的沉香袅袅升起。

　　我很欣慰，我选择了教师这个职业，踏上了心灵之旅。我每天把爱与责任放在我的左右心房，伴着一颗颗稚嫩的心灵怦然而动。我常常在想，我可以选择伴侣、选择职业，却不可以选择学生。世界上没有完全相同的两朵花，可每一朵花都有属于自己的美。人也如此，每个孩子都是独立的个体，我在教学时，一定要将心比心，换位思考。著名的苏联教育学家苏霍姆林斯基曾说："如果善良的情感没有在童年形成，那么无论什么时候也培养不出这种情感来。"因此，教师需时刻鞭策自己，用一颗包容之心，发自内心地去认识他们、了解他们、帮助他们。在教育上，我来不得半点急躁，教育需要时间，需要等待。我要有足够的耐心，引导学生一点点进步。心守一抹暖阳，静待一树花开。每个孩子都是一粒花的种子，只要用心去浇灌，终会有绽放的一天。

那些照片背后的故事

张 琳

校园里的爬山虎绿了又黄，黄了又绿。蓦然回首，我已伴它走过了九个春夏与秋冬。捡拾记忆的碎片，我不禁感叹岁月的流逝，更感叹十年间通江县第六小学的惊人成果。回顾我这些年的点点滴滴，犹如海滩上的一粒沙子一样微不足道，但也有一些难忘的瞬间铭刻在记忆深处。

今天无意之中翻出学生们的照片，这个班是我从一年级带到现在的，照片上是他们读一年级时各种萌萌的、搞怪的样子，有的比出剪刀手，有的做出小兔子的表情，有的故意眯起眼睛，有的故意咧开大嘴巴、露出几颗小虎牙，等等。我有个习惯，午饭过后，特别是冬天，天气好的话，我总要围着操场边的跑道走几圈，晒晒太阳，放松放松一下心情。而我的身后总是跟着一大群小不点儿，叽叽喳喳，跑跑闹闹，让我不得安宁。我呢，就总喜欢给他们照相，照学校花坛里的漂亮小花，照他们在操场上自由奔跑的样子，照他们的各种卖萌搞怪……直到上课铃声响起，美好的午后时光就这样过去了。想到这儿，我嘴角不由自主露出一些笑意。

小可爱们，慢慢长大了，从一年级、二年级、三年级到现在四年级。运动会足球比赛时的矫健身影，劳动实践课的那种兴奋，那种脸上脏兮兮又很满足的模样，看到老师大声地喊叫和那股亲热劲儿会让我忘了他们平常在学习上令我生气的事。可不，看前面站的第一排的小个子男生，且叫他小胖吧，论学习确实叫我头疼。也许智商和同龄孩子比起来有点欠缺，他口齿不清，上课时也不认真，上一年级时"a、o、e"不会读，连简单的字都不会写，到现在写字都是缺胳膊少腿的。就是这样的一个孩子，会主动捡起地面上的垃圾，会主动去摆放好课桌，看到我站着改作业，会把他的凳子拿来让我坐下。有时不管我怎么吼他、批评他的学习，只要看见了我，他还是会有礼貌地叫我"张老师好"。每当这个时候，我心里就会产生一丝愧意，孩子，老师应当对你再耐心一些，应当对你再宽容一些；知道你已经努力了，应该对你的要求再低一些。

再看看这张照片，我像明星一样，被孩子们簇拥着，个个笑得好似一朵花。我旁边的这个女生戴着一副眼镜，脸蛋圆圆的、红红的，像红苹果似的，非常招人喜欢，她叫小欣。她从小就跟在我后头，说话轻声细语的，但性格很外向，上一年级那会儿一下课就拉着我的手问长问短，总是喜欢在课间休息的时候和几个女生跑到我办公室给我捶捶背、揉揉肩，讲家里的趣事、班上的趣闻给我听。

　　在另一张照片中，我看到了这样一幅画——一些气球和一些纸拼起来的树叶，最上面写了："张老师，送你一朵祝福花，愿您像这朵花一样幸福，甜蜜快乐。三（2）班全体同学向您致敬！"说老实话，我都不记得了，为什么他们要送我这幅画？难道是教师节、三八节？还是他们表现不好、学习不乖，向我示好？心里有无数问号。不过现在看到，心里也是暖烘烘的。

　　在我的相册里还有一张纸条，是一位同学犯错后写的道歉书。学生成长过程中难免会犯一些小错，比如课间打闹、打架、同学之间搞搞恶作剧等，但很少有学生被老师批评了还来主动认错的，而且还写下道歉书，我觉得比较感动，所以就保留下来了。他是这样写的："亲爱的张老师，对不起，我已经认识到自己犯下的错误，我和小文不该课间时在走廊上追逐打闹，我还把同学压在地上，我认识到了这样做很危险，会产生严重的后果。对不起，以后我一定会遵守课间的规则，我感到非常惭愧。最爱你的学生小亮。"

　　在另外一张照片上，我注意到了这个男孩，矮矮的、瘦瘦的，戴着一副眼镜。他学习上比较粗心，字写得很潦草，平常经常被我念叨。最近单元测评考了95分，他很少上过90分的，这回进步了。有一次我在班上说："我们班有一两个基础比较差的同学，你们当中谁愿意利用空闲时间去帮助他们？毕竟我们是一个集体，我们要互帮互助，大家好才是真的好，你们帮助别人的同时，也是对自己的一种提升。"我话没说完，他马上站起来说，我愿意。我立马同意了。他经常在课堂上口若悬河地分享，就数他合适。从此我经常看到他休息时间在给另一个男生讲题，后来，那个男生在他的帮助、督促下，学习上有了很大的进步。呵呵，这也是我聪明的地方。

　　最后，我的目光落在了我得力能干的小助手身上，从一年级开始，我就把她发掘出来了。果然，我的眼光不错。小华是一个能干的女孩，会做手工、折纸、画画。当然，学习上就不用说了，和上面的那个男孩一样，会主动帮助潜能生。一次，班上的一个学生跟我说，小华晚上睡得很晚，因为她在出题给班上学习比较吃力的同学，让他们多练习。当时我都不知道多感动。还有一次，我因为有一些孩子的作业问题比较生气难过，她居然哭了。

我问她为什么要哭,她说她不想看到老师为了他们着急难受,怕我气坏身子不能给他们上课了。有如此学生,我还有什么理由不尽心尽力教他们呢?

每张照片背后总有一段故事,很长很多,也很有意思。在以后的教学生涯中,还会有许许多多这样平常的事情发生在不平凡的生活中。

平凡彰显伟大　伟大隐于平凡

苟　亮

我这里有一份特殊的荣誉，它是我的学生颁发给我的。这张奖状比较简陋，没有靓丽的色彩，也没有华丽的装饰。和它一起的还有一封书信，书信同样简陋，是用作业纸做成的，看这整整齐齐的折痕，就知道这位同学一定是很用心，很用心。

这是一名叫琪琪的小姑娘送给我的。她送的礼物怎么能不简陋呢？她的妈妈患有先天性疾病；爸爸在维修自家房屋时受伤，只能靠轮椅行走，平时做一些竹篾手艺活赚钱补贴家用。还好，有社会爱心人士资助琪琪的教育，并承诺一直到她大学毕业。

有一天课上，我发现她眼神闪烁，不像平时认真听讲的她。课后，一经询问，才得知，原来是她的爸爸腿疾又犯了，她很担心。她还要到小饭店去给爸爸买饭送到医院，每天两次。这么小的孩子就这么体贴懂事，我瞬间被感动了。他们家的条件我很了解，我沉思了一会儿，坚定地对她说："你不用担心，这几天你们的生活我包了。"她惊讶地盯着我，有些欣喜，又有些为难。

可是，当时偏远的那个乡镇上，平时根本就买不到新鲜的蔬菜。同事们建议，让一个熟悉的线路车司机帮忙买菜。就这样，我上完课赶紧回宿舍煲上汤，炒好菜。等到放学之后，琪琪和我一起走去医院。三天后，琪琪兴奋地告诉我她爸爸出院了，还给我拿了一些她家的蔬菜呢。

从那以后，也许是我更加关注她吧，我发现她对待学习更加积极了。取得进步了，我及时给予肯定；遇到困难了，我会给她鼓励。看着她的转变，同学们向她投来赞许的目光。六年级毕业了，琪琪把这封书信和她给我的奖状放到了我的抽屉里，我知道有一颗感恩的种子，在她的心中生根发芽了。

这是我收到的最最珍贵的礼物，所以我一直小心翼翼地收藏着。对于我而言，这是一个让我获得无限教育满足感的重要契机。它让我找到了教书育人的意义，更让我明白了教师平凡工作的不平凡之处。

在当今社会，接受教育就像我们要吃饭一样自然。我曾经听过白岩松的一次演讲。他说："在中国，有两个职业是带有德的。一个是医生——医德，一个是教师——师德；医生负责人的肉体健康，而教师负责人的精神健康。"毫无疑问，教师是一个神圣的职业。

回想踏上三尺讲台成为一名语文老师的那个秋天，已是十二年前了。十二年间，我从紧张不安到适应再到敬畏，工作地点改变着、教育政策改变着，随着为人母的身份改变，我的心态也逐渐改变着。

每次看着校门口上方那竖立的"为党育人、为国育才"几个大字，我都会情不自禁地觉得我从事的职业是多么伟大，同时更感觉到那份沉甸甸的责任。

我不禁想起每次在校门口，那一位位家长凝望着孩子进校的背影、满眼饱含着希望。我也能想象，我读书时，我的父母也是这样，远远地望着我，同样满眼希望。于是，我暗下决心：我期望自己孩子的老师如何，那我亦自当如何。

当你走进教室，那一双双晶莹眼睛，就那么望着你。我就想：假如我是孩子，假如是我的孩子。

语文教育讲究在耳为语，在目为文。所谓语，通过声音表达；所谓文，通过符号传递。语文，即是表达与思考的完美结合。为此，我不敢懈怠，将课本与生活经验相结合；害怕上课单调，我便将幽默的语言、趣味的故事穿插其间；担心学生走神，我会不断变换授课方式。多年以后，学生会长大，会变老，当他们回忆年少青春时，能想到曾经陪伴着他们的老师。为了这份美好，我充满敬畏。

如今，我国大约有一千九百万名教师。我，是其中的一千九百万分之一；张桂梅老师，是其中的一千九百万分之一；于漪老师，也是其中的一千九百万分之一。我们同属于女性，我与她们的差距在哪里？我们学校里，百分之八十的教师都是女性。我们穿梭于家庭与学校之间，家人与学生之间。经常能看到同事的孩子在办公室里等着妈妈放学煮饭的身影，经常听到同事在电话里抱怨到："孩子病了，你先领着去看看，我实在是抽不开身。"不是不爱，只是这里还有一大群孩子。

于漪老师曾说过，老师一个肩膀挑着学生的现在，一个肩膀挑着国家的未来。我们每天面对的这个群体，每个孩子都是一粒花种，我们需要默默耕耘，静待花开。那些稚嫩的笑脸陪伴我们一年四季，陪过我们的青春，我们看着他们长大成人。在未来的 20 年、30 年，他们就是实现中华民族伟大复兴的中坚力量。我和所有作出相同选择的教师，一起融入教育奋进的新时代。教育让我们跨越时空界限，从每一个现在走向无数个未来。

习近平总书记说："伟大出自平凡，平凡造就伟大。只要有坚定的理想信念、不懈的奋斗精神，脚踏实地把每件平凡的事做好，一切平凡的人都可以获得不平凡的人生，一切平凡的工作都可以创造不平凡的成就。"①

百年大计，圆梦正在今朝；千秋伟业，百年只是序章。中华民族伟大复兴事业，需要千千万万个平凡的群体。只要我们每个人的共同努力，在平凡的岗位上竭尽全力，汇聚成一股巨大的洪流，做出不平凡的成绩，就能为中国梦的实现汇聚合力。

---

① 习近平：《论党的宣传思想工作》，中央文献出版社，2020年，第411页。

为心灵"护航" 为成长"扬帆"

朱元芹

学生是教师教育的对象，教师如何认识和对待学生，是每位教育工作者都应深入思考和讨论的话题，尤其是班主任。对待学生的正确方式，应以爱心为出发点，同时在教育体系中将他们放置在平等位置。教育并非单向的灌输，而是双向的交流和互动。每个人都有其独特的优势和劣势。作为教师，应深入了解学生的个体差异，根据他们的家庭环境、性格、所遇事物的性质等因素，灵活运用各种教育手段。对待学生，我们需要以科学的、辩证的眼光去看待，应当实事求是地分析他们的优缺点，根据具体情况采取相应的教育措施，或以正面引导，给予严正警告，或以情感交流，委婉启发。同时，也可以通过活动矫正的方式，利用集体力量时常督促。班主任在处理学生问题时，应注重因人因事而异，力求找到最佳的教育方式，以求达到最佳的教育效果。每一位学生都是独一无二的个体，他们需要得到全面发展的机会。教师应根据学生的特点，因材施教，力求每一位学生都能在教师的引导下，成为品德优良、全面发展的好学生。

一、用爱去叩开潜能生的心扉，点燃他们的信心

众人和教师眼里的"差生"，也可以通过努力站在自己热爱的行业巅峰，一样可以成为了不起的人物。也许你的冷眼中有"牛顿"，也许你的教鞭下有"爱因斯坦"，也许你的呵斥声中有"爱迪生"。作为一线教师，更应该尊重和善待每一位学生。于永正老师曾说过："我关爱每一位学生，尤其关爱学习上有困难的学生。"为人师者，谁不希望每个学生学习好，有进步，将来有出息呢？可是，并不是每个学生都那么让人满意。辛勤付出，没有收获，那种懊丧、失望，给教师带来的是无限的烦恼。为人师几十年了，常常品尝到这种欲罢不能、欲放不忍的滋味。笔者深信，这是每位教师的心声。面对那些优秀的学生，教师总是和颜悦色，即便他们有时稍显不足，教师也

能以宽广的胸怀理解和接纳。而对于那些学习困难的学生，教师偶尔的批评却显得过于严厉。实际上，这些潜能生更需要教师的关爱与鼓励。因此面对潜能生，我们要尝试去赏识，用赞扬代替批评，用期待激励学生，善待每一个潜能生，让他们在教师的赏识下，乐于接受教师的教育引导，使他们由"要我改"变成"我要改"。

（一）用赞扬代替批评

由于未能得到应有的尊重和信任，潜能生可能会产生自卑、厌学等情绪，因此教师在指出潜能生的缺点时，要先找出其本身的闪光点，真诚地赞扬他的进步。经常受批评的他们能得到教师的赞扬，自然心花怒放，受宠若惊。这时再指出他的缺点，他们自然而然就容易接受，从而改正。笔者班有一位姓曾的同学，各方面都不错，就是纪律有点散漫，上课无法集中精神。笔者很着急，经常批评他，结果一点效果都没有。后来笔者就改变了方法，上课多叫他回答问题，时常表扬他，结果他上课认真多了，转变很快。

（二）用期待激励学生

每个孩子都希望能得到教师的重视。教师往往对于成绩良好的学生，抱殷切的期望；而对于潜能生，更多是不抱希望，甚至是"厌弃"。教师如果对这些学生充满期待，将会产生强大的感召力，引导学生对教师作出积极反应。如笔者班的小谢同学，学习挺懒惰，考试成绩不理想。一次上课认真多了，笔者就及时表扬他："小谢同学上课多认真呀，如果以后也能这样认真上课，成绩一定会越来越好。"果然以后他上课都很认真，学习也挺勤快，期中考试成绩很优异。因此教师应对学生怀有积极良好的期待，一个信任的眼神，一句带有鼓励性的话语，都会使他们向教师期待的方向发展，从而迈向成功。

二、善待学生，彰显个性

人是具有鲜明个性的，个性犹如一幅独特的画卷，其中包含每个人独特的气质、心理倾向和行为模式。这些性格特征方面的差异，正是构成我们这个世界的五彩斑斓的色彩。作为教师，我们应当以宽容的态度对待学生的个性差异，并努力帮助他们发挥个性优势。我们应当理解和尊重每个学生独特的个性，了解他们的优点和不足。同时，我们还要引导他们克服那些不良的个性倾向，将劣势转化为优势。

此外，学生的爱好也是他们个性的一种表现。有的学生喜欢朗诵，声音洪亮富有感情；有的喜欢运动，充满活力和热情；有的喜欢书法，细致入微，富有艺术感；有的则喜欢写作，富有想象力和创造力。作为教师，我们应当重视并培养学生这些正当的爱好。我们应当因材施教，引导学生发展自己的特长和潜能。因为爱好是创造力的源泉，是推动人们不断探索和尝试的动力。通过引导和培养他们的爱好，我们可以帮助学生发掘自己的潜能，实现自我价值，同时也为他们的未来发展打下坚实的基础。

三、善待学生错误，走进学生心灵

"人非圣贤，孰能无过"，是人就会犯错误，更何况小学生。他们年龄小、自控能力差，不能完全明白或记住教师的要求，这是很正常的。然而，我们教师对于达不到要求的学生往往采取简单粗暴的教育方式，这是非常不利于学生的健康成长的。曾经有位家长向学校反映过这样一件事：他的孩子因记错教师布置的作业，而做了别的题目，结果受到了教师的惩罚，以致孩子第二天早上哭闹着不肯上学，生怕教师再加倍罚作业。可见，这样的方式对孩子的身心造成了多大的伤害呀！

有的时候，对于学生的错误，我们往往急于求成，期望学生在自己循循善诱的教育下马上有所改变，于是当堂点名、个别谈话、要求家长到场，想尽一切办法，但收效甚微。在与学生的相处中，我们要学会换位思考：给他们时间、空间，与他们平等对话，善待学生的错误，并且意识到纠错是一门艺术，需要耐心。善待每一位学生，享受教学过程的点点滴滴，这才应该是真正的为人师表。

擦星星的人

陈伟红

我很喜欢诗人谢尔·希尔弗斯坦的小诗《总得有人去擦星星》：

总得有人去擦星星，
它们看起来灰蒙蒙。
总得有人去擦星星，
因为那些八哥、海鸥和老鹰
都抱怨星星又旧又生锈，
想要个新的我们没有。
所以还是带上水桶和抹布，
总得有人去擦星星。

而对我来说，带学生的过程，就是在擦星星。记得我刚接手新班级的时候，这个班级还是一个学风散漫、成绩倒数的"放牛班"。

新官上任三把火，刚走马上任，我就制定了班规和班级文化，约法三章，"立威"于人。原来散漫的那些小马们，这下子被套上了笼头。我坚信，孩子们如同一盏盏油灯，是不能自燃的。我要做的，就是点燃孩子内心的灯盏。一盏灯的光或许微弱，但几十盏灯在一起交相辉映，那必然是灿若星河。

为了激发学生们的好奇心和胜负欲，我经常在班级举行一些活动，如演讲比赛、"阅读之星"读书活动、主题班会等。而对于比赛的优胜者，我也总会给他们一个奖励，比如一袋糖果、一本书、一场电影、一次小组长的机会。学生们的积极性被调动起来了，每次活动，他们手都举得高高的。在我的坚持下，班级的学风很快有了好转。原来自由散漫的孩子们变了，他们开始懂得上进、积极进取。班级的荣誉感也增强了，凝聚力也得到了提升。

"立威"的同时，我也坚持宽严并济。在传授知识的过程中，我努力地做好孩子的知心大姐姐，带孩子们一起游戏、一起劳动、一起学习。

作为语文老师，我坚信，言传不如身教。这世上一花一木，皆是无韵之诗；四时流转，都是有韵之画。作为一名学生，不能只学书本上的道理，更要明五谷，知稼穑，笃学明理。

我们的校园种了李子树、樱桃树、桃子树，学校每年都会举行"樱桃诗会"，这是全校的盛会。在"诵樱桃""扮樱桃""画樱桃""赞樱桃"这些环节，孩子们纷纷化身文人墨客，接受传统文化的熏陶。这样的活动既增强了孩子们的文化自信，也使他们体会到了春华秋实的生命过程。

课堂中，当孩子答对问题的时候，我总是不吝赞美。对于暂时没有答对的孩子，我也会温柔地鼓励"可以再想想""这次没有答对，下次要加油啊"。

孩子的眼睛里，便会倏地闪过一道光。孩子的求知欲被点燃了，他们在潜移默化之中，心灵得到了滋养，笔下也开始有了灵气。而我也在多年育人过程之中，逐步褪去青涩，成为既传道授业，又帮助学生立德树人的"大先生"。

班上有个叫轩轩的男孩，是一个潜能生。我在接手班级之前，就听很多教师说过他的大名。轩轩脾气暴躁，几乎是一言不合就动手，在班上可谓是"打遍全班无敌手"。没被他打过的同学，寥寥无几。

接手班级后，短短几天，已经有几个同学抻着胳膊来办公室告状。通过拉架和观察，我发现轩轩下手很重，而且打架有章有法，完全是成人的路数。

我找轩轩谈话，问他为什么打人。轩轩嘴巴闭得紧紧的，一副桀骜不驯的模样，任凭我怎么问，都只是沉默不语。我碰了一鼻子灰，就趁家访的时候，去了轩轩家，果然看出了端倪。

轩轩是家里的老二，因为个头瘦小，经常被上面的哥哥欺负。而轩轩的爸爸脾气暴躁，深信"棍棒之下出孝子"，稍不顺心就对轩轩哥俩大打出手。有时候爸爸工作不顺，哥哥出去住校了，独自在家的轩轩就成了爸爸的出气筒。

从轩轩家出来，我心情有点沉重，也觉得肩上责任重大，我决心一定要改变轩轩的性格和处境。

我又找来轩轩，跟他说了我在他家的见闻。我以为被说到痛处的轩轩会暴跳如雷，谁知他竟出人意料地沉默了。

他低下头："我从小就被我爸爸和哥哥打来打去，不知道咋跟同学接触。再说，我个子小。打人，也是为了不受欺负啊。"

轩轩说着，眼里有了泪花，但仍倔强地昂着头。我摸摸轩轩的脑袋，"傻孩子，想不受欺负，哪能光动手呢？凡事要以理服人，你这暴脾气要不得，得改。"

轩轩懵懵懂懂地点头，又挠挠头："那他们还是打我怎么办？"

"你只要三天不打同学，我就奖励你一个礼物。至于你家里，我会跟你爸爸和哥哥沟通，让他们不再打你的。"

轩轩一脸疑惑地望着我。

"真的？"

我点点头，又特意去了一趟轩轩家，跟轩轩的爸爸妈妈和哥哥恳切地交流。轩轩的父母很是惭愧，说自己会注意，也会协调好两个孩子的关系，努力给轩轩营造一个好的成长环境。

做好了家庭工作后，我又开始帮助轩轩检查作业，上课的时候，我总是会向轩轩提一些简单的问题。轩轩答对了，我就会大加表扬。潜能生轩轩，一举成为课堂的答题小能手。大家看到轩轩的高光时刻，也纷纷要求发言，这种做法调动了学生学习的积极性。

我还跟其他几位任课老师打了招呼，叫他们帮忙多照顾轩轩。还对轩轩讲，有任何问题都可以来找我。

从那之后，轩轩仿佛变了个人，遇事不再那么冲动，嗓门也小了不少。他开始懂得管理自己的情绪，也慢慢地对学习有了兴趣。

我一套组合拳打下来，不但轩轩这样的潜能生的成绩有所提升，班级好学上进、互帮互助也蔚然成风。班级工作有条不紊，而这个出了名的"放牛班"，也打了翻身仗，在年级排名之中，一改往日颓废，跻身进了前三名。

都说教育的本质是爱，面对小学生，教师不能有拔苗助长的心理，也不能一味求快。与其疾言厉色地批评孩子，倒不如蹲下来，跟孩子交朋友。在以爱育爱，以心换心的过程中，做一个擦星星的人。当把所有的星星都擦亮之后，你会发现，原来黑漆漆的天空不见了，取而代之的是一片星光闪耀的星空。

"小魔王"变形计

任亚楠

日月只有一个，星星也会发光。孩子有一百种语言，每一种都应该被聆听和期待；童年有一千种色彩，每一种都应该被接纳和盛开。

十分有幸来到通江县第六小学，成为四年级的语文老师。刚刚接手这个班，面临抽考监测和接新班的双重压力，我内心惶恐不安。尤其是和孩子们见面后，在第一节课上，透过一次小练笔，我发现孩子们的语文基础知识不扎实，写作基础薄弱，这和我所想象的城区孩子的水平差距过大。在平时的上课过程中，课堂纪律的管理成了一件着实令我头疼的事情。课堂上几个调皮的学生让我很是头疼，于是我开始思考如何去改变现状。

我尝试各种教育方法，运用各种管理策略，尝试用多样的方式和不同性格的孩子交流，让他们感受到原来老师也和妈妈一样温柔细腻。经过长时间的摸索，我发现运用积分制管理，多表扬多激励远远比批评的效果要好。对于对学习毫无兴趣、注意力分散的孩子，批评和劝诫在他们面前都显得苍白无力，怎样让他们静下心来爱上语文，这让我深深思考。

每一堂课我都会精心准备，让自己的课堂变得有趣些。渐渐地，我发现孩子们越来越喜欢上语文课了，我很欣喜孩子们会跑到我耳边说着喜欢语文，但是我们班的两个"混世大魔王"依然让我头疼。

所谓的"混世大魔王"，他俩就像海尔兄弟一样整天腻在一起，一高一矮、一瘦一胖，上课一个不听、一个扰乱课堂，真是每次上课的"定时炸弹"，可我偏要碰一碰！

我决定先用气场压制，再用暖心鼓励，最后用分离战术。"小魔王"聪明、家里有人管，并且我通过日常观察发现他情感细腻，十分善良乐于助人，我便决定从他着手。"彩虹屁"是个好方法，"夸夸夸"是他最喜欢的环节。每次课堂上我都会有意无意让他起来回答问题，下课水杯和书本总是找他帮忙拿，他的作业总会留下鼓励他的话语，让他感受到我很关注和在意他，于是一段时间下来，他在我的表扬和鼓励下越来越乖，每次上语文课都是坐姿最端正和思维最敏捷的那一个。后来一次上习作课，结合作文内容和他的近期表现，我给了他一次惊喜，先故意说话只流半截，让他的心跳加速，然后送给他一个小礼物，在大家的笑声中，他俨然成了我作文课的好帮手，让我将这堂课上得有声有色，就这样他在我的改变两部曲中变得越来越好。

可是两部曲总会被他和"大魔王"的同窗友情打扰，他还是会趁着中午课间时间和"大魔王"肆意玩耍时无视规矩，将我和他建立的新情谊抛之脑后。既然这样，那我就来一招分离，我又对"大魔王"开始引导教育。对他的教育可比"小魔王"难得多。

通过平常的观察我发现"大魔王"说话声音响亮，在老师面前也是与生俱来的毫无畏惧感，于是我让他当纪律管理员，帮我管理纪律。我不在时他就是我，替我将自习时间管理得安安静静，孩子们也不敢轻举妄动。为了增进我和他的交流，我经常让他帮我传传话、发发作业、帮帮小忙，他十分乐意；对于较为简单的生字认读也会让他当当小老师，并且告诉他我很喜欢他，他不比其他孩子差。

在一次诗歌的教学过程中，在讲到"生当作人杰，死亦为鬼雄"这句诗时，我给大家拓展了许多爱国英雄伟人的故事，他双眼炯炯有神，听得十分认真，并且好似有些许触动，于是在请同学来读一读的环节，我目光紧紧跟随他，他罕见地举起了手。当我让他站起来读的时候，他声音响亮眼神坚定，似乎用这句诗来表达自己的人生志向，让我为之动容。我又一次表扬了他，并且给他颁发了积分银行存折，完成一项任务就可以累积分值后赢得神秘礼物。他兴致很高。渐渐地，他改掉了之前的坏习惯，成为一个课堂上认真听讲的学生，当我让全班同学都向他学习时，班上同学都为他的改变热情鼓掌。

这两个学生的转变给了我很大的感触，原来每一个孩子都喜欢听到表扬，每一个孩子都渴望得到肯定与鼓励，也许有时候一句微不足道的关心、一句鼓励的话语、一种肯定的目光，就会给他大大的力量，让他们黯淡的目光里出现光亮。每一个孩子都是最亮的星辰，他们终究会绽放最耀眼的光芒。

我一直在思索，对于这些肆意生长的孩子，在学习上不能够和其他孩子统一步伐，反应上没其他孩子灵敏，甚至在行动上也没有别的孩子敏捷，因此他们或许会受到同伴们的不喜爱，会遭到老师的咆哮批评，成为班级中那一抹灰色。这些孩子可能会在灰色世界里越发自卑逐渐黯淡。这是一群更需要爱的孩子，如何教育引导他们十分重要。

我经常对这些孩子说："相信自己，你能行，你是老师眼中最可爱的宝贝。"这句话对于孩子们来说是爱的传递，是一种信任和肯定。没有谁喜欢被否定，用爱去温暖孩子，用鼓励去激励孩子，我相信每个孩子都会发现属于自己那份最耀眼的光芒。

教育是人生一场必修的旅行，让自己慢下来让孩子慢下来，多给孩子一点时间，多去寻找每个孩子不同的闪光点，静待花开！

立德树人 培育"雅慧"少年

赵 静

"五育并举"指基于人的全面发展的需要发展德智体美劳五育。各育是"五育并举"的组成部分，在地位上是平等的，在功能上又是独特的；每个都有独立存在的价值，彼此之间又是相互联系、相互依赖的。德育促人向善，智育教人求知，体育使人强健，美育助人识美，劳育养人劳力。

一、德育育人，培育"厚德"少年

雅是德，在教师的工作中，唯有以德施教、以情促教，才更利于保障教育的质量，也利于体现出教师的教育美德，从而达成教育的目的，完成教育的使命。小学班级管理会对学生的道德素养和"三观"形成等方面产生很大的影响，因此强调小学教师多加了解学生的各项行为表现，获知学生的需求，以便制定出可行的班级管控制度，以此来约束学生的行为，以期最终能够培育出"厚德"少年。例如，在班级管理中，教师发现某名学生存在不守时，以及扰乱课堂纪律的行为，对此教师就应该发挥出德育育人的作用，可以根据该种情况来制定出相应的管控制度，并向该名学生讲述道理："守时守信的人，才能够获得他人的尊重和认可，不扰乱课堂纪律是作为学生的基本要求。"在此过程中，教师需要采取柔性方式来深化德育育人的效果，从而将学生培养成为拥有较高道德素养，以及关注集体、热爱集体的优秀少年，实现学生更为长远的发展和进步，同时也能够推动小学教育的发展。

二、以知启智，培育"善学"少年

在新时代背景下，大多领域对"善学"之人均更具需求，若是具有"善学"的品质，也往往更善于接受新的事物，素质水平不断提升。所以，在如今的小学教育工作中，教师应做到以知启智，培育"善学"少年，以期为学生日后的发展做出必要的铺垫和保障。教师能够找寻丰富的教育资源，而后以"班会"的形式，促进学生掌握不同的学习方式，如此自然利于推动学生的顺畅学习，也利于强化学生的判断思维。例如，在展开班会时，教师能够以"探析学习方式的必要性"为主题，让学生之间均可以结合自身的学习方式和经验等，共同来说一说为何要掌握不同的学习方式，以及怎样才可以提高自身的学习效能等。

三、强化体质，培育"健体"少年

学生是否具有较好的身体素质，影响到学生的精神面貌和学习状态，所以在小学教育工作中，教师应该将强化体质，培育"健体"少年作为一项重点来落实。教师可以根据校园的体育文化及活动等，促使学生明确参与体育活动的重要性，使学生可以主动地投入体育活动中。教师还应在班级内部打造积极的体育运动氛围，组织形式多样的体育运动，提高学生对体育运动的热爱之情。例如，教师在班级中组织篮球比赛，可以让学生以组为单位，团结协作地将篮球投入教师所设置的篮筐中，看哪个小组在规定的时间内投入篮球的数量最多，就判断为哪个小组取得最终的胜利。在此期间体育活动不但可以使学生感受到欢快和有趣，也利于激发起学生对体育运动的兴趣，有助于推动实现"健体"少年的培育目的。

四、以艺促美，培育"尚美"少年

艺术体育课程，聚焦德智体美劳全面发展。以艺促美，培育"尚美"少年，是新形势下教育领域的一项重要要求。这样做的目的在于强化学生的艺术欣赏能力，提高学生的审美水平和人文素养等。对此，教师可以根据小学美术等学科中所涉及的美育元素，"春风化雨"地传递给每名学生，这样不但可以提高学生对美术学科的认知程度，还可以为学生展现自身的美术特长创造出重要的空间。另外，教师也能够带领学生投入形式多样的美育活动中，使学生能够更好地感知美、理解美。例如，教师可以鼓励学生参与绘画比赛、文艺表演等活动，由于在这类活动中蕴含着极为丰富的美育资源，所以学生在参与活动时，能够更为充分地吸收和掌握美育知识，从而提高艺术素养。

五、劳动实践，培育"勤劳"少年

小学阶段学生的劳动实践经验往往较为不足，一方面受到该阶段学生年龄因素影响；另一方面也有一些家长过于宠爱孩子，从不让孩子参与家庭劳动，致使孩子的劳动经验有所缺失，劳动意识明显薄弱。为此，在当前的小学教育管理工作中，教师应该注重让学生投入劳动实践，以期能够培育出"勤劳"少年。首先，教师可以带领学生参与校园劳动，使学生在具体劳动期间感受到劳动的趣味性，并使学生认识到在劳动过后，才能够形成干净卫生的班级环境，如此利于增强学生的劳动意识。其次，教师应该注重与学生家长的联系和沟通，改变某些家长的错误认识，使家长能够指导孩子做一些力所能及的家务，让孩子意识到自己对美好家庭环境的营造也有着一定的作用，而不是全然依靠家长的劳动，劳动还可以降低孩子对电子产品的依赖性。例如，家长可以让孩子擦一擦桌子，摆正桌椅，让孩子帮助自己洗菜等，上述劳动的强度都不大，可以让孩子完成，同时也利于进一步和谐亲子关系。最后，不管是家长还是教师，针对孩子的主动劳动行为，应该予以关注并进行肯定和赞赏，以满足小学阶段学生被他人赞赏的心理需求，也能够使学生更加热情地投入学校、家庭的劳动中，有利于提高学生的劳动素养，最终对"勤劳"少年的培育也自然会水到渠成，实现学生不断进步。在通江县第六小学校园内，学校设有以粮食、蔬菜、银耳、花木种植为主的实践体验园地，依据桃园、李园、樱桃园等园地特征，创新性地开发和设置了"樱桃诗会""桃李节"等校本课程，引导学生去实践、去体验、去感受、去生成。校园之外，创新开展"劳动实践+研学旅行"的育人新模式，通过农耕文化、田园课堂、生存训练、劳动实践、红色教育等课程，落实"双减"政策，培养德智体美劳全面发展的时代新人。

总之，我国的强国发展道路对人才有着巨大的需求，而教育工作正是人才培养的重要路径。根据学生的具体情况，以及教育的相应要求，大力培育雅慧少年，主要是指拥有厚德、善学、勤劳、尚美和健体等优秀品质的少年，最终促进学生的长远发展。作为通江县第六小学的教师，应明确自身的责任和使命，注重开展德育工作，"雅慧"兼行，蓄势起航。全体师生将继续秉持终身学习的理念，诗意生活在美丽的校园，践行"外雅于行，内慧于心"的现代化教育新理念。

加强班级管理　打造优质班级

——小学班主任加强班级管理的有效策略

赵志强

有效的班级管理能够帮助学生建立良好的学习习惯，对学生未来的学习生涯有着深远的影响。不仅如此，团结、和谐的班级氛围可以增强学生的集体荣誉感，使他们更加珍惜班级荣誉，更加愿意为班级做出贡献。小学班主任是班级管理的核心人物，负责全面规划和组织班级的各项活动，不仅是学生的教育者，更是他们的引路人，他们的教学能力和管理能力，不仅影响着学生的学业成绩，更影响着学生的性格、情感、道德等多方面的发展。因此，小学班主任应不断学习和实践，探索出更加有效的班级管理策略，为学生的全面发展提供有力保障。

一、制定班级规则与纪律

"不以规矩，不能成方圆"这句古训，深刻道出了规则和纪律在任何一个集体中的重要性。对于小学班级管理而言，班级规则和纪律更是不可或缺的核心要素。明确的班级规则和纪律能够确保学生明确知道哪些行为是被允许的，哪些行为是不被接受的。这会为学生提供一个清晰的行为指南，在维护班级秩序、优化学习环境的同时，能够培养学生良好的行为习惯。因此，小学班主任应高度重视班级规则和纪律的制定与执行，确保学生在一个有序、和谐的环境中健康成长。

在制定班级规则和纪律时，班主任应邀请学生共同参与，根据本班的实际情况制定切实有效的规则和纪律。这些规则可以包括课堂纪律、作业要求、课间休息规定、卫生值日制度等。规则应简洁明了，易于理解和执行，同时要有明确的奖惩措施。在执行时，班主任应做到公平、公正，避免偏袒或歧视任何学生。对于违反规则的学生，班主任要及时进行批评教育，并根据规定的奖惩措施给予相应的处罚。同时，班主任也要对遵守规则的学生给予肯定和表扬，树立正面榜样。此外，随着学生年龄的增长和班级情况的变化，班主任应定期评估班级规则的有效性，并根据实际情况进行调整，从而确保班级规则始终符合班级目标和价值观，同时也能更好地适应学生的成长需求。

二、建立良好的师生关系

良好的师生关系能够促使学生参与课堂活动，向班主任敞开心扉，认同班主任的管理方式，这对增强班级的凝聚力、创建团结的班集体和提升班级管理效率都大有裨益。因此，小学班主任应重视良好师生关系的建设，并通过真诚关爱学生、尊重学生个性、公正对待学生、有效沟通以及积极参与学生活动等多种方式，与学生建立良好的师生关系，为班级管理的顺利进行提供有力保障。

首先，在日常教学中，班主任要关心学生的学习、生活和情感，了解他们的需求和困难，给予适当的帮助和支持，通过真诚的关爱，让学生感受到班主任的温暖和关心。其次，每个学生都有自己独特的个性和特点，班主任要尊重学生的个性差异，允许他们表达自己的观点和想法，要善于发现和培养学生的优点和特长，使他们在班级中找到自己的价值。再次，班主任要与学生建立良好的沟通机制，定期与学生进行交流，了解他们的想法和需求，要善于倾听学生的意见和建议，及时调整自己的管理方式。最后，班主任要积极参与学生的各项活动，与学生一起分享快乐、分担困难。通过参与活动，增进与学生之间的感情，拉近彼此的距离。

三、培养学生的自主管理能力

他治与自治是班级管理工作的两种重要方式。他治通常指的是由外部力量，如班主任或学校管理层，来制定和执行规定，管理学生的行为。而自治则强调学生的自我管理和自我约束，让他们参与到规则的制定和执行中来，成为班级管理的主人。这样更能激发学生的参与热情和责任感，也能让学生学会自我约束和自我管理，提高他们的自我管理能力，这对于学生未来的生活和职业发展都非常重要。因此，自治更胜一筹。在日常教学中，小学班主任要重点培养学生的自主管理能力，从而实现更有效的班级管理。

首先，教师可以让学生参与规则的制定和执行，让学生感受到自己是班级的一员，从而更加愿意为班级的整体利益做出贡献。不仅如此，由于规则是由学生自己制定的，他们会更自觉遵守这些规则，从而提高规则的执行效力。其次，班主任应选拔和培养一批有责任感和领导力的班干部，协助自己进行班级管理，同时设置一日班长、监督员之类的职位，让学生开展自治和自查，在实际操作中锻炼自主管理能力，提高自我管理能力。此外，在班级中，总有一些学生在自主管理方面表现出色。班主任可以定期表扬这些学生的行为，并设立一些奖励机制。例如，为在自主管理方面表现突出的学生颁发小奖品、荣誉证书等，并邀请他们分享自己的经验和做法，以激励其他学生向他们学习。这些都能够有效培养学生的自主管理能力，为班级管理的顺利进行提供有力保障。

四、加强与家长的沟通与合作

加强与家长的沟通和合作是提升班级管理效率和质量的重要手段。及时与家长进行沟通，可以加深家长对学生在学校中学习情况的了解，以及班主任对学生家庭生活情况的了解，从而有助于双方全面了解学生的成长环境和个人特点，更好地满足学生的教育需求。班主任和家长积极沟通与合作，共同参与学生的教育，可以形成教育的合力，共同培养学生的良好行为习惯和学习习惯，促进学生的全面发展。因此，在班级管理中，班主任应采用多种手段，从多种渠道与家长进行沟通与交流，通过家校的紧密合作提高班级管理的针对性和实效性，使学校教育更加贴近学生的实际需求，从而提高教育质量。

首先，班主任应积极建立有效的沟通渠道，通过电话、微信、QQ等多种方式与家长保持联系，定期向家长发送学生的学习情况和表现，听取家长的意见和建议。其次，班主任应定期举办家长会，让家长了解学生的在校表现和学习情况。同时，班主任也可以定期到学生家中进行家访，了解学生在家庭中的生活和成长环境，与家长共同探讨如何更好地促进学生的发展。最后，班主任可以成立家委会，并鼓励家长积极参与到班级的各种事务和活动中来，增强家长对班级的认同感和归属感，共同为学生的成长和发展努力。

五、建立完善的评价体系

当前,培养学生的核心素养、促进学生的全面发展是学校教育的重要目标。在班级管理中,班主任应在新课标理念的指导下,坚持以培养学生的核心素养、促进学生全面发展为目标,通过多种措施积极有效地开展好教学和管理工作。其中,优化教学评价体系是保障日常教学和管理工作顺利进行的重要手段。在开展教学评价时,班主任不仅要关心学生的成绩,更要关注学生的学习态度、合作与沟通能力、批判性思维与创新精神、个人兴趣与特长,以及情绪管理与心理健康等方面的发展,通过多种评价方式更加全面地评价学生的表现,为学生的未来发展提供有力的支持。

首先,在完善教学评价体系时,班主任应明确评价的目标和标准,确保评价能够真实反映学生的学习情况和班级的整体表现。其次,除了传统的笔试和作业评价外,班主任还可以采用课堂表现、小组讨论、实践活动等多种评价方式,更全面地了解学生的学习情况和能力发展。最后,班主任应坚持过程性评价和结果性评价相结合,同时关注学生在学习过程中的表现和努力程度以及学习成果和成绩,避免过分强调结果而忽视过程。

总而言之,班级管理是一项系统工程,需要小学班主任不断地学习、实践和创新。只有不断地优化管理策略,才能确保班级环境的和谐稳定,为学生的全面发展提供有力保障。让我们携手努力,共同打造优质班级,为孩子们的明天撑起一片更加美好的天空。

用爱育桃李芬芳

杨 艳

作为一名教师，学会尊重每一个学生是职责和使命，而不是一句空洞的口号。这种尊重不仅体现为教师口头上对学生的称呼，更要贯穿在教师的一言一行中，融入每一堂课的教学活动中。在教学中，尊重学生意味着我们要关注每一个学生的成长和需求，无论他们学习能力如何，我们都应该给予学生足够的时间和空间，鼓励他们发表自己的观点，尊重他们的不同意见和想法。尊重学生还意味着我们要理解和包容那些在学习上遇到困难的学生，给予他们耐心和支持，帮助他们克服困难，实现自己的潜能。

一、初识小明之困境

班上有一个名叫小明的男孩，他身材不高，说话时总是磕磕巴巴，而且吐字不清。据了解，小明在出生时就做了一次小手术，这次手术影响了他的大脑发育，导致他对语言不太敏感，记忆力也相对较差。基于这些原因，小明在学习上遇到了很大的困难，表现为学习特别吃力，每次考试都是全班最后一名。

在我的记忆中，小明从来没有完整地背过一篇课文，即便是一首小诗也很难顺利地背下来。我清晰地记得有一次家长会，小明的母亲主动来找我，对我说："老师，请您以后不要再让孩子背课文了。"听了她的话，我心里有些失望，但也理解了她的担忧，因此答应了她的请求。但我仍然不甘心，总期待着有一天能够看到小明成功地背下一篇课文。有时候，我甚至会梦见这个场景，幻想着他背诵的样子。

小明的学习成绩不好，同学们常常看不起他，甚至还会嘲笑他，使得他的自尊心受到了很大的伤害。每次我看到他时，他总是闷闷不乐，孤零零的，没有同学喜欢和他交朋友。这一切都深深地触动了我的内心，我下定决心要想尽办法去帮助他，让他走出困境，重新找回自信与快乐。

二、悉心呵护解千般困

我决定采用更加贴近他实际情况的方法，帮助他逐步克服语言障碍，提升学习成绩。我不再强求他像其他同学一样完整地背诵课文，而是采用分段、循序渐进的方式进行教学。

我为他设计了一套专门针对语言表达障碍的口语练习。每天，我和他一起花时间进行口语练习，重点训练他的口齿清晰度和语言表达能力。我给他准备了一些简单而有趣的口语练习，如绕口令等，让他通过反复练习，提高说话的流畅度和发音的准确度。我结合他的兴趣和特长，选择了一些优美的古诗词进行教学。我把古诗词分成小段，每次只让他背诵一小段，然后逐步增加难度，直到能够完整背诵一首诗词为止。在他背诵过程中，我不仅耐心指导，还鼓励他相信自己的能力，勇敢地面对挑战。我还特意选择一些他感兴趣的古诗词，让他在背诵中感受到乐趣和成就感，从而激发他学习的积极性。在教小明背诵《陋室铭》的过程中，起初他的表现并不理想。他说话结结巴巴、吐字不清，很难流畅地背诵出诗词的内容。然而，我并没有因此而灰心，而是继续鼓励他，给予他充分的支持和指导。

我将《陋室铭》分成了小段，每次只让他背诵一小段，然后逐步增加难度。经过反复练习和我的耐心指导，小明终于在一段时间后成功地背诵了《陋室铭》。"……南阳诸葛庐，西蜀子云亭。孔子云：何陋之有？"当他第一次能够流畅地背诵出整篇诗词时，大家都感到非常震惊和欣慰。小明自己也感到非常自豪和兴奋，他意识到自己的努力得到了回报，自信心也得到了极大的提升。

这次的突破不仅让小明备受鼓舞，也给了我们所有人一个深刻的启示：只要付出努力，克服困难，就一定能够取得成功。这也进一步加强了我们对小明的关注和支持，让他在学习中继续前行，成为一个更加优秀的学生。

三、小明成才添新姿

经过一段时间的努力，小明终于成功地背诵了一整首古诗词。这一次的突破让他备受鼓舞，更加坚定了学习的信心。同时，同学们也对他刮目相看，纷纷表示愿意和他交朋友，给予他更多的关心和支持。他在班里的形象也发生了很大的变化，他不再是孤单一人，而是成为大家喜欢的伙伴之一。

他的学习成绩也随着自信的增加而逐渐提升，最终成为班里的学习榜样。这个过程充分展示了我的关爱和耐心，也展现了小明在我的悉心指导下不断追求进步的努力和勇气。他的成功不仅让他自己感到骄傲，也让我感到无比欣慰和自豪。

在我听到这些话时，我深感欣慰和感动。作为一名教师，能够对学生产生如此积极的影响，让他们在困境中找到了希望和力量，这是我最大的幸福和成就。

在我后来与小明交流时，他表达了对我无尽的感激之情。他说，我的悉心指导和鼓励让他感受到了学习的乐趣和成就，也让他重新找回了自信。他说，曾经的他觉得自己是一个失败者，总是觉得孤独无助，但是在我和其他同学的帮助下，他逐渐明白了困难并不可怕，只要不放弃，总会有突破的时刻。在他的眼中，我不仅是一位语文老师，更是一位给予他温暖和力量的导师。他说，我的细心呵护让他感受到了被关爱和被理解的温暖，让他明白了学习的意义和价值。他表示，他会倍加珍惜自己的学习机会，努力向前，成为一个更好的自己。

后来，我觉得让小明担任班里的语文课代表是一个很好的选择。这不仅可以让他锻炼自己的语文背诵和诗词默写能力，还能为其他同学树立一个学习的榜样。

作为语文课代表，小明不仅需要带头完成每天的语文背诵和诗词默写任务，还需要与其他同学分享学习经验和方法，帮助大家共同进步。通过这个角色，小明不仅可以进一步巩固自己的学习成果，还能提升自己的领导能力和责任感。此外，作为语文课代表，小明还能够在班级中发挥更大的作用，促进班级的学习氛围和团结凝聚力。他可以组织一些语文学习小组活动，帮助大家共同进步；也可以在班会上分享学习心得，激励更多的同学努力学习。通过这样的安排，小明不仅可以展现自己的学习成果，还能为班级做出积极的贡献，在班级中真正成为一个受尊重和受欢迎的同学。同时，这也是对他过去努力和成就的最好肯定，让他感受到自己的价值和意义，进一步激发学习的热情和动力。

我深知，教育不仅是传授知识，更是点燃学生心中的梦想，引导他们走向光明的未来。我的工作不仅是教书育人，更是用心呵护每一个学生，让他们茁壮成长，绽放出自己的光彩。这种对学生的细心呵护，不仅能够改变他们的人生，也能够改变整个社会的未来。

作为一名教师，我深知教书育人的重要性。在教育事业中，我们不仅是知识的传授者，更是学生成长路上的引路人和榜样。通过我的悉心指导和关爱，小明不仅克服了语言障碍，还逐渐找回了自信和勇气。他的变化不仅是他个人努力的结果，更是我作为教师付出的努力和关爱的见证。这也进一步印证了教师教书育人的深刻意义，让我深感自豪和满足。

潜心耕耘　静待花开

杨晓春

回想十八年的从教经历，可以概括成四个字——苦辣酸甜。一路走来，我既体会到了无尽的欢喜，也遭遇了无数难以言说的苦楚……拾掇这些记忆碎片，它们就像时光轴上闪烁的星星，这些星光便是我自信的源泉和前进的动力。

记得那是一个初夏的午后，我刚走进教室，一群孩子蜂拥而至，七嘴八舌地向我打着小报告："小马的电话手表不见了。"我心中一颤："电话手表这玩意儿，对这帮小家伙而言，无疑是件珍贵的物品。"于是，我立刻找来小马，详细地询问了失窃经过。他哭泣着告诉我，原先放在课桌抽屉里，体育课后就无影无踪了。我随后向他座位附近的同学打听，他们都证明小马并未撒谎，同时也表明自己并未将其取走。

该如何是好呢？

我心里盘算着：要么翻看一下孩子们的背包？要么检查一下他们的书柜？但是，马上又否定了这一想法，这样做是侵犯个人隐私的。要么严厉地警告他们？但转眼一想，还是行不通——若真有胆量拿取，怎会畏惧我几句威胁？

我默默地走出了教室，独自静立在操场旁，望着孩童纯真的笑脸，心里多希望犯错的孩子会来到我身旁，主动来承认自己的过错，时间一分一秒地过去，但一切依旧。

正当我一筹莫展的时候，又让我恍然大悟——成年人爱颜面，儿童亦是如此。如果让孩子们明白窃取他人物品的行为是不体面的、羞耻的，也许他们就会主动站出来。可是，怎样才能既不伤害孩子的自尊心，又让他主动承认自己的错误呢？这成了一件棘手的难题。

于是，我又走进教室，语重心长地对孩子们说："人的成长过程中，谁都可能出错，连老师在年幼时也曾犯过错误，犯错并不可怕，可怕的是知错不改。其实，我们每个人的心都犹如未经玷污的白纸，一旦犯下错误，那纸上便会遗留下不可磨灭的斑点；然而一旦纠错，就如同用一块橡皮将斑点擦去，依旧是一张洁净的白纸。只要你能勇敢面对并承认过失，老师一定会为你守住这份秘密。你依然是那个讨人喜欢的好孩子，我们对你的爱也不会有丝毫改变。"

课后，我静静地坐在办公室里等待着拜访者，但接踵而至的孩子们并非冲我而来，让我颇感失落。突然，小昊同学匆忙闯入办公室，手忙脚乱地递上一个彩色的文具盒，脸犹如红纸，羞怯地看了我一眼，眼神里充满期待，然后转身冲了出去。我急忙打开文具盒，一块电话手表静静地躺在其中！我深深地舒了口气，心情顿时明朗起来，内心的压力也随之烟消云散。

我拿起电话手表，发现下面还有一张纸条，上面写着："对不起，杨老师。我也想有一个，因为太想妈妈。"看到字条，我望着他匆匆离去的背影，又让我陷入沉思：这是怎么回事呢？

小昊，男，11岁，五年级。妈妈来自外乡，多年的务工生涯使她鲜少返乡，只是与孩子保持着零星的联系。爸爸也常年在外务工，几年才回来一次。孩子打小便与年迈的祖父相依为命。因为家庭情况特殊，导致他性格很内向，形成了一种孤僻的性格，常常独自一人默默地坐着发愣，流露出与其年纪不符的沉着与早熟。到五年级了，才24公斤，瘦弱的样子一看就是营养不良，但他思维敏捷，学习成绩在班里处于中偏上。同事们都说："小昊，挺聪明的，但身体素质不好，总爱缺席。我们在他身上花了很多心思，由于家庭教育不给力，所以转化的效果不明显。"

我接手这个班不久，但面临这种情况，还是决定要帮帮这个孩子。经过几番周折，才找到了小昊妈妈的电话和微信，我给她讲述了事情的原委及孩子目前的生活和学习状况后，她也很为孩子的发展担心。尽管她也有难以启齿的苦衷，但还是为了孩子的教育力争营造良好的环境，弥补孩子缺失的母爱。

爱，充满正能量，而溺爱却适得其反。正当在孩子身上看到转变的时候，妈妈却经不住孩子的再三恳求，以方便和自己联系、学习中需要查资料为由，便给他买了一部新手机。

有了手机后，小昊对网络世界充满着好奇，很快就沉迷于手机游戏、短视频，成绩直线下降。为了逃避检查，他干脆装病不来上学，甚至周末都无心做作业，后来，这种情况更加频繁，变本加厉……为了改变他的状态，我和任课老师一起去家访。他一看到我们，就藏起来。我们改变态度，温和地询问他不来上学的理由，他一句话也不说。他爷爷说："就是他妈妈害了他，成天只知道玩手机，现在直接不听我的话。"

手机对孩子的影响已不可小觑，家庭教育也不给力，只有我们老师主动出击了。我和孩子约定：上学期间，手机由我保管，只要周一至周五好好表现，周末就把手机还给他。就这样，孩子的表现有了很大改变，我也为此感到欣慰。

那是在第三个星期五，待语文课结束之后，他把一张纸条交到我的手中。我心中充满好奇，他究竟要向我传达什么信息？是以此向我表达感激之情吗？我极度好奇，迅速打开：

"尊敬的杨老师，您好！我对您充满敬意，认为您是位出色的老师。然而，您并未遵守承诺，上回您说会在周末归还我的手机，结果却已连续两个周末未曾归还。一个好老师，不光要教给我们很多知识，还要说话算数。"

看着看着，我觉得我的耳朵开始发热，我的心灵受到了强烈的震撼。这对于自尊心强的我来说是一个不小的打击。静下心来反思，他说的全是事实。前一周忘了，可上一周，我偏偏又忘了，就这样一直拖了两周，看到他的这张纸条才想起来。我疏忽了一件事：在他的心目中老师变成了一个说话不算数的人。亡羊补牢，为时不晚。我立即把他叫到办公室来："对不起，小昊同学，我把这件事给忘了，谢谢你及时提醒了我，我会努力做好一个不仅教书好，而且说话算数的好老师。"

经历了这样一件事，我才真正懂得了"教师无小节，处处皆楷模"这句话的含义。经历了这样一件事，我悟到了要做一个学生心目中的好老师，首先"说话要算数"。承诺学生的事情没有兑现，乍看是一件小事，其实是一件大事。它会影响你在学生心目中的地位，更会改变你在学生心目中的威信。我得感谢我的学生，是他及时提醒了我，是他指正了我该如何去做一个好老师。

孩子一天天改变，我看在眼里，喜在心里。眼看就要小学毕业了，突然一天，他说他不想上学了，我很是吃惊，怎么在关键的时候又来这一出呢？但想想这么小的孩子不读书，又能干什么呢，于是我努力克制情绪，又去一探究竟。原来是她妈妈答应他过年回来看他，没有回来，又说四月份回来，还是没有回来，孩子彻底失望了，不是不想上学，而是想以极端的方式请回他的妈妈。接连两周都没来，老师给他讲的道理也只当作是耳旁风，看来一向比较听话的他这次态度特别坚决。经了解，妈妈是外省人，和爸爸已离婚，不愿再回四川。我又反复和家长联系，妈妈意识到孩子的重要性，也舍下手头工作回来带孩子。从这以后，孩子上学期间再也没有缺席过，脸上洋溢的笑容可以看出孩子内心的幸福，当然，孩子的变化也就不言而喻了。

　　看到他的笑脸，我感到无比的满足。虽然这个过程很漫长，但是看到他的成长和进步，我知道所有的耐心和付出都是值得的。因此，我们需要潜心去呵护那些迫切需要关照的心灵，耐心等待它们绚烂怒放！

付出必有回报　真情必有回应

程　娇

教育是一朵云推动另一朵云，一个灵魂唤醒另一个灵魂。

——题记

2022年春节后，眼看产假一天一天接近尾声，我的心里也开始渐渐焦虑起来——春季学期返校上班，必定要接手其他老师的班级。很快，开学工作安排下来了，我被安排到三年级，并担任班主任一职。于是，我积极主动地和前一任老师对接，以便最快地了解班级各项情况。一番交谈下来，她拿着笔在花名册上圈点勾画，我更是忧心忡忡。待她再单独向我介绍特别的刘同学时，我似乎又重拾信心，迫不及待想要会一会他。

开学那天，我在其他同学的口中先认识了这位刘同学，他是班级里的中等个，瘦瘦的，额头前喜欢留短刘海，听说不到不得已，头发是不会主动剪短的。热情的同学还向我介绍了其他情况，他跑步、跳远很厉害，但一到参加活动就掉链子，不愿为班级荣誉出力，最恼火的是上课从不拿书，还有，爱哭！环顾四周，一个正在收拾书包的男生停下来盯着我，我心里推测着，这个刘同学，可能就是他了。

我若无其事地走过去，主动打招呼，并邀约他一起帮我收拾办公桌，几句话下来，他收拾他的，对我完全视而不见。我倒有些惊讶，竟还有不和老师搭话的学生。见状，我又转移话题，"你今天自己上学吗？家里是否还有弟弟妹妹？"我一边问，他便拿起书包朝书包柜走去，头也不回地出教室了。第一天我就吃了闭门羹，座位上的同学无可奈何地盯着我，心里大概想着：这老师，看来也拿他没辙吧！

我郁闷地回到办公室，向其他老师诉说着刚才的情景，话音刚落，老师们似乎对他都很熟悉，详细地向我介绍起他的过往——调皮捣蛋是第一，欺负了其他同学，家长知道了回家就是一顿暴打……本以为，他只是不爱和老师搭话，谁知，真如老师们所说，接下来的很长一段时间，他在课堂上的表现都困扰着我，还惹出了许多的小麻烦。

开学第一周的一堂语文课上,我带领着同学们书写生字,大家把手抬得高高的,正和我一起书空。突然听见一声:"老师,他摸我的头!"我一个眼神投向小刘,他一本正经,似乎什么都没发生。我们继续着,还未写完一个字,他又将后面同学的本子扔给了其他同学。再看他,又坐得端端正正,我再也不能故作镇定,便开始质问起来。几分钟下来,我气得火冒三丈,他却只字不语,淡然一笑。下课铃响了,小刘的种种行为闪现在我脑海里,要是下节课还这样扰乱纪律怎么办?其他同学会怎么看我这个新老师?思前想后,我决定叫他到办公室,单独聊一聊。一番苦口婆心下来,他极不耐烦。

"想回教室了吗?"

"想。"

我暗自窃喜,虽然没有过多的交流,但一周下来,他至少肯和我搭话了。

在第二周上交的作业中,我有意先翻看了小刘的作业,不仅没有想象的那样糟糕,反而还工整地完成了,这起码说明他不笨,或者他的家里人也在监管。正在我准备课上表扬他时,他第一节的数学课表现却不尽如人意,先是对老师的要求置之不理,甚至课本都不拿出来,只顾影响、捉弄其他同学,又是顶撞老师,待老师大声训斥后,又不计后果地冲出了教室。

出于安全考虑,我跑遍了教学楼的所有楼层,最终在操场的一个小角落发现了他,右手拿着小树枝,目不转睛地盯着一条缓慢爬行的毛毛虫。我不忍心打扰他,不过为了拉近和他的距离,又去同学中间了解了他的其他爱好:捉虫子、逗虫子……凡是和小昆虫有关的,他都饶有兴趣。第二天的晨读课,我轻轻走到他面前,本想和他聊聊操场角落的虫子,他一听,又推桌子,又踢凳子,我不知所措。不止于此,后两节课都有同学纷纷告状,他不是把虫子放进别人书包里,就是塞进别人衣服里,女同学们是既害怕又委屈,越是这样,他越是兴奋,再去用手拍别人的脑袋啦,用球砸别人的桌子啦,似乎教室就是他的一个乐园。我气不打一处来,将他请进办公室后努力平复心情,慢条斯理地讲道理,为了规范个人的言行,便让他下课跟在我身后,就这样,他也跟着我吃了三天食堂,我们边吃饭边聊天。刚开始,我说他听,也不回应;慢慢地,说到他感兴趣的话题就能主动和我聊天了,我主动把肉丝分给他吃,他喜欢喝汤我便去盛第二碗;最后一天吃完饭,他居然主动提出帮我收拾餐盘,我不由得一颤:这孩子,要改变了!

为了抓住这个重要的时机,我立马与他妈妈联系,不得已说起了他最近在校的表现情况。因为了解一些他们家的教育方式,所以我先向其讲述了许多关于教育学、心理学的小故事，他妈妈似乎豁然开朗，于是我们约定以后减少一些粗暴的教育方式。

  在接下来的那段日子里，他和善地与每位同学相处。某位同学书掉了，他会主动拾起；女同学拧不开瓶盖，他会挽起袖子恳请一试。尽管每次测验还是不及格，但他每天都在一点一点地进步：上课会主动翻书了，开始抄同学的课堂笔记，能主动举手回答问题了——当然，无论对与错，他总会收获同学们情不自禁发出的掌声。我们的关系越来越亲密，我们可以聊天散步，我可以给他安排小任务，他还当起了我的小助手，主动为我续上一杯热水，偷偷为我的话筒充电……

  回想来时路，这是我从未遇到的个例，我的性情进一步得到了磨炼，也是在他的身上，我得到了一场温暖的修行，也更加真真切切地懂得：教育就是一朵云推动另一朵云，一个灵魂唤醒另一个灵魂。

三尺讲台　无悔选择

何　燕

　　人生其实就是由一个个猝不及防的选择串成的线，有些选择是无奈的，有些选择是幸福的。但无论怎样，人都要为自己的选择努力坚持下去。

——题记

　　那个灼人的夏天，我迎来了人生的又一个选择。我选择了去实现儿时的梦想——成为教师。很幸运，得偿所愿。

　　报到的那两天，我很忐忑。看到学生的那一刻，我很惶恐。但无论何时，我始终铭记："师者，传道授业解惑也。"传道授业，发"仁"于心，为师以德，方不愧"教师"二字。

一、修身为先

　　俗话说"磨刀不误砍柴工"，修好身，做好则，才能育好人。学生具有很强的向师性，老师的一举一动、一言一行于学生而言都影响深远。

　　我作为一名语文老师，深知阅读无论于学生还是教师都显得尤为重要。所以即使时间再紧，我都会保证学生每天有时间进行阅读，而我亦会在他们读书时给自己充电，为他们做好表率。

　　教师读书，既要读有字之书，又要读无字之书。有字之书在诗词歌赋、在经史子集；无字之书在柴米油盐、在田间地头。有无结合，融会贯通，相得益彰，才能面对学生思如泉涌、锦心绣口，答疑解惑游刃有余。学无止境，师道亦无境。

　　修身，还在于求静。对于年轻人，没有人不向往城市的霓虹闪烁，但当选择了回农村成为乡村教师的那一刻起，城市的浮华就只是远方。守住农村的那一份宁静与淳朴，忍受住寂寞，耐得住秉性，如此才会曲径通幽，豁然开朗。

二、仁爱为本

教育是爱的事业，没有爱的教育，就不是真正的教育。

2018年6月，与三年之缘的学生离别。记忆犹新的是给孩子们上最后一节课时，学生坐得非常端正，听得也异常认真。当下课铃响的那一刹那，孩子们突然起立异口同声地说："老师，谢谢您，我们永远是您的学生。"诧异、感动、不舍。那一刻，说不清，道不明，但却值得深藏。这三年和他们有关的点点滴滴，就像电影般在脑海中一遍遍地放映着，所有的镜头都是可爱的、美好的。车到站，送别他们，原路返回的我竟觉得凄凉。

同年九月，我开始了新的征途——担任一年级的班主任。六七岁的稚童，如同一张白纸，最终的结果如何，更多地取决于我们。因此，我既有许多的抱负，也有许多的顾虑。因为我愿我的学生每天都是开心地来学校，下午也是快乐地回到家中。所以，我成为他们眼中最不像老师的老师。课后，我的身后总会跟着小尾巴。"老师，我们在玩跳房子，您和我们一起去嘛""老师，您和我们一块儿去花坛看蚂蚁搬家吧""老师……"学校的老师常常打趣我："你还挺有精力的哦，整天跟着你班的学生活蹦乱跳的，真像一个没长大的孩子。"不过我倒挺喜欢当一个孩子王似的老师，因为我坚信"亲其师，信其道"。

当然，我班也有一个特殊的学生。他，胖乎乎的，小小的，挺可爱的，喜欢躲躲闪闪，不喜欢和不熟悉的人交流。这是我对他的第一印象。后来从他妈妈那儿得知：孩子发育迟缓，走路不稳，吃饭很慢很少，依赖性极强。虽然他年龄是班级最大的，但个头却是班上最小的。对于这样一个学生，每天，学校的集体活动我得牵着他去参加，吃饭我得牵着他去食堂，放学时我还是得牵着他。正如他妈妈说："老师，看来他还挺喜欢您的，以前别人拉他都会反抗，可开学的第二天，他竟然同意您牵着他，谢谢您对他的照顾。"当然在他面前我脸皮也特厚。每次牵着他时，我都会找话题和他聊，课后，我也总喜欢蹲在他桌前，不厌其烦地和他说话，即使他不愿交流。慢慢地，他会对着我不好意思地笑，他会和我进行简单的交流，从一个一个字，到一个一个词，再到不是很流畅的一句一句话。

所有的付出总是会有回报的，后来，一到需要去操场时，他就会笑眯眯地来牵我的手。更有一天，他慢吞吞地走进教室，手一直放在书包里迟迟不肯拿出来，我以为他忘记带书了，走过去，问了许久他才害羞地从书包里拿出自己折的纸心，快速地递给我。那一刻我别提心里多高兴了。

三、严慈相济

　　一味地放任、纵容，那是溺爱，绝不是自由；处处束缚，关在教室形同"槛猿笼鸟"，学成书呆子，那亦不是可取之道。教师当以长者之心，严慈相济、恩威并施。要想学生成为未来的栋梁，那就需要我们引领他向上长，走正道。若在这之间，教师未曾把好关，放任自流，最终他就会成为一棵"歪脖子"树，那时悔之晚矣。因此，对于学生的闪光点或进步，我会有目的地去表扬鼓励；但对于学生的不良行为，我也会进行纠正，让学生明白犯错不可怕，只要我们及时改正就行。

　　对于我的学生，我都会告诉他们最基本的规矩，原则上我是他们的老师，课后我却更愿意做他们的大姐姐。因此课后，我总是喜欢扎堆在学生中，了解他们所想，清楚他们的动向，时常逗逗他们，和他们玩玩游戏，关心他们的生活，打破那道横在老师与学生间的壁垒。"老师，我鞋带松了，您能帮帮我吗？""老师，您能帮我打开水杯吗？""老师，我书包的拉链关不了了……"这些看似平常而简单的事，在孩子们的眼中却是那样的困难。但无论什么事，只要孩子们需要我都会出现。

　　我班有个学生告诉我："老师，我发现您会变，上课的时候，我们犯错的时候，您是一个样；课后又是另一个样子。"听到这句话，我问："那你们怕我吗？"孩子们说："不怕，因为您说过错了改过来就好了，您批评我们一定是为我们好。"小小年纪，却也知道老师的严厉不过是希望他们能更好。我班有一个孩子，他善良、聪明，活泼开朗，可却有着与他不相符的书写习惯。因为他坐不住，每次书写课，他一定是最先完成的，但质量却让人有些头疼。为此我和他说了多次，可收效甚微。后来，每次书写课，我都会让他在我那儿写，一笔一画，姿势端正。如果哪一个笔画错了，我会让他擦去，再写，达不到要求就再擦去再写；一节课，不求写太多，但求每写一个字都是工整的。其他孩子看到老师在书写上要求如此严格，自然也跟着注重自己的书写质量了。

　　时间在平淡的工作中淌走，生活也许没有起初想象的光亮。教师的工作也许是平常琐碎的，枯燥乏味的，可我依旧会让自己每天带着靓丽的心情走上讲台，激情满满地去教书育人。那一张张稚气的笑脸，那一双双纯真的眼睛，那一个个可爱的身影，那一点一滴的成长，让我从内心深处感到做教师的幸福和荣耀。

育心之花　行爱之旅

李海霞

学生的成长之路美好而丰盈，培养真正的人，是教育最根本的问题，追求幸福也是人的天性，因此，只有幸福的教育才能培养出真正幸福的人。本文以一位"新"教师的视角，讲述陪伴学生成长、进步的幸福历程，朴实无华却又散发出了热爱教育的独特光芒。

一、真诚待人，在"情"上倾心血，提升幸福感

时光荏苒，转眼又是新学期。在通江县第六小学的半载岁月里，每天的工作是快乐的、充实的，它使我奋进，让我在教学生涯中又一次丰富了自身的教学经验。

初来通江县第六小学，怀着期待又忐忑的心情走进校园。期待着城区小学的新生活，忐忑的是本身一直从事乡村小学工作，对城区教学工作一无所知，无从下手。"世上无难事，只要肯登攀。"只有敢做，大胆地去做，才能知道自身的不足，才能更好地寻求到教好每一位学生的方法。我尝试着和班上每一个新面孔去交朋友，从课堂严肃点名到下课开怀大笑聊天，记住每个学生的姓名、特点、爱好，以及基础知识的深浅程度，慢慢地和他们打成一片。每次上课，几十双黑溜溜的眼睛盯着我，犹如夜空中闪闪发光的星星，明亮且充满活力。他们说喜欢我风趣幽默，我知道孩子们的世界很纯真，你对他们好，他们就愿意毫无保留地跟你分享他们的童年趣事。"传道、授业、解惑"，我明白，教育不仅仅是传授给他们书本知识，更重要的是培养他们的人格品质和学习兴趣。而我便从兴趣入手，实施趣味课堂与奖惩相加，让孩子们快乐学习。例如，某个小朋友，在课堂上踊跃回答问题，可以在课后领取一张"课堂小明星"奖状，以资鼓励；作业书写工整、质量高，单元测试95分以上的同学可领取一份盲袋礼品作为奖励；自觉性差、不按时提交作业的，我也会告知家长，共同督促；并通过批阅作业，用小红花鼓励孩子

们再接再厉。在他们看来,每一张小小的奖状,每一份小小的礼物,每一朵小小的红花,都代表着他们的努力被认可、被赞赏,他们会更加相信自己的能力,并在今后的学习中更加努力。

二、循循善诱,在"引"上下功夫,获得成就感

刚接手这个班级的时候,班上学生学习水平参差不齐,在第一次单元测试中,居然有十几名同学不及格。焦虑疑惑,种种情绪围绕着我,让我倍感压力。作为一名老师,教书育人是本职工作,爱岗敬业乃职业操守,提高孩子成绩才是硬道理!这也是每位家长和老师共同关注的目标。思前想后一番,我便开始了我的"打卡计划",每天除了正常教学之外,下班后我也会由小到大,由易到难地给孩子们出一些题,作为家庭作业对今日所学加以巩固。学生在"小管家"平台每提交一次作业,平台就会送上一朵小红花以资鼓励,第二天我再书面批阅。家长们对孩子的教育也是格外上心,经常和老师交流分享孩子在家的学习情况,他们经常说:"老师啊!自从你开始了口算打卡,孩子们每天回家自觉性高了,比以前更爱学习了,字迹也越来越工整了,你真有方法。"看到孩子们在进步,又一次增强了我的动力。就这样日复一日地坚持了两个多月,每天积累一点点,孩子们爱上了口算打卡,班级成绩也在这样一点一滴地积累下不断提高。从一开始,班级优生人数21人,及格率仅为76%,到期末测试优生人数上升为40人,及格率为100%。当我看到成绩单上及格的分数,原本不及格的学生全部都及格时,我激动得无以言表,所有的焦虑和困惑在这一刻都烟消云散,所有的辛苦和付出在这一刻都得到了回报。这中间经历了多少挫折和困难,熬过了多少个夜晚,只有我自己知道。我一直坚信:一分耕耘,一分收获。只要努力去做,结果一定不会太差。通过一学期的辛勤付出,我又一次增加了对教育事业的热爱,活到老学到老的教育理念也在我脑海中根深蒂固。教育植根于爱,在我看来,每一位孩子都是爱的天使,老师应该与孩子们友善相处,让他们感受教育的爱。所以我尽可能地用欣赏的眼光去看待他们,用客观的心态去对待他们,教会他们知识的同时,也让他们学会了怎样做人,更让我收获了孩子们的信任,建立了深厚的师生之情。谁生病了,谁最近状态不好,作为老师的我,随时都看在眼里,记在心上。从各个角度去关心关爱,做好他们的心理疏导,对他们进行品格教育,引领他们向善、向美。我相信在我们每个教育工作者的不懈努力下,将会为国家培育一批又一批的时代新人,让他们实现

人生价值，做一个对家庭、对社会、对国家有用的人。

三、换位思考，在"育"上巧研究，增进获得感

扬敬业精神，做平凡工作。我们的工作是朴素的，但又是神圣的，它需要我们沉下心来教育好每一个孩子，就像是农民在田间默默耕耘，犁好每一寸地。只有这样踏实地耕耘，才能为我们学校的每一个孩子奠定好人生基础。半年来，在这里收获良多——来自领导的关爱，同事的引领，学生的喜爱，家长的认可。我也时常铭记学校的核心教育理念，"塑雅慧教师，培雅慧学生"，做"外雅于行，内慧于心"的引路人。孩子们是活泼的，是积极向上的，他们的脸上洋溢着自信，流露出灿烂的笑容。相信在通江县第六小学这片沃土上，定会绽放出更多鲜艳美丽的花朵。

我的成长故事
——知己知彼，谋定而后动

向 玲

凡是人，皆需爱。心中有爱，眼中有爱，看到的都是风景；心中有学生，眼中有学生，看到的都是精彩。如果说教师的人格力量是一种无穷的榜样力量，那么教师的爱心就是成功教育的原动力。正如陶行知先生所说的："捧着一颗心来，不带半根草去。"教师的爱与尊重是照亮学生心灵的盏盏烛光。

那年，我初到通江县第六小学，担任三年级五班的语文老师兼班主任。李一，三年级五班的一名学生，患有小儿多动症。开学第一天我甚至都没发现班上有这样一名特殊的学生，因为很巧这一天家里有事她的父母给她请假了。第二天她来了，回想起那天的情景我至今印象深刻。那天早上，我跟往常一样，走到学校第一件事就是先去班里查看学生是否到齐。我看到了一个空位置，询问是谁。他们说是李一，当我正准备打电话询问家长时，有几个孩子说在学校操场看到她！我问她为什么不到教室呢？孩子们的回答让我第一次认识了与众不同的她。后来我开始和各科老师以及她以前的班主任了解情况，李一最突出的症状就是坐不住，一节课40分钟对她来说如坐针毡，还会在课堂上随心所欲地发出声音，影响课堂秩序。从那天起，为了保障孩子的安全和受教育的权利，我多次到她家进行家访，最后算是口头制定了一套契合她的家校联动的教育机制，大致分为三个阶段。

第一阶段：培养信任。家长作为孩子的第一监护人，与孩子有着浓厚的情感纽带。孩子充分信任家长，但是对于孩子与老师之间的信任关系如何建立呢？前30~50天每天均由孩子的家长强制护送孩子到教室，并由其父母陪伴坐在教室里听课，此举是为了让孩子养成按时到教室的习惯，而并非随心所欲地在校园里游荡。

第二阶段：建立信任。她上课时不是玩这个，就是玩那个，不时制造一些噪声：画画时的自言自语、翻找东西的噼噼啪啪、偷吃零食的窸窣声。我知道该我出场啦：上课前我会悄悄地和她拉钩，约定只要按时到教室，上课不发出声音，我就给她一颗棒棒糖。就这样，她如我们所想象的一样慢慢变得懂事了许多，对于她的点滴进步我会在课堂上马上做出表扬："李一你可真棒！今天主动到教室来啦""哇！李一你好能干呀！刚刚你帮同学捡起了笔""李一你今天又进步啦，你这堂课没有发出一点声音耶……"即便一堂课下来，她依然什么都不会，但是她能从刚开始的在教室里坐5分钟到后来的10分钟、20分钟，从最开始的不到教室到现在的养成了能主动到教室的习惯，这难道不就是一种进步吗？

第三阶段：家长退出。经历一个多月由家长陪同到教室的过程，她已经养成了主动到教室的习惯，能够保证一堂课40分钟坐在教室里，即便偶尔还是会制造一些噪声，发出一些声响，但无论是同学们还是老师都看到了她的进步，都从内心理解并接纳了她。下课后，同学们会陪她一起画画，一起游戏，一起聊天，她和同学们也建立了信任感。此时，家长就可以得体地从课堂中、从学校退出。李一真正蜕变成了一名真正的学生。她能理解铃声的意义，理解课堂的意义，也能理解学习的意义。

有一天放学时，一个眼熟的身影叫住了我，她是李一的妈妈。她向我诉说着孩子变化的同时，也在表达对我的感激。原来她曾经想把孩子送到特殊学校去，奈何他们的孩子没有相关的残疾证件而无奈止步。对于孩子的行为习惯也让他们头疼不已，现在孩子至少愿意进入教室，他们心中已感到非常欣慰。

在与学生相处时，我会经常利用课间时间坐下来和他们聊天，聊聊他们的爱好，聊聊他们的家庭，甚至还会聊聊他们的梦想。爱的付出一定会有爱的回报，每当看到孩子们簇拥在我的身旁，露出一张张灿烂的笑脸，我就会觉得心中充满了幸福。

赵军，父母离异，爱打人。连续好几天班上都有打架的情况，打架的主角都离不开同一个名字：赵军。事情原因也就是同学碰一下他或者骂了他，他的解决方式都是对别人一顿打，事情调解后依然屡教屡犯。于是，我开始思考如何"接招"。

我决定主动出击——我对他进行了家访。从孩子的母亲那里我了解到，她和现任的丈夫是重组家庭，赵军是她带过来的，现任继父脾气暴躁，遇到事情对她也是不分青红皂白拳打脚踢。赵军所有的过激行为都来源于对继父的耳濡目染——靠拳头解决问题。如何让他意识到自己的行为是错误的？这才是眼下应该解决的问题。于是我查阅相关书籍，制定了如下三个阶段。

第一阶段：语言激励。每次同学稍微和他有身体接触，他就会非常急躁，一个温柔的同桌会提醒他："赵军，你今天一定可以控制住自己的行为的。"这时候，我就出场啦，我会蹲下身子和他交流，并告诉他："小赵同学，今天你能控制住自己的行为，没有打人，你很棒。"并为他的进步而鼓掌，还得提醒他，其实同学并不是故意的。这时，他会赞同地点点头。

第二阶段：榜样激励。我一直关注着他的举动，对于赵军的一点点进步，我都要及时给予表扬。面对我的表扬，以及全班同学的赞美和掌声，他有些吃惊，脸上还露出害羞的表情，但从他的眼睛里我看到了光芒。

第三阶段：营造良好氛围。解铃还需解铃人，最近的一次家访我和他的继父也做了深入的沟通，继父表示会改正自己过激的行为，给孩子做好榜样，努力给孩子营造一个健康的生活环境。

"学苍竹到老虚心留劲节，敬苍松久经风雨不知寒"，作为年轻教师，深知自己在班主任工作中仍存在诸多不足，缺乏经验，因此很多地方仍需要学习和改进。臧克家先生说："一个和孩子常年在一起的人，他的心灵永远活泼像清泉；一个热情培育幼苗的人，他会欣赏到它生长的风烟；一个忘我工作的人，他的形象在别人的记忆中永远鲜活；一个用心温暖别人的人，他自己的心也必然感到温暖。"这正是我从教心声的写照。在其中，经历了喜怒哀乐，也品味了酸甜苦辣。和孩子们在一起，谱写我的成长故事。

"熊孩子"也有春天

王亚兰

那是个星期五的早晨,我早早地来到学校,远远地,入校的孩子就热情地跟我打招呼。在人群中,我竟然发现了他。我觉得很奇怪,因为一般他总是来得比较晚,今天太阳怎么打西边出来了?就在我疑惑的时候,他开口了:"王老师……早!""嗯,你早!今天怎么来这么早啊?""老师,我带了绿萝过来,想布置一下教室。我想早点带过来,让你看看。"说完,他一转身,把盆栽一下端到我的面前。他带着羞涩和开心的神情说道:"看!老师!这是我挑的家里最好的一盆,长得可好了!"看着他激动的样子,在那个原本略带凉意的早晨,我的心里却倍感温暖。这样一个对什么都不上心的孩子,竟然能因为我的一句话而这么尽心尽力。我很感动,也不得不感动。

一、初见"他"头疼不已

看着他,很多事都在我的脑海里重现出来。记得刚接手这个班级时,有个特别的孩子总是格外引人注意。小峰很聪明,但是个自觉性极差的孩子,根本管不住自己。他不会整理东西,所以课桌里都是乱糟糟的,一不留神,桌肚里的物品总会哗啦啦地"一泻千里"。他的本子也是十分邋遢,很不整洁,常常让人怀疑本子究竟经历了怎样"凄惨"的遭遇。而每当上课时,他要么无精打采,沉浸在自己的世界中;要么手脚不停,不断摆弄文具;要么做出各种怪异的动作。这样一个"熊孩子",让科任老师十分头疼。更令人无奈的是,不管老师多么严厉的批评,他只能暂时"安稳",不久过后就开始原形毕露了。

记得有一周,小峰一连三次没有完成作业,我把他叫到办公室询问原因,可他桀骜地看着我也不说话,对于没有完成作业这件事他似乎无所谓。当时的我很生气,准备给他父母打电话,可刚按下他父亲的电话小峰就缩成一团,哀求我不要给他爸爸打电话。看到他惊恐的眼神,于是我给他妈妈拨过去。电话接通后我拿给他，小峰立在原地一声不吭，只有两股泪水从那清澈明亮的眼睛里流下来挂在那稚嫩的脸庞上。随后，在跟他妈妈的沟通中了解到，小峰的父母离婚了，妹妹跟着妈妈，他跟着爸爸，可是爸爸常年在外打工偶尔才回家，且教育方式非常极端，动辄就以棍棒教育，一年四季小峰都和奶奶一同生活。

也许是十多年从教生涯中一直和单纯善良的孩子打交道，也许是一个新手母亲的天性使然，那一刻我很心疼小峰。一个家庭不完整的孩子，一个缺乏父母关爱和陪伴的孩子，内心该有多么孤独啊。

二、改变"他"绞尽脑汁

从那以后，我总是格外关注他，决定对他改变策略。在日常学习和生活中，我积极发现他的闪光点，抓住一切机会夸奖他、鼓励他。有一次，我在讲课过程中，暗自观察他的反应。刚开始他还有模有样地听课，几分钟过后，便耐不住寂寞了：他在作业本上面画了起来，画完后他还自鸣得意地让同桌欣赏他的"杰作"。我看在眼里，但没有停下来批评他，而是佯装没看见，继续讲课。课后，我特意和他四周的同学交流：当他再在上课做小动作时，大家对此不要理会；他自觉没趣，就会停止他的无聊行为。同学们答应配合老师的行动。又上课了，他又耐不住"寂寞"，开始"行动"起来了，这回同学们全都装作没看见，继续听课。而正当他觉得奇怪的时候，看见了我注视他的眼神。他一下子慌乱起来，开始不知所措，在等待着老师对他的批评。而我此时却趁机给了他一个宽容的眼神，他像抓到了一根救命稻草似的，静静地听起课来，直到下课。

课后，我趁这个机会跟他进行了一次谈话。我先肯定了他，表扬他上课能认真听讲。他听了我的话之后，觉得很意外，也很开心。于是我乘胜追击，继续鼓励他："老师一直认为你是个聪明的孩子，也相信你会有不错的表现。我们约定一下，明天上课的时候老师允许你开一次小差。但是，只能一次，你能做到吗？"他从没想到老师还会这样跟他说，因此他立马回答道："可以。"第二天，上课之前，我给了他一个眼神暗示，他一下子就明白了。果然，他在课堂上一直认真地听讲，一次小差都没开，而且发言还特别积极。于是，我在全班大大地表扬了他。很少听到表扬的他开心极了，露出了开心的笑容。

从那以后，他开始有了变化，上课的积极性提高了，甚至会举手发言，每每他发言我总是给予认可。而他的自觉性也提高了不少，能够自己一个人专心地写作业了。就这样，我每天对他鼓励一点点，他进步一点点。我经常会在他的作业本上写道："加油，老师相信你！"可是，鼓励和认可还远远不够，老师更要付出百般的耐心与坚持。当他的衣服没穿整齐时，我会主动帮他理一理衣服；当他不会系红领巾时，我也会帮助他。好动的他虽然在课上还是喜欢动一动，但他动的次数少了，频率低了。虽然他时有反复，但我相信只要经常教育，多采用些方法，"熊孩子"也能成为听话的孩子，迎来属于他们的春天。

三、回顾"他"收获颇丰

在我的真心面前，他改变了很多，成长了很多。随着他的进步，我也成长了很多。从他的身上，我无比真切地感受到要做好学生的德育工作并不容易，特别是对单亲家庭的孩子。对待令老师头疼的"熊孩子"，我们不能只采用简单的批评教育模式。长期的批评只会让孩子一直处于被否定的状态，其实他们何尝不渴望老师的认可呢？每个孩子都会犯错，不会犯错的孩子是不存在的。所以，要抱以一颗宽容的心来看待，要和他们以朋友的关系交流。与他们谈话时气氛应是平等的、商量的、善意的，避免权威式的教导，否则只能以一时的"霸权"镇压，不能获得孩子的信任和真心的悔改。

十年的教育工作使我深深感受到：对于孩子，不要把他从你身边推出去，而应该用爱心接纳他们，发现他们的优点，乐于表扬，善于表扬。卡尔·西奥多·雅斯贝尔斯曾说："教育是一棵树摇动另一棵树，一朵云推动另一朵云，一个灵魂唤醒另一个灵魂。"一次普通的鼓励，一句温暖的话语也会促进一个孩子的成长，一次生命的花开。成长路上，我们都要且行且思考。

浅谈为特殊需要学生的教育撑伞

——以"校长助理"李欣为例

段豆豆

对于就近入学、随班就读的特殊需要学生，家长最担心的就是孩子遭遇歧视或差别对待，造成其身心进一步受伤害；而对于班级管理而言，教师难免会因他们的"特殊"而感到压力倍增。如何针对其特殊需要开展个性化的教学，是一项艰巨的考验。在过去的六年时间里，面对特殊需要学生李欣，通江县第六小学"全校共育、人人参与"，交出一份尚算满意的答卷，也是为普通教育与特殊教育融合开荒铺路。

特殊需要学生是指一切由个体身心特征和社会文化背景差异引起的特殊教育需要学生。特殊需要是指特殊的教育需要，是学生基于其个体的差异性，对特殊的教育条件的支持性需要。

全校共育是指学校全部教职员工、学生等处于学校内部环境中的个人，以及校园物理环境中的场所、硬件设施、一草一木等均可育人。

一、撒下种子，为特殊需要学生带去希望

（一）特殊需要学生李欣

2024年是通江县第六小学建校十周年。在过去的六年间，无人不知李欣，无人不识李欣。作为一个普通学校随班就读的学生，她是特殊的，多动、随意性强、扰乱正常课堂秩序、读写困难等一系列问题伴随着她。

（二）"校长助理"的头衔

结合李欣教育需要的特殊性，校长特任命她为通江县第六小学"校长助理"，帮助其树立主人翁意识，从事中育人，培养其责任心的同时约束其行

为，使其形成自制力，以达到育人目的。

二、开荒铺路，打开特殊需要学生教育新通道

（一）以劳动实践为引，满足特殊学生共性发展

我校开展形式多样的劳动实践课程：从田间种植红薯、土豆、油菜、水稻，到果园采摘樱桃、李子、桃子等水果，再到学校食堂里学生烤红薯、炸酥肉、包饺子，让学生在做中学，学中思。在这样的学生群体性活动中，我们实现对李欣无差别教育，她可以与其他同学一样，完全融入并乐在其中。也正是通过这样的劳动实践，"以劳养行、以劳敦品、以劳励志"，从行到品最后到质，达到教育目的，满足特殊学生共性发展。

（二）设计个性化教育路径

李欣自入校以来，由于其自身的特殊性，无法与其他同学一起在课堂中进行学科知识的学习，学校为其另辟蹊径，将整个校园打造成她的教室，校园里的一草一木都是她的课本，都是她为适应未来社会化生活的必选科目。这样的个性化教育路径在通江县第六小学是史无前例的，针对其个性化的教育是摸着石头过河，但这也为以后的普特融合教育开荒铺路。

（三）全校共育新模式

在校长的引领下，通江县第六小学人人参与李欣的教育，她会跟着保安周爷爷送水、跑腿，也会跟着清洁工李婆婆除草、浇灌，老师值周时她会在一旁帮忙巡视，前后校门经常有她值守的身影，新入职的老师她第一时间迎接。行政楼有她、雅慧广场有她、操场有她、教学楼有她，校园里时时刻刻都有她的身影，校园里的一草一木都在助力她的成长。

三、推己及人，慎思普特融合教育之路

（一）如果你是家长，你会怎样做？

作为特殊需要学生的家长，摆在面前有两种选择：一是将孩子送往特殊教育学校进行针对性教育，二是就近入学选择普通学校随班就读。无论家长

作出何种选择，无疑都会担心孩子因生理、心理方面的特殊性而遭到排斥，而这样的孩子往往本身也缺乏自我保护能力。

（二）如果是普通学校，会怎样做？

普通学校接收特殊需要学生的情况也较多，可是真正做到因材施教、个性化育人的却相对较少，大多时候教师会选择让其父母陪读。学校在接收这样一个特殊需要学生时，真正要做到"无差别对待"是很艰难的。

（三）如果你是教师，你会怎样做？

一个教师面对的教育对象往往有几十个，对教师来说每一个学生都是独一无二的个体，教育中既要保证特殊需要学生的个性化发展及共性需求，又要保证其不影响其他学生正常受教育的环境，这是很难两全其美的。没有一位教师会轻易放弃一名学生的教育之路，我们应该更多地思考这条路指向何方。

四、为特殊需要学生撑伞的有效措施

（一）及时接纳，确保特殊需要学生受教育权

特殊需要学生的健康成长，关系着其家庭的幸福安定，社会的和谐稳定。通江县第六小学在面对适龄儿童入学时，不戴"有色眼镜"，做到应收尽收，并科学地制定特殊需要学生的育人策略，用更多的社会责任心、爱心和耐心温暖孩子的心灵，确保特殊需要学生也能拿到约束自己的金钥匙、学会适应社会的真本领。

（二）校长负责并牵头，保证特殊需要学生安全及个性化教育的需要

校长作为学校的总负责人，要敢于为特殊需要学生的安全担责，面面俱到考虑其在校的学习、生活、成长，不仅是挥舞指挥棒，而且亲自下场探索这条普特融合教育之路。

1. 平时多谈话，知晓其内心动态

在通江县第六小学过去六年间，到过高校长办公室最多的学生一定是李欣。教书育人重要途径是言传身教，言传就是将做人做事的道理说于她，身教便是在一言一行中起到示范、榜样作用。

2. 给"校长助理"加责任

"校长助理"这一头衔,给她的是归属感、责任感,帮助其树立主人翁意识;也可以通过一些具体事务,培养她的责任心,既可以监督他人也可以约束自身。

(三)营造有爱环境,助其建立健全人格

一个在爱里成长的人才有可能拥有健全的人格。通江县第六小学这个大家庭给予李欣这样一个特殊需要学生的是包容、引导和爱的教育。全校教职工、学生群体都在用自己的实际行动表达着对她的关照与关爱。

普特融合教育的路还很长,李欣绝不会是通江县第六小学的最后一任"校长助理",通江县第六小学的校门永远为特殊需要学生打开,通江县第六小学的伞永远会为特殊需要学生撑起。作为一名教师,要坚决履行教书育人使命,拥护学校在普特融合教育之路上的一切有效决策。

守望花开

闫 静

转眼间,我从事教育工作已经有十五年之久,其间发生了很多令人感动的故事。这些故事仿佛就发生在昨天,让我感受到身为一名教师的满满成就感,也让我无悔选择教师这份职业。

那是一个阳光明媚的下午,我们班举行了一场别开生面的诗歌吟诵比赛。原本我是想用一节课的时间完成,因为刚结束的第五单元是一个文言文和诗歌体裁的单元,我想借此机会抽查一下同学们对该单元背诵的情况。可让人意想不到的是,全班所有的同学都踊跃参加,甚至连那些基础薄弱的同学也积极上台背诵诗词。最终一节课的时间远远不够。

第一节课同学们都是背诵课内古诗和一些课外的古诗(要求一是不能背重复的;二是必须读出感情,还要注意节奏)。到了第二节课有个同学开了先河,朗读了他自己写的一首古诗,这样一来全班就掀起了自己创作古诗的浪潮。让我始料未及的是同学们自己写的诗竟然还不错,虽然没有古人写的那样讲究格式、押韵和对仗,但对于学生来说已经非常不错了。

其中有位同学,一直是老师眼中的"差生"、同学眼中的"捣蛋鬼",却让全班的同学感动得流下了眼泪,是怎么一回事呢?事情是这样的:这位男生在同学们的一片嬉笑声中走上了讲台,大声地朗读了自己写的一篇短文,全班顿时鸦雀无声。他边读边哭了起来,我发现在座的很多同学眼圈都湿了。这虽然算不上一篇优美的文章,但却是那样的真实。这也或多或少吐露了孩子的心声,可能这也是班上大多孩子想对自己父母说的话,因而也就更容易引起共鸣。这个小插曲也让我们此次的比赛到达了高潮,从刚开始的轻松快乐,到后来的沉默,又到潸然泪下,最后爆发出雷鸣般的掌声……

通过这次诗歌吟诵比赛,我发现同学们的写作和表演才能真是不容小觑。我以后应该多采取一些不一样的教法来拓展孩子们的思维,或许会收到不一样的效果。

还有次我给班上的孩子们分享了一篇科普短文《奇妙的克隆》。从他们的表情中，看得出来孩子们听得很认真，所以我读完后就让同学们发挥想象：如果让你们克隆一个人，你们将会克隆谁？教室里瞬间像炸开了锅，同学们都在七嘴八舌地向同桌描述自己心里想克隆的对象。我请了几个同学起来发言：有的说想克隆自己的好朋友，因为经常和好朋友发生矛盾，而克隆出来的这个好朋友就会及时化解矛盾冲突；有的说想克隆迈克尔·杰克逊，因为很崇拜他的舞蹈；有的说想克隆自己的爷爷奶奶，因为他们永远离开了这个世界，自己心里分外的思念；还有的说想克隆自己的爸爸妈妈，因为父母不理解自己，希望克隆出来的爸爸妈妈能给予自己更多的关心和理解……

其中有一个女孩引起了我的注意，所有的同学在兴奋地讨论着，而她却在暗自垂泪。课后我把她叫到了办公室，了解了事情的原委：在她一岁多的时候，她的妈妈就因意外离世了，是爷爷奶奶将她抚养大的，听到其他孩子说自己的爸爸妈妈，她也很想自己的妈妈，所以流下了伤心的泪水。看到她如此伤心，我心痛极了，把她搂在怀里，轻轻地为她擦干眼泪，然后说："妈妈在天上看着你，她希望你过得幸福快乐，你要坚强地面对每一件事情，好好学习，长大后能为国家和社会贡献自己的力量。"她乖巧地点了点头，躺在我的肩上。我还告诉她以后可以把我当作妈妈，她的小眼睛顿时闪着异样的光芒，咬着嘴唇不好意思地点点头……

在这十五年的教学生涯中，我和我的孩子们还发生了很多故事。那一个又一个的故事，一次又一次感动着我。上次是一个因父母离异的孩子诉说心声，再上一次是一个不被父母理解的孩子的内心独白……很多时候听着她们的故事，我也会陪她们一起哭，这既是伤心，也是同情；是理解，更是心酸。哭过以后我会告诉她们一定要坚强，坚强！困难成就坚强，如果我们都用坚强去面对失败和挫折，那么风雨过后必定是美丽的彩虹，孩子们加油吧，努力吧，胜利就在远方。瞧，它正向我们招手呢！

身为一名教师，我觉得不仅要教给孩子们知识，更应该成为他们成长路上的指路明灯。在以后的教育旅程中，我将会继续不忘初心、牢记使命，做一个让孩子信任的、喜欢的好老师！

"立德树人"育人案例分析

杜沫

一、案例背景

立德树人是一股强而有力的教育力量。爱是教育的基础，是教师教育的源泉。"近朱者赤、近墨者黑"，环境对孩子的影响是无法估量的。在家里，孩子受父母的影响；在学校，孩子受老师的影响。两个环境均好，则孩子发展无忧。如果其中一个环境出现问题，孩子发展会飘摇不定。当下，社会大环境复杂多样，学生素养良莠不齐。此时，教师责任尤其重大，更要用爱教导学生，用心培育学生，对学生的成长给予呵护、宽容、耐心、真诚，把种子播撒到每个学生心田，以教师的滋润，让学生收获人生硕果。

二、案例描述

我在工作中，曾经遇到两名不太听话的学生，也就是大家所公认的"捣蛋鬼"，他们在班集体中的种种表现让大家都感到讨厌。

甲同学，当时11岁，五年级学生，个子高大，性格暴躁，为些许小事经常和别人打架，甚至伙同他人与别班同学打群架。

乙同学，当时12岁，五年级学生，白天上课无精神，晚上等同学睡着后，私自溜出寝室，偷拿别人的东西，在过道里玩手机、打游戏。

三、原因分析

我通过《给老师说心里话》的写作、谈心、家访等多方面了解孩子。

甲同学：幼儿园里，因他个子矮，父母管教严格，经常受到同学欺负，又不敢给家长说，心中一直就有积怨。他并没因此自卑，反倒希望自己能长高、长壮实，有一天能出了这口"恶气"。没想到三年级后，个头真就快速长了起来，四年级就成了班里的大个子。于是乎，以前的怨恨现在终于能发泄了，只要遇到看不顺眼的同学，一切用"武力"解决。他经常为一点小事就大动干戈，弄得老师很头疼。虽然老师多次教育他，甚至联系他的家长，但仍无效果，甚至这种暴力行为愈演愈烈。

乙同学：离异家庭中长大的孩子，母亲远去，父亲长年在外打工，一直和爷爷奶奶生活。爷爷奶奶基本只管他的衣食住行等基本生活上的需求，教育方面毫无帮助。于是乙同学养成了懒惰、无上进心、好打游戏、偷东西等诸多不良习惯。

四、应对策略

（一）用真心唤醒学生的真

"忠言逆耳利于行"，但能听进忠言的人有多少呢？就连成人都喜欢听赞美的话，更何况是未成年的孩子。越是批评的话，孩子越是不愿听，越是和老师对着干。所以，面对他们的情况，我并没有生气，也没有对他们一通训斥，而是给他们分享了我小时候的一些淘气的事，听得同学们哈哈大笑。然后又给他们分享了世界上的一些伟人的故事，让全体学生知道了"甘瓜苦蒂，物无全美""不怕犯错误，只怕不改正"的道理。

我用真诚，唤醒了学生的真。我用主题班会，帮助他们找寻自己的优缺点。同学们再也不觉得缺点是见不得人的事，绝大多数同学都真诚地交流了自己的不足，甚至有个别同学，把近年来，隐藏得很深的坏习惯都给分享了出来。每到这时，我总会给他送上最真诚的微笑，让孩子们给他最热烈的掌声。

我清楚地记得，第一次主题班会，只有甲同学把自己的问题交代出来了，而乙同学却无动于衷。但我没放弃，也没训斥他，只是时不时旁敲侧击地提醒他。为了学生健康品格的发展，我决定用宽容之心、真诚的情感激发学生的愧疚自省。于是，我推心置腹地与他交流，他欲言又止的表情，让我听到他心灵被撞击的回声。这时候我抓住时机，和他说："孩子，任何人都有可能犯错，老师理解你。但是错了就要改；如不痛改，今日的小偷小摸就有可能将你推至犯罪的道路上，最终悔恨一生。老师相信你，你绝对不愿意以一种负罪感去度过你的每一天。"时间一分一秒在沉默中度过，过了好一会儿他终于向我承认了错误："老师，我知道错了！我不应该这样做。"

（二）以爱心润泽学生的善

人之初，性本善。善需要时刻被润泽，否则它会隐藏，甚至被恶吃掉。

同事分享了这样一个故事。她在通江中学读初中的时候，班上的学生为了捉弄即将给他们上数学课的张老师，在门板上放了一盒粉笔灰，当张老师推门进入时，一盒粉笔灰洒在了张老师身上，但张老师并没有生气，而是微笑着对学生说："你们今天的礼物很特别，我不能一人独享，一定要分享给诸位！"他在每一个学生桌上掸上一点。从此以后，班上的学生全被他折服。这就是爱的力量。

我自己也经常用仁爱的行动去润泽学生的善，帮潜能生免费补习，和学生一起打扫卫生，组织大家参与社区服务等，让学生在善的行为中穿梭、前行。

经过一段时间的践行，乙同学的暴脾气收敛了很多，甲同学也更开朗了。

（三）以恒心促成学生的美

感受经典文化，做雅慧的人。我会利用学校的晨诵、午读、暮省时间，让学生读经典名著，接受文化的熏陶。读《论语》感受儒家思想的仁爱；读《猩猩好酒》明白祸由贪生；读《塞翁失马》懂得祸福并存，要宠辱不惊；读《割席分座》知晓要同高尚的人交往……经典中的名句、小故事蕴含深刻的哲理，引导学生阅读这些名句、小故事，既能增长见识，又能陶冶情操。他们的世界观、人生观、价值观在不断地洗礼中形成，更多人的性格会变得儒雅、豁达。

我随时提醒学生，我们的幸福生活要靠勤劳来换取，要有长远的目光，把时间放在练就自身本领上；要像雷锋同志学习，做一个充满爱心、乐于助人的人；多读书，读好书，读经典，提升自己的学识。我们的祖先为我们留下了很多的文化典籍，比如四书五经、唐诗宋词等，我们要多读经典，读名著，提高自己的文化修养和思想境界。"腹有诗书气自华"，一个人没有知识和文化修养是很难在社会上立足的。当一个人拥有了足够多的知识和文化之后，就可以对生活中的许多事物保持自己独到的见解和看法。

正视我们自己，做敢担当的人。人非圣贤，孰能无过？只看到自己的优点，不正视自己的缺点，容易让学生迷失自己。只有正视我们自己，不断纠正自己的不良行为，才能做大气的、胸怀宽广的人。我经常给同学们举例，希望他们从小懂得做人要有底线，做事要勇于承担，只有这样才能走得更高、更远。

在这些满满的正能量的影响下，一年多时间过去了，不仅甲同学改变了，大家推选他担任体育委员；乙同学也改变了，主动请缨担任劳动委员。他们越来越受同学们的喜欢。班上的气象更是日新月异。班风好了，学风浓了，人与人之间的感情味也多了。大家的心都向上、向善，朝着明亮的方向前行。

学校发展，德育先行；班级发展，真善当头。孩子们的素养参差不齐，教师的教育引导就显得很重要。在德育之路上，我们要用愚公移山的精神、水滴石穿的坚韧、铁杵成针的恒心去教育学生，才能让学生人人有出彩机会。我们要用天空容白云的广阔、高山藏异石的雄伟、海纳百川的宽容之心培育学生，尊重彼此，才能让师生关系更和谐。爱是亲其师的基石，爱是师生情谊的开端，爱源于高尚的师德，爱意味着无私的奉献。我坚持用真心、爱心、恒心去唤醒学生的真善美，同时也激励自己勇于开拓创新，在教师生涯中不断地与时俱进，实现百年树人的梦想！

向雅而行

第三篇 课程建设

劳动实践，学校思政教育新路径

——让孩子们在"田间地头"接受思政教育

高怀阳

习近平总书记强调，新时代新征程上，思政课建设面临新形势新任务，必须有新气象新作为[①]。学校思政课肩负着培养"让党放心、爱国奉献、担当民族复兴重任的时代新人"的重要使命。小学阶段是世界观、人生观、价值观的萌芽阶段，对人的一生具有重要影响，在这个阶段接受什么样的思想政治教育，将直接影响孩子将来成长为什么样的人。当前，学校思政课存在"讲得多，做得少""理论多，实践少""悬在空中，不接地气"的现实问题，使学校思政课的育人效果大打折扣。

近年来，通江县第六小学采用"校内+校外""研学旅行+劳动实践"的模式，把孩子们带到田间地头，利用学校附近研学基地的土地，以校企合作的方式，在四、五、六年级系统开设劳动实践课程。每学期把劳动课时整合到一至两天，根据农事节令，开设粮食种植、蔬菜种植、花木种植等劳动实践课程，并把学校思政课和劳动实践课有机融合。通过劳动实践，让学生在实践中体验，在体验中成长，从而实现"树德、增智、强体、育美"的育人目标。

通过劳动实践，磨炼坚强意志。劳动是出力流汗、不断克服困难的过程，也是意志品质得以锻炼和提升的重要途径。比如，插秧的季节往往气温较高，有时还需顶着烈日。孩子们在水田里挪脚都困难，还要完成插秧的任务，这既需要克服生理上的腰酸背痛，还需要克服心理上的怕脏怕累。所以，一开始很多孩子都存在畏难情绪，或者坚持不了多久。但在集体劳动中，他们总会你追我赶，不甘落后，咬牙坚持完成任务。在完成劳动任务的

---

① 中华人民共和国中央人民政府，https://www.gov.cn/yaowen/liebiao/202405/content_6950473.htm。

过程中，克服一个又一个困难，不断突破生理和心理极限，战胜自我，超越自我。百折不挠、坚韧不拔的坚强意志就在这样一次次的突破过程中逐步形成。

通过劳动实践，培养奋斗精神。劳动的过程也是奋斗的过程。劳动中，在老师的带领和引导下，孩子们充分发挥自身才能和潜力，不断创造成果和价值，用奋斗实现自己的梦想和追求。孩子们在收割稻谷和油菜的过程中，有的把手划伤了，有的把脸晒黑了，有的弄得满身是泥。但他们通过艰辛的劳动体验，知道了我们吃的米面油都是劳动得来的，明白了没有吃苦耐劳的过程，就没有我们的幸福生活，从而理解"劳动是一切幸福的源泉""幸福是奋斗出来的"的深刻内涵。从小在心中埋下艰苦奋斗的种子，孩子们长大后在通往民族复兴的道路上就会不畏艰难，勇往直前。

通过劳动实践，继承优良传统。栽红苕、掰玉米、挖土豆、除草、施肥等，都要通过艰辛的劳动来完成。孩子们在亲手耕耘、播种、收获的过程中，汗水湿了衣背，手掌起了血泡，明白了每一粒粮食都来之不易，每一分收获都有艰辛的付出。"一粥一饭当思来之不易，半丝半缕恒念物力维艰"，更有了"谁知盘中餐，粒粒皆辛苦"的真切体会，孩子们就会更加珍惜劳动成果，懂得感恩与回报，自觉养成勤俭节约、敬业奉献的传统美德。

通过劳动实践，厚植家国情怀。"通江银耳"是家乡的一块金字招牌，享誉中外。但不少孩子却对通江银耳知之甚少。我校在校园内搭建了银耳种植棚，和银耳科研所合作，把银耳种植搬进校园，开设银耳种植课程。学校聘请银耳技术人员担任校外辅导员，指导孩子们从架晒、打孔、接种、发菌、进堂、排棒到控温、控湿、采摘、淘洗、晾晒，全程参与银耳的种植过程。通过实践体验，孩子们既培养了银耳种植技能，又能了解家乡的特产，从而热爱家乡，在幼小的心灵埋下家国情怀的种子。当这粒种子生根发芽、开花结果，孩子们就会成长为爱党爱国的社会主义建设者和接班人。

通过劳动实践，锻炼强健体魄。劳动实践往往都需要手眼配合和体力付出。孩子们在不断的运动和劳作中，调动了全身肌肉和关节，促进了血液循环，强化了心肺功能，提高了身体的抗疲劳能力和协调能力。孩子们在用传统方法打油菜的过程中，既要揣摩如何翻动"链枷"，又要手部和腰部同时用力才能完成劳动任务。在这个过程中，孩子们的脑、眼、四肢都得到了锻炼，身体素质得到了提高，强健了体魄。

通过劳动实践，塑造优良品质。劳动的过程中，孩子们可以尽情释放学习压力，形成阳光向上的良好心态。劳动的过程还可以让孩子们养成互帮互助、持之以恒、自觉承担责任的优良品质。在一次运土建楼顶实践园的劳动中，五年级一个学习成绩不太好的大个子男生，很快完成了自己小组的任务之后，没有休息片刻就主动帮助几个小个子同学组成的小组完成任务，弄得满头大汗，还满脸笑容。从他的笑容里我看到了自豪和满足，也感受到了他自我价值实现的快乐。听班主任老师说，这个孩子的性格从那之后变得开朗了许多。

劳动实践作为学校思政教育的新路径，可以培养孩子们正确的世界观、人生观和价值观，具有重要的现实意义和广阔的发展前景。它不仅能够丰富思政教育的形式和内容，还能提升思政教育的针对性和实效性。我校通过持续开展蔬菜种植、粮食种植、花木种植、成果义卖等劳动实践课程，让学校思政教育摸得着、看得见、留得住，产生了良好的育人效果。

（此文于2024年6月发表在《教育导报》第3版）

发现内在联系，促进结构化学习

——以西南大学版六年级上册"圆"单元为例

王 欢

为了深入贯彻落实"立德树人"这一教育的根本任务，我们致力于推动学生核心素养的全面发展，因此在义务教育阶段，大力倡导并积极推行以大概念为导向的结构化学习方式。这种方式不仅能有效地帮助学生理解和掌握学科知识，更能培养他们的实践能力、思维能力和创新精神，从而全面提升学生的综合素质，为他们未来的成长和发展奠定坚实的基础。

数学，作为一门系统性、结构性极强的学科，其知识体系需要学生通过自主认知和个性化建构来把握内在关联。而单元整体教学设计，正是以一类相互关联的知识为线索，通过问题导向，结合学生的认知基础和成长规律，确立单元学习主题和目标，设计富有层次的活动，并开展针对性的教学评价，从而促进学生对知识进行主动建构。

在实施单元整体设计时，我们要关注知识的前后联系、左右对比，以提升学生的整体素养为着力点，促进学生学科关键能力的形成与发展。笔者以西南大学版六年级上册"圆"单元为例，从以下四个方面进行了探索。

一、深入理解课标，清晰界定主题

《义务教育数学课程标准（2022年版）》指出，学生在义务教育阶段的数学学习中，应逐步培养起用数学眼光观察现实世界、用数学思维思考现实世界、用数学语言表达现实世界的能力。同时，课标也强调了核心素养的整体性、一致性和阶段性，这就要求我们在教学中要深入挖掘数学知识之间的内在逻辑关联，重视单元整体教学设计，确保学习内容与核心素养的紧密融合，从而促进学生对学习内容的全面理解和深刻把握，发展核心素养。

"圆"单元作为图形与几何领域中"图形的认识"和"测量"部分的重

要内容，具有其独特的教学价值。根据课标的要求，教师应引导学生认识圆和扇形的基本特征，掌握用圆规画圆的方法；让学生亲身经历探索圆周长与直径之比的过程，加深对圆周率概念的理解；通过讲述数学家祖冲之的故事，让学生了解中国古代数学家的杰出贡献，同时传播中华优秀传统文化；鼓励学生通过实践操作和探究，自主探索出圆的周长和面积的计算公式，从而灵活运用这些公式解决简单的实际问题。

在教学过程中，我们应注重培养学生的量感、空间观念和几何直观等核心素养，使学生在图形认识与测量的过程中，不断提升数学思维能力，为未来的学习和生活奠定坚实的基础。

二、深入剖析教材，探寻内在结构

"圆"作为西南大学版六年级上册第二单元的核心内容，标志着小学阶段对平面图形的最后一次深入探索。一年级下学期，学生已经对圆有了直观认识，后续也系统地学习了长方形、正方形、三角形等平面图形的特征及其周长、面积计算公式，而本单元将引导他们进一步了解圆各部分的名称，认识圆的轴对称特性。在此基础上，学生将继续探索圆的周长、面积计算公式，为日后学习圆柱和圆锥的知识，包括圆柱的表面积与体积计算、圆锥的体积计算打下坚实的基础。

"圆"的学习相较于以往平面图形的学习具有鲜明的独特性，它不仅是平面几何中从直线图形向曲线图形研究的转折点，更象征着一种思维模式的转变。学生在这一过程中，将面临从研究直线图形到探索曲线图形的重大跨越，这对学生来说，不管是思维方法，还是学习能力，都是一次严峻的挑战。因此，本单元的教与学，我们就不能仅仅停留在让学生掌握圆的基本特征上，更应该引导学生通过动手操作、自主探究等亲身经历的系列实践活动，领悟"化曲为直""等积变换""极限"等重要的数学思想方法。这样，学生不仅能够更加深入地理解圆的本质，更能够在学习过程中提升数学思维能力，增强解决问题能力，为今后的数学学习奠定坚实的基础。

为了理解"圆"在小学阶段的位置与价值，特将小学阶段"图形与几何"知识脉络梳理如图1所示。

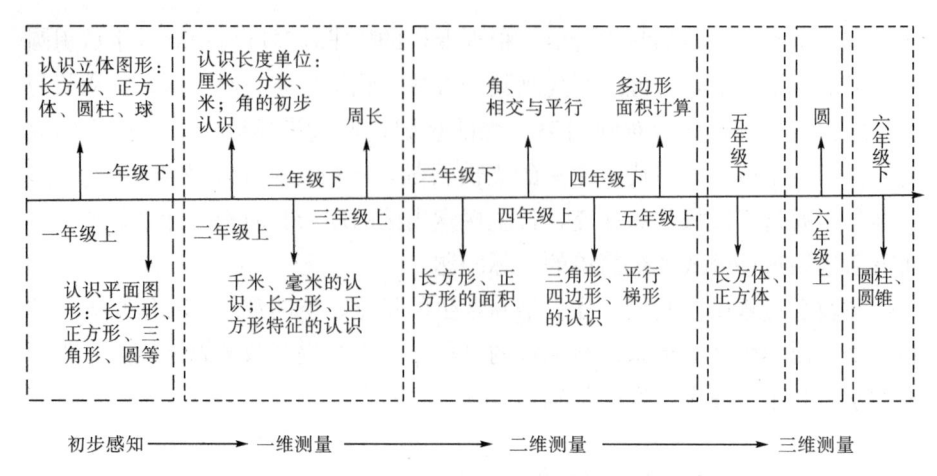

图1 小学1~6年级图形与几何知识脉络体系

本单元的教学内容包括圆的认识（包括扇形）、圆的周长、圆的面积、数学文化以及综合与实践。

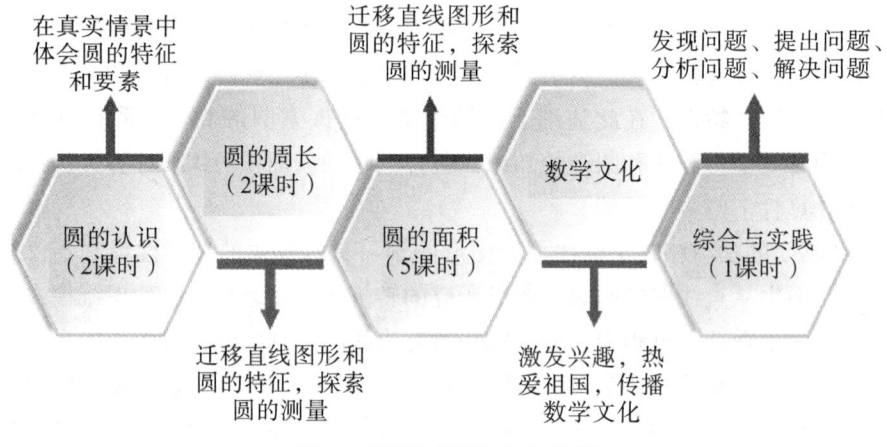

图2 "圆"单元知识结构图

三、深入剖析学情，明确教学思路

基于教学实践与对学生认知发展规律的深入理解，我们可以发现六年级学生的几何直观、空间观念、推理意识等核心素养已经得到了初步的培育与发展。首先，圆这一图形对学生来说并不陌生，他们在日常生活中经常接触圆，这为理解圆的特征和应用奠定了良好的基础。其次，学生在之前的学习中已经掌握了正方形、长方形、梯形、平行四边形等图形的相关知识，并能熟练计算这些图形的周长与面积。这些知识储备为认识圆的特征、探究圆的周长和面积计算公式提供了有力的支撑。此外，学生在一年级时已经能够直观地认识圆，在三年级学习周长的过程中，学生已经熟练掌握了绕绳法和滚动法等测量技巧，能够准确测量圆形物体的周长。到了六年级，学生对几何图形的特点和计量问题有了更深入的理解，能够综合运用所学知识解决实际问题。他们初步形成了几何直观和空间观念，能够运用观察、实验、猜测、证明等多种方法进行初步的合情推理，并能够直观地表达自己的想法和见解。

因此，在教学过程中，我们应充分考虑到学生的这些特点和已有知识，设计符合他们认知发展规律的教学活动，引导他们通过亲身实践、自主探究和合作交流等方式，进一步加深对圆的认识和理解，提高空间想象和演绎推理能力。

四、锁定教学目标，规划教学课时

经过对"圆"这一单元教材的深入解读，并结合六年级学生的实际情况，我们以整合性的教学视野为出发点，充分关注学生在知识技能、数学思考、问题解决、情感态度与学科核心素养等多方面的整体发展；同时，重视单元知识的整体性建构，精确锁定了本单元的教学目标，并根据目标设定，对教学内容进行了科学合理的课时安排，以确保教学的高效性与系统性。

（一）教学目标

（1）能够主动迁移直线图形认识的研究经验，对曲线图形进行认知和测量。

（2）结合生活实际和丰富多彩的活动，认识圆，会用圆规画圆，感悟圆的本质特征。

（3）经历探索圆的周长和面积计算公式的过程，感悟度量思想；能应用公式正确计算，形成几何直观。

（4）通过探究，了解圆的周长与直径的比值（圆周率），圆的面积与半径平方的比值（圆周率）为定值，发展推理意识，形成对数学的好奇心与想象力。

（5）通过观察、操作、想象、图案设计等活动，解释生活中与圆有关的简单现象，解决一些简单的实际问题，发展空间观念。

(6) 结合发现圆周率的历史，体会数学文化的价值，形成热爱数学的积极情感。

（二）课时结构图

"圆"单元课时结构图见图3。

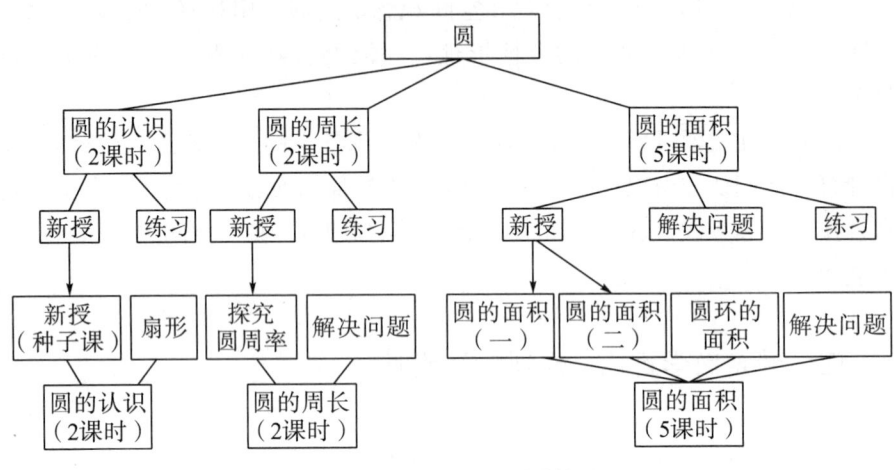

图3 "圆"单元课时结构图

（三）课时细化表

"圆"单元课时细化表见表1。

表1 "圆"单元课时细化表

活动序列	课题	核心素养	课时
活动一	种子课"圆的认识"	理解圆的本质——感知数学说理过程	2
活动二	探究课"圆的周长"	探秘圆周率——圆的直径与周长之间的关系	2
活动三	探究课"圆的面积一"	推导圆面积公式——转化中初步感知极限思想	2
活动四	探究课"圆的面积二"	圆面积公式推导多种公式——发展推理能力	2
活动五	整合课"生活中的应用"	应用公式解决问题——形成空间观念和应用意识	1
活动六	练习课"整理与复习"	整理单元知识——熟练的解决与圆有关的实际问题	2

续表

活动序列	课题	核心素养	课时
活动七	综合与实践"讲故事、学数学"	综合与实践——综合解决问题的过程中建立模型	1

通过这样的目标设定和课时规划，我们期待能够为学生提供一个既系统又深入的学习体验，帮助他们在探索圆的奥秘中不断成长和进步。

单元整体设计应当立足于知识间的内在逻辑与联系，构建出"上串下联""左顾右盼"的知识脉络体系，从提升学生的整体素养出发，促使学生进行结构化学习，以此让学生形成学科关键能力，培养其适应未来生活与发展的综合素养。

读《诗经》有感

向建川

《诗经》是我国最早的一部诗歌总集,是中华民族宝贵的精神文化财富。它不仅有文学价值,也有史学价值,是了解先秦时期政治、经济、文化、社会的重要历史资料。《诗经》语言表达简洁、优美、准确,以其丰富的内涵与深刻的思想为我们描绘了一幅幅无比生动的社会历史画卷,如同黄河水一般,一直咆哮着、流淌着,浸润着华夏子孙的心田。身处网络时代,读《诗经》仍然可以开拓阅读视野,陶冶道德情操,净化个人心灵,增加智慧力量。

一、读《诗经》,识鸟兽草木,听夏蝉秋虫

儒家经书是指我国儒家的经典著作,是儒家思想的精华。常常一提到《诗经》,一些教师就望而生畏,殊不知《诗经》依然可以作为我们的初级读本。孔子的弟子向他请教读什么书时,孔子说:"小子何莫学夫诗。诗,可以兴,可以观,可以群,可以怨。迩之事父,远之事君。多识于鸟兽草木之名。"当你初次面对《诗经》时,你可以放空思想,拿出甘当小学生的情怀,权当认识"鸟兽草木"。比如《关雎》中的荇菜是一种可食用的水生植物,《芣苢》一文中芣苢指车前草,《蒹葭》中蒹葭指芦苇。又如《采蘩》《采蘋》《采绿》《采葛》《采苓》《采芑》《采菽》《采薇》等文中,所采摘的均是不同的野菜。这里不仅能见到《园有桃》《墙有茨》《野有蔓草》《山有枢》里的植物王国,还有喧嚣的动物世界:鸳鸯、鸿雁、羔羊、白驹、硕鼠、蟋蟀、青蝇、蜉蝣……

真是夏蝉秋虫,应时而鸣。聆此天籁,解彼烦忧。

二、读《诗经》,识"赋比兴",听先民低吟浅唱

《诗经》中的诗歌超三百篇,主要用赋、比、兴三种表现手法,内容涉

及社会生活的方方面面，包括劳动与爱情、战争与徭役、风俗与婚姻、压迫与反抗、祭祀与宴会，甚至天象、地貌、动物、植物等。正是基于此，孔子才说："不学《诗》，无以言。"在《诗经》的时代，先民们以大自然为伴，与时光共舞，低吟浅唱着自己的生活。如《关雎》《蒹葭》《月出》的爱恋情愁，"与子同仇""与子偕作""与子偕行"的袍泽情谊；"执子之手，与子偕老"的爱情宣言，"青青子衿，悠悠我心"的思念牵挂；"巧笑倩兮，美目盼兮"的硕人，"桃之夭夭，灼灼其华"的新娘；"洵美且都，德音不忘"的邂逅，"投我以木桃，报之以琼瑶"的礼仪……但一切的起兴，仅是物化的、可见的、外在的表现，而真正被先民们深情歌唱的是复杂的内心世界，正如《采薇》的首章——采薇，次章——戍边，是可见的赋比兴的物化对象，但诗的灵魂却升华到第三章："昔我往矣，杨柳依依"的惬意，"今我来思，雨雪霏霏"的感慨，"行道迟迟，载渴载饥"的艰难，最终抒发"我心伤悲，莫知我哀"的忧伤。

　　《诗经》一咏三叹，回环往复，让我辈在今天仍能临其境、睹其形、闻其声、会其意，感受强大的文化魅力。

三、读《诗经》，沐"风雅"，心"无邪"

　　先秦时代，人民缺衣少吃，兵乱频仍，徭役繁重，而诗歌"发乎情，止于礼"。无论是怨怼之情，还是雄壮之志，皆是诗人至情流露，直抒心意之作，此所谓"诗言志"。后人把《诗经》所表现的关注现实的热情、强烈的政治和道德意识、真诚积极的人生态度，概括为"风雅精神"。我读《诗经》，常常感觉到"每览昔人兴感之由，若合一契"般的释然心境，被诗歌以自然的起兴、真挚的感情、音乐的韵律刻画出的丰富情感感染和吸引。爱情中"劳心悄兮，劳心慅兮，劳心惨兮"，工作时"战战兢兢，如临深渊，如履薄冰"，生活中"我心蕴结，我心忧伤，我心伤悲"，夫妻间"我心匪鉴，不可以茹""我心匪石，不可转也""我心匪席，不可卷也"，失眠时"寤寐无为，中心悁悁""寤寐无为，辗转伏枕""耿耿不寐，如有隐忧"，外出时"驾言出游，以写我忧"……读着读着，你就会明白，人生的聚散离合、喜怒哀乐亘古如此，"心之忧矣，我歌且谣"的先民们是我辈的楷模，其风雅精神是我辈的精神、文化财富。

　　可以说，读《诗经》，学文化。沐"风雅"，心"无邪"。

　　《诗经》的时代距今 2500 多年，即使岁律流转，今人读《诗经》仍能形成共振、共鸣、共情,这正是文学与文化的魅力。《诗经》穿越数千年,至今仍熠熠生辉,可谓中华民族宝贵的精神文化财富和绽放于世界文学巅峰的艺术奇葩。若是怀着"高山仰止,景行行止"的敬畏翻开书,你不仅会识得鸟兽草木,还会被先民们用"赋、比、兴"的手段描绘的"风、雅、颂"的世界折服,进而觅得自己的精神家园。

浅谈儿童视野下的小学语文识字教学

谢晓琼

打开小学语文部编教材一年级上册课本，首先编排的是"天""地""人""你""我""他"等大量的、抽象的生字，这就决定了识字教学是小学低段语文教学的一个重点，也是难点。具体形象思维是小学低年级学生的思维特点，那如何让学生主动识字且达到好的效果呢？

一、创设生活情境，营造识字氛围

"知之者不如好之者，好之者不如乐之者。"一年级的孩子，活泼好动，对周围的一切都充满好奇。教师便可抓住其年龄特点，创设生活情境，营造识字氛围：让学生利用放学和周末的时间，走出课堂，走出校门，走出家门，到生活环境中去识字。学生可以在家长的带领下去街道、超市中识字；也可以和几个小伙伴在家里的门联上、日用品、电视上识字；还可以从收集的报纸、说明书和广告单上剪纸来识字。通过学生留心观察、动手操作进行识字，学习活动也随之变得轻松愉快，学生也就容易体验到学习过程中愉悦的情感。

二、根据思维特点，激发识字兴趣

识字本身是枯燥的，而对于枯燥的事物，人们的情绪总是消极和被动的。在识字教学中，如果教师让学生"死"记，学生一味地被动识字，不仅识字的效率低，而且还在一定程度上束缚了学生思维的发展。因此，教师一定要根据儿童的思维特点来选择恰当的方法，激发他们识字的兴趣，让他们体验到识字的乐趣。这样，学生才能乐于识字，主动识字。如在教学《字与画》这篇课文时，我利用画面与象形文字的对应关系，让学生感知汉字表意的特点及汉字的演变过程，使学生将自己头脑中的想象与眼前所见的画面产生联系，从而激起学生探索汉字奥秘的欲望，对学习识字产生浓厚的兴趣。

三、教授识字方法，培养识字能力

"授人以鱼，不如授人以渔。"汉字的形体千变万化，字字都有差别。但是汉字作为音形义的结合体，又是有着一定的规律可循的。教师可根据汉字的构字特点，教给学生一些巧妙的识字方法，可以大大提高学生积极、主动识字的愿望和能力。如在学习"鸭、种、猫"时，让学生通过形声字声旁表音、形旁表义的特点来识字，就可以提高他们汉字读音和字形的识记速度，并且慢慢地就能根据形旁去推测字义。又如，在学习"清、晴、睛、蜻"这几个易混淆的形近字时，我带学生编了顺口溜："天气晴，河水清，小蜻蜓，大眼睛。"这样，学生就能快速、准确地记住这几个字了。另外，还有会意法、联想法、比较法等。我们把这些识字方法延伸到课外，学生通过自主识字逐渐领悟这些方法，就能大大提高识字能力。

四、创设游戏乐园，提升识字效果

一年级学生存在的问题是：学得快、忘得也快。如何解决这个难题呢？通过实践，我发现巩固识字的最佳办法便是让学生进入"游戏乐园"，在轻松有趣的玩耍氛围中记住汉字。教师可根据字形特点，创编谜面，带学生玩猜谜语的游戏。学生猜谜的过程实际上是记忆字形的过程，这种记忆不同于机械记忆，是在积极的思维活动中记忆，学生印象深刻，可以大幅提升识字效果。例如：说它小，下边大，说它大，上边小（尖）；一张大嘴四方方，里面空空无家当（口）；一点一点大（头）。还可以在每节语文课开始的头五分钟进行游戏，使学生在快乐的游戏中将所学的汉字加以巩固，加以运用。如开火车游戏，教师出示生字，让一组学生按顺序读字音、组词、分析字形；摘苹果游戏，课件出示一棵大树，树上挂着写有生字的苹果，会读哪个就摘下相对应的苹果。总之，低年级学生喜欢做游戏，教师适时开展对教学有帮助的游戏活动，就会将枯燥的识字变为学生爱学的活动，从而达到事半功倍的效果。

五、举办竞赛活动，调动识字积极性

以赛促记，竞赛是激发学生学习积极性的有效手段。如让学生比一比谁记生字的办法多，谁记生字的办法好，谁给生字找的"朋友"多等。这样，可以让学生有成就感，从而调动其学习生字的积极性。

在低年级的识字教学中，教师要充分发挥主导作用，多方面、多渠道地为学生创情境、找方法、营氛围、办活动，让学生利用现有的生活资源来摄取信息，在有意记忆与无意记忆的交替作用下轻轻松松识字，快快乐乐学习。

核心素养视域下信息技术助力数学模型意识形成

朱 霞

数学模型意识是指小学生通过学习和实践，逐渐具备运用数学知识、方法、思想来理解和解决实际问题的意识和能力。数学模型意识的培养不仅有助于小学生深入理解数学的本质和应用价值，还能提升他们的逻辑思维、抽象思维和创新能力。在信息化时代，信息技术的广泛应用为小学生数学模型意识的培养提供了更为丰富和有效的手段。通过利用信息技术，教师可以设计更加生动、直观的教学资源和互动平台，引导小学生主动探索、发现和构建数学模型，从而培养他们的数学模型意识。

一、信息技术融合教学，启迪数学模型思维

信息技术融合教学，启迪数学模型思维，是现代教育领域的一大创新。在信息技术的支持下，教学变得更为生动、直观，有助于小学生初步认识数学模型。在理论上，信息技术通过图文、音视频等多种形式，将抽象的数学模型具象化，使小学生能够直观地感受数学模型的存在和应用。例如，利用动态图形展示几何图形的变化过程，有助于学生理解图形的性质和关系，从而形成初步的几何模型意识。在实践中，教师可以通过多媒体教学资源，设计丰富多样的教学活动，让学生在互动中探索和发现数学模型。例如，通过数学游戏或模拟实验，让学生在操作中感受数学模型的应用，激发他们的学习兴趣和探究欲望。

信息技术融合教学为小学生启迪数学模型思维提供了有力支持。它不仅能够帮助学生更好地理解数学模型，还能够培养他们的数学思维和创新能力，为未来的数学学习奠定坚实基础。

二、数字化资源巧运用，塑造模型思维根基

数字化资源具有丰富性、交互性和实时性等特点，为小学生提供了更加广阔的学习空间和更加深入的学习体验。首先，数字化资源能够通过图像、动画、声音等多种方式呈现数学模型，使抽象的概念变得直观易懂。小学生通过观察和操作这些数字化资源，能够更好地理解数学模型的构建过程和原理，从而培养他们的模型思维。其次，数字化资源能够提供丰富的问题情境和实例，帮助小学生将数学知识与实际生活相联系。通过解决实际问题，小学生能够体验到数学模型的应用价值，进一步加深对数学模型的理解和掌握。最后，数字化资源还具有交互性强的特点，小学生可以通过网络平台进行在线学习、交流和合作。这种互动式的学习方式能够激发小学生的学习兴趣和主动性，促进他们积极思考、探索和创新。教师应该充分利用数字化资源的优势，为小学生提供更加优质、高效的数学学习体验。

三、互动平台促探索，强化模型构建能力

互动平台在促进小学生探索数学知识、强化模型构建能力方面发挥着重要作用。通过互动平台，学生可以积极参与讨论、分享观点，与教师和同学共同探索数学模型的奥秘。

例如，教师可以利用在线论坛或学习社区，发布与数学模型相关的探究任务或问题。学生则可以在平台上自由发表意见，提出自己的见解和疑问。这种开放式的讨论环境能够激发学生的思维活力，促进他们深入思考数学模型的构建过程和应用场景。

此外，互动平台还可以提供丰富的数学工具和资源，帮助学生更好地构建和应用数学模型。学生可以利用平台上的数学软件或模拟工具，进行数学建模实验和探究。通过实际操作和体验，学生能够更加深入地理解数学模型的原理和应用方法，从而提升他们的模型构建能力。

总之，互动平台通过提供开放的讨论环境和丰富的数学资源，有效地提升了小学生探索数学知识和模型构建的能力。在未来的教学实践中，我们应进一步发挥互动平台的作用，为学生创造更多学习和探索的机会。

四、智能评价助反馈,优化模型应用效果

智能评价在现代教育中扮演着日益重要的角色,不仅能够及时提供学生的学习反馈,还能帮助他们优化数学模型的应用效果。通过智能评价系统,教师可以对学生在模型构建和应用过程中的表现进行精准评估。系统能够自动收集和分析学生的学习数据,包括他们在平台上的操作记录、讨论区的发言内容等,为教师提供全面的学生画像。

基于这些数据,教师可以发现学生在模型应用中的不足之处,如理解偏差、操作错误等,并及时给予有针对性的指导和建议。同时,智能评价还能帮助学生自我反思和调整学习策略,提升他们的自主学习能力。

此外,智能评价还可以为教学改进提供有力支持。通过对大量学生的学习数据进行统计和分析,教师可以发现教学中的普遍问题和难点,进而调整教学策略,优化教学内容和方法。通过智能评价,教师可以更好地指导学生学习,而学生也能在反馈中不断提升自己的模型应用能力。

综上所述,信息技术在助力小学生构建数学模型意识方面发挥着至关重要的作用,通过融合信息技术于教学实践,可以有效地启迪小学生的数学模型思维,强化其模型构建能力,并优化模型应用效果。这不仅有助于提升小学生的数学核心素养,也可为其未来的学习与发展奠定坚实的基础。

浅谈小学科学教师如何有效备课

徐 泽

备课是教学工作的基础，也是提高教学质量的关键环节。对于小学科学教师而言，有效备课不仅能够提升课堂教学效果，更能激发学生的科学兴趣，培养学生的科学素养。随着教育改革的深入推进，小学科学教育作为培养学生科学素养和创新能力的重要方式，其教学质量和效果日益受到重视。小学科学教师需要认真对待备课工作，通过科学、系统的备课方法，提升教学效果，为培养学生的科学素养奠定坚实基础。

一、有效备课的重要性

在小学科学教学中，备课直接关系到课堂教学的质量和效果。

（一）有利于教师熟悉教材，把握教学重难点

备课过程中，教师需要深入研究教材，理解教材的编排意图，明确教学目标和教学重难点。通过备课，教师可以更加清晰地掌握教学内容，为课堂教学做好充分准备。在"发霉与防霉"一课中，"霉"是常见的一种物质，但是本课的编排意图，是让学生通过观察，明白微生物中存在肉眼可见甚至个体较大的类群。在本课的实验中，探究物品发霉的条件，虽然只设计了温度和水分对霉菌的影响，但是，此设计方案默认了学生可能已知物品发霉的其他条件：①学生懂得生命离不开空气，把空气视作默认条件之一；②物品与空气先行接触或实验中把物品暴露在空气中，默认条件之二为物品上有霉菌菌种。

（二）有利于教师了解学生，因材施教

备课不仅是准备教学内容的过程，也是了解学生学情的过程。教师需要分析学生的年龄特点、认知水平和学习兴趣，以便因材施教，设计符合学生

实际的教学活动。在"撬重物的窍门"一课中,"杠杆"作为十分简单而常见的一种机械,学生能够轻易分辨出杠杆的三要素。但是,对于一些利用杠杆原理而制成的工具,学生可能就不容易找出其中的"杠杆",如在菜市场常见的杆秤,是否属于杠杆?小学生可能不容易做出判断。鉴于此,可以在备课中设计让学生自制杆秤,试称重物。学生通过称量能够发现:秤砣通过秤杆把要称量的物体"抬"起来了。这样,学生能够明白:虽然我们是用手提着杆秤上的提纽,但是我们用的力并不是来"撬"动重物,而是支撑杆秤。

(三)有利于教师创新教学方法,提高教学效果

备课是教师进行教学设计的过程,也是创新教学方法的过程。通过备课,教师可以探索新的教学方式和手段,激发学生的学习兴趣,提升教学效果。在"能量的转换"一课中,"探究热能转换成动能"的实验,教材上设计了让学生把蘸水的硬币放在锥形瓶瓶口,再用手握住锥形瓶,通过瓶内空气受热,让瓶口的硬币跳动。这一实验很难成功。所以,作为科学老师,我们要适当改进方法,将复杂、困难的方法改得简单、易操作。本实验,我们改变条件,将光滑的玻璃片放到锥形瓶上,再放入热水,效果会变得非常明显,而且耗时也缩短了很多。

二、如何有效备课

小学科学涉及的内容广泛,既有自然科学的基本知识,又包含科学探究的方法和思维。这就要求小学科学教师在备课时,不仅要关注知识的学习,还要注重科学探究能力的培养。作为小学科学教师,我们该如何有效备课呢?

(一)分析教材和学生

教师在备课之初,要结合课程标准对教材进行深入分析,明确教学目标和教学重难点;同时,要了解学生的实际情况,包括学生的知识基础、学习兴趣和学习能力等,以便因材施教。如"变色花"一课主要是认识物质的变化,教材的设计是让学生先认识紫甘蓝试剂与不同物质之间的变化,再让学生制作紫甘蓝试剂。由于学生是第一次接触有关物质变化的内容,可能会感到陌生,所以本课可以根据实际,来调整上课环节,先设计魔术导入新课,

再让学生自制紫甘蓝试剂，然后用紫甘蓝试剂对物质进行检验。

（二）准备教学资源和教具

备课过程中，教师要根据教学需要准备相应的教学资源和教具，如实验仪器、图片、模型等。这些资源和教具的准备要充分考虑实用性和安全性，确保课堂教学的顺利进行。对于一些不便于准备的实验材料，我们可以寻找替代物。在"液体"一课中探究"液体的流动性"的实验，教材上设计的实验是用蜂蜜、牛奶、清水等材料。当学生用这些材料做实验时，虽然强调了注意事项，但是难免还是会有学生悄悄"偷吃"，这既不卫生，也不安全。所以，我们可以将学生的实验材料更换为洗洁精、墨汁、清水。最后，老师再用蜂蜜、牛奶、清水做演示实验。

（三）设计教学过程中的活动

在小学科学教学中，几乎每堂课都会伴有科学活动或实验，这些科学活动或实验是学生内化知识非常有效的方式，能很好地调动学生的学习兴趣。这就需要科学老师提前思谋、周全设计。对设计的实验要提前试做，如"弹力"一课中探究"弹簧拉伸长度与拉力的关系"实验，因为不同弹簧的弹簧系数不一样，不同钩码的磨蚀程度也不一样，所以，这个实验需要选用一致的实验器材。学生在测量弹簧拉伸长度时，因拉伸的弹簧呈螺旋状，所以测量方法也很重要。如果这些影响因素没有排除掉，实验误差就会严重影响实验结果，学生也就不会信服实验结论。

（四）预设教学问题和课堂生成性问题

备课时，要预设一些教学问题，以引导学生进行深入思考；同时，还要预设一些课堂生成性问题，以应对可能出现的意外情况。这些问题的预设要有针对性，以便能够激发学生的探究欲望。如在"种子的萌发"一课中的实验"探究种子萌发条件"，按照教材的设计，只需让学生探究出种子萌发的外界条件（水分、空气、适宜的温度），但是我们应该做出更多的预设，比如可能会有学生突然问：种子如果没有种皮能不能萌发？如果我们做了这样的准备，当学生提出这样的问题，我们只需要调整既定的教学过程。这样就能以特殊情况为契机引导学生进一步探索，真正体现以学生为本，而不是机械完成预定教学目标，使教学目标在动态中调整。

在平常的教学实践中，小学科学教师需要深入研究教材、分析学情、设计多样化的教学活动并整合教学资源,以制定出符合学生实际的教学目标和教学策略。通过不断反思和改进备课过程,可以提高教学的针对性和实效性,提升教师的专业素养和教学能力。

以形助理，让算理可视

——数形结合在乘法分配律教学中的运用

张进华

感悟算理与掌握算法是计算教学的两大核心任务。算理作为算法的原理，是算法得以成立的理论基石；而算法则是解决问题的操作程序，是对算理的提炼和概括。这两者相互依存。本文中，说到的以形助理，是指教师在教学中借助图形模型，把抽象的算理直观化，让学生在理解算理的基础上，掌握算法。

以乘法分配律的教学为例，传统的教学方式往往只满足于让学生在特定情境下记住结论，通过反复练习来应对考试。然而，这种方式忽视了对学生数学思维的培养，导致他们在运用乘法分配律时常常出现错误。为改变这一现状，我尝试采用数形结合的方法，通过"画"乘法分配律，让学生不仅能够清晰地看到乘法分配律的图形表示，还能够理解其背后的数学原理；让学生在掌握如何运用乘法分配律进行计算的同时，也明白了为什么可以这样算，从而真正达到了帮助学生从直观上感悟算理、掌握算法的教学目标。

【教学片段】

情境：六一节到了，四年级某班购买演出服，上衣每件57元，裤子每条43元。购买36套，一共需要多少元？

1. 经验唤醒，寻求解法

学生列式：

$(57+43)×36$ 和 $57×36+43×36$

通过观察比较，进一步得出：

$(57+43)×36=57×36+43×36$

师：这是巧合吗？是不是满足上面特点的式子，它们都相等呢？

（举例验证，学生一致同意）

师：从特例中形成猜想，并举例验证，是一种获取结论的方法。

2. 乘法意义，理解算理

师：以式子 (57+43)×36=57×36+43×36 为例，你能脱离情境，说说它为什么相等吗？

生：(57+43)×36 中，57+43=100，再乘 36，表示 100 个 36 的和。57×36+43×36 表示 57 个 36 加上 43 个 36，也表示 100 个 36 的和，所以相等。

3. 数形结合，理解算理

师：除了运用乘法的意义来帮助我们说明它们相等，还有其他方法吗？（出示面积模型的课件）

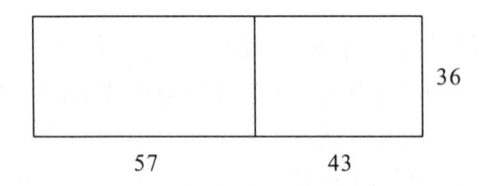

生1：长方形的长为 57+43，它的面积是 (57+43)×36，也就是左边的算式。

生2：若从中间（学生的语言）把它分开，就是右边的算式。（学生情不自禁地离开座位要到黑板上来画）

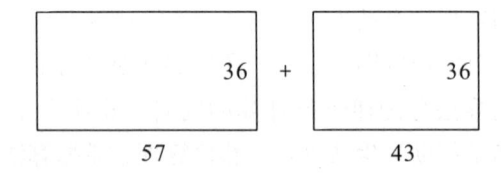

这样就可以得到右边的算式 57×36+43×36。

生3：这个图很好地解释了，为什么分开后的算式中都要乘 36。

其他同学附和道：因为它同为两个长方形的宽。

……

师：看图，你能想出两个相等的算式吗？

生4：看着图，我想到了算式：(9+4)×5=9×5+4×5。

生5：我想到了算式：(39+12)×16=39×16+12×16。

……

从以上学生想到的算式中不难看出，数形结合已很好地帮助他们理解并掌握了乘法分配律中"两个加数分别乘第三个数，并把积相加"的道理，从而不会少乘、多乘或漏乘。

4. 拓展延伸，掌握定律

师：三个数的和乘另一个数，也满足这个定律吗？

生6：满足，只不过多画一个长方形而已，用这三个数分别去乘那个数就行（说着说着，旁边的同学画了一张图呈现给大家）。

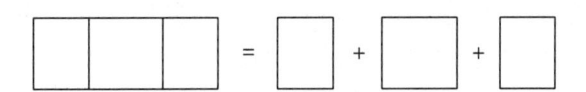

生7：老师，我还知道，减法也行。

……

生8：老师，倒过来也行（也就是从算式的右边到左边也行）。

（简单的一句"倒过来"，曾难倒了以前很多的学生，这也恰好是乘法分配律在简算中的作用。）

师：你能从算式 (57+37+6)×36＝57×36+37×36+6×36 中看出图形来吗？

学生画图（全班正确率在95％以上）。

师：从已有的结论中通过适当变换、联想，同样可以形成新的猜想，进而形成新的结论。

至此，教师通过归纳得出乘法分配律的一般式，让学生进一步明白乘法分配律的出现加强了加（减）法和乘法的联系，也让计算更简便。

【课后思考】

华罗庚先生曾言："数缺形时少直观，形少数时难入微；数形结合百般好，隔离分家万事休。"这深刻揭示了数形结合在数学教学中的重要性。从儿童心理发展的角度来看，小学生的思维主要以具体形象思维为主导，因此，在计算教学中，教师应紧密结合学生的心理发展规律，借助直观形象的教学手段，如多媒体动态演示等，"清楚地说明道理"，帮助学生"明理"。

在算理的教学中，数形结合中的"画"无疑是一个高效且富有创意的教学方法。通过"画"，我们可以将原本抽象的乘法分配律转化为直观可视的图像，使原本枯燥无味的算式变得生动有趣。这种直观化的处理方式，不仅能够帮助学生深入理解乘法分配律的算理，还能帮助他们更好地掌握和运用算法。

更值得一提的是,"画"还能帮助学生明晰解题思路。在计算过程中,乘法分配律的运用往往是学生感到困惑的地方。例如,在计算 103×57 时,学生可能会因为对拆分的理解不够深入而出现错误。而通过"画"的方式,我们可以将原式转化为(100+3)×57 的图形表示,使学生能够直观地理解拆分的意义,从而正确运用乘法分配律进行计算。

总之,数形结合中的"画"是计算教学中一种非常有效的教学方法。它不仅能够帮助学生深入理解算理和掌握算法,还能培养他们的直观思维能力和解决问题的能力。因此,在计算教学中,教师应充分利用"画"这一手段,结合学生的心理发展规律,为他们的数学学习提供有力的支持。同时,这也符合 2022 年版数学课程标准强调的直观感知、抽象概括、符号表示等教学理念,有助于培养学生的数学素养和综合能力。

小学低段数学家庭作业"变形记"

王 欢

"双减"政策对创新作业形式、严控作业总量等方面提出了更高的要求，尤其规定小学一、二年级不留书面家庭作业。作业是教师诊断学生学习情况、反馈教学效果、调整教学内容与方式的重要依据，同时也是学生理解应用学习内容、提高学习能力的重要途径。作为教学活动的重要组成部分，作业是课堂教学的延伸。只有改变作业形式，提高作业设计质量，才能助力学生身心健康发展，提高学生的学业水平。为此，小学低段的数学家庭作业可以进行以下改变。

一、书本作业生活化，让学生成为知识的实践者

"生活是数学的源泉"，为了贯彻"小学一、二年级不留书面家庭作业"的要求，教师势必要将传统的写一写、算一算、练一练、填一填、做一做这些形式单一的书面作业"变形"为更有利于学生身心发展、更符合学生生活经验的"生活化作业"，让课堂所学知识服务生活实际，让学生在实践过程中巩固所学知识。例如，"测量长度"是西南大学版数学教材二年级上册第五单元的内容，主要让学生认识长度单位厘米、分米、米，并学会简单的换算，掌握用厘米、米作单位测量物体长度的方法。这一内容和生活结合紧密，可设计一些学生亲身体验、亲身感知的"量量我的家""小小测量员"等实践活动，让学生选择合适的测量工具测量家里、小区内的一些物品的长度或者家人的身高，通过"估一估""量一量""说一说"等环节让学生直观建构对长度单位的感知。为此，我设计了实践作业单（见表1），引导家长和学生完成生活化作业。

表 1 实践作业单：小小测量员

参与者	父母（监护人）、孩子							
被测物（长度）	餐桌	地砖	床	茶杯周长	树叶边沿	爸爸、妈妈、我的身高	爸爸、妈妈、我跳远距离	……
估一估								
工具								
量一量								
说一说								
备注	1. 选择其中三样测量，或者自选三样测量；2. 表中所有内容由学生口述；3. 家长要关注学生工具选择是否合理、测量方法是否正确、读数是否准确，必要时参与指导孩子的测量；4. "说一说"示例：我选择用（　）来测量（　）的长度，我估计它的长是（　），通过用（　）测量后，发现它的长是（　）；5. 家长可结合学生测量的物体，适当渗透长方形对边相等、正方形四条边相等的一些图形特征							

这样的作业融入了生活化的内容，把书面填空题"变形"成了与生活紧密联系的动手操作题，学生通过亲身体验，手、脑、嘴并用，多感官参与，在动手、动脑、动嘴的过程中轻松地掌握测量方法，加深了对长度单位的认识。课内向课外进行延伸，有效地对课堂知识进行了巩固和回望，有利于促进知识向能力的转化。同时，变"填一填"为"说一说"，符合学生的年龄特征、身体特征，有利于学生语言表达能力的发展，更有利于学生身心健康发展。

二、独立作业合作化，让学生成为情感的交流者

"父母德高，子女良教"，父母是孩子的第一任老师。当下"双减"不仅是对我国教育格局的重大调整，更是教育观念的大变革；不仅对学校育人体系进一步科学定位和整体优化，也为家庭教育回归本源、缓解焦虑、发挥自身独特的教育功能指明了方向。

2021年10月23公布的《中华人民共和国家庭教育促进法》明确规定未成年人的父母双方或监护人要"亲自养育，加强亲子陪伴……"可见，亲子关系在家庭教育中具有重要作用，但高质量的陪伴不仅仅是在接送孩子上学、放学、辅导作业上付出时间、精力和金钱，更重要的是要尊重儿童的权利，理解儿童的行为，读懂儿童的心理。家庭教育要融入家校社协同教育生

态圈，要从以学业监督为主转向民主平等、共情交流。而传统的数学家庭作业过于强调独立思考，极少将亲子合作的理念引进家庭作业之中，因而，教师应借政策法规之势，引导家长融入学生的学习生活之中，参与、见证学生的成长。教师设计的家庭作业要能充分体现合作、交流的价值，鼓励学生与他人（家长）交流，进行有效合作，让学生学会合作、学会交流，成为父母、亲人之间的情感纽带。

计算是小学数学的重要内容，它贯穿小学数学学习的始终。口算又是提高计算能力的关键，但口算能力的形成不是一蹴而就的，它需要长期有计划地培养和训练。计算要达到一定的速度，适当的练习是必要的。如果我们只采用"听算""视算"这些形式，久而久之，学生就会厌倦，尤其是低年级学生，他们更需要形式多样、充满趣味的活动方式，所以只要形式不断变化，他们就可以反复学习同一个内容。例如，西南大学版数学一年级上册计算学习内容是"20以内加减法"，为了达成目标，可采取"课堂+家庭"练习模式，设计可反复练习的"计算小达人"等亲子计算比赛活动。家长准备一副扑克牌，A作1，J、Q、K作0，其余扑克牌上是几点就作几，去掉大小王。洗牌后，将52张扑克牌大致分成两等份，将扑克牌背面朝上，两人同时翻出一张，如两张同色（红桃和方块同色，梅花和黑桃同色），用加法计算，不同色则用减法计算，两人交替计算。一位家长与孩子一起比赛，另一位家长当裁判，看谁算得又快又准。算对了给予适当的奖励：一个拥抱、一个小零食、一句表扬的话、一个小承诺……家长在计算时可偶尔出现错误，让孩子纠正；孩子算错，不要责备，引导其找到原因，及时更正。

有趣且可操作的亲子家庭作业一般具备这些特征：一是取材简单，易操作；二是氛围轻松，无压力；三是全家参与，好合作；四是巩固所学，有兴趣。设计这样的家庭作业，既能提升学生的口算能力，巩固所学知识，又能构建和谐温馨的家庭氛围，培养学生的合作精神，满足孩子的情感需求。

三、学科作业综合化，让学生成为学习的融通者

加强课程内容的综合性，淡化学科界限，增进学科之间的知识和方法上的联系必然成为落实"双减"的有力举措。传统的学科作业常常是单一的、封闭的专项训练，更多的是简单重复的模仿练习，不利于学生的创新思维和创造能力发展。同时，割裂的各学科作业也是加重学生作业负担的元凶，所以适当设计融合多学科的综合性作业，不仅可以减轻学生的作业负担，还能

帮助学生综合应用各学科知识。

例如，数学二年级下册"拼组图形"是在学生对长方形、正方形、三角形、平行四边形、圆有了一定了解和认识的基础上编排的内容，主要是通过拼组图形活动，巩固学生对图形的认识，并通过看、拼、想、说等活动，培养学生的实践能力、创新意识和合作交流能力，发展学生的空间观念。设计家庭作业时，可利用内容本身的综合性巧妙地把语文、美术等学科和数学学科知识结合起来，设计"七巧板'七十二变'"系列作业。例如，用一副"七巧板"分别拼出"正方形""长方形""平行四边形""三角形""梯形"（七巧板的中图形要全部用上），或者用七巧板拼出自己喜欢的人物、动物、植物、图案等，语文二年级下册"语文园地四"中的写话训练"小动物们的一天"，就可让学生用七巧板拼图案或连环画（表2）。

表2 七巧板"七十二变"

类别	目标图案		拼组后的图形	要求	目标
拼平面图形（一副七巧板）	正方形	□		七巧板中每一个图形都必须用上	通过拼组，让学生进一步建构起这些平面图形的外部特征
	长方形	▭			
	三角形	△			
	平行四边形	▱			
	梯形	⏢			

续表

类别	目标图案	拼组后的图形	要求	目标
拼一幅作品（或连环画）	人物		看：观察生活中这些动植物长成什么样子；想：想一想准备在画面上呈现哪些东西，怎样布局、搭配色彩让画面美观大方；拼：抽象出它们的特点，动手拼出它们的样子；	通过"看一看""想一想""拼一拼"等让学生运用美术中的构图、色彩搭配等知识使画面美观大方、有故事性
	动物			
	植物		说：结合"语文园地四"的要求，说一段完整的话	通过"说一说"培养学生的语言表达能力
备注	1. 拼平面图形后家长引导孩子这样描述：我拼的是（ ）形，共用了（ ）个三角形、（ ）个正方形、（ ）个平行四边形。我发现它有（ ）特征；2. 拼一幅作品（连环画）可利用周末家长与孩子共同完成；3. 作品完成后家长可引导孩子结合"语文园地四"中"小动物们的一天"说一段有时间顺序的话			

这些综合化作业的价值主要表现在：一是打破了学科界限，更具有开放性；二是答案更加多样化，不唯一；三是不同层次的学生在动手能力、想象力、审美能力、语言表达能力等方面都得到了一定发展；四是学生的兴趣更加浓厚，愿意主动参与；五是各学科的知识横向联系更加紧密，以作业为载体连通了多个学科。

总之，布置作业是一种艺术，也是一种创新。在小学低段数学教学中，教师应该以"双减"要求为准则，坚持用新课程理念的指导实践，挖掘学生的潜能，积极探索内容充实、形式多样的非书面家庭作业，从而提高学生的实践能力，让数学家庭作业成为小学生实践、学习、创新、游戏的乐园，成为学生展示个性的平台。

（此文于2021年12月发表在《四川教育》总第753期）

浅谈小学低中段写作能力的培养

李琼阳

阅读与写作是现阶段学生语文学习与考试中的重点和难点，对不少小学生，特别是低中段的学生而言，更可以用谈虎色变来形容。而随着新高考改革方案的问世，语文占比将会越来越高，而语文学习是一个不断积累的过程，并非仅依靠聪明才智在短时间内就可以获得长足的进步。高考的语文成绩好坏很大程度上取决于孩子在义务教育阶段的学习情况。从这个层面来说，小学低中段的语文好坏是会严重地影响到学生高考成绩的。要培养学生的终身学习习惯，养成学生强大的写作能力，教师必须在低中段就开始下功夫。笔者特结合过往的教学经验，谈谈如何在小学低中段进行写作能力的培养，与各位同仁共享。

一、狠抓汉字的认知与书写

要培养小学生的写作能力，首先要抓好学生的汉字认知能力。"万丈高楼平地起"，只有打好了基础，才能够建造高楼大宅。汉字的认知和书写就是学生语文学习的地基。无论是学生的阅读还是写作，都需要认识到相当数量的汉字作为基础。阻碍小孩子阅读兴趣的最大敌人或许就是有大量不认识的生字。古人在这个方面的做法或许值得我们借鉴。每当蒙童入学以后就给他们教授《三字经》《百家姓》《千字文》等启蒙教材，其内容短小押韵，便于记忆，蒙童既认识了大量汉字，又潜移默化地学到了历史、品格修养等方面的知识。古人也很注重在蒙童阶段的写字教育，要求学生从描红开始，然后进行临摹，再到脱手写字。通过这些训练，绝大部分读书人都写得一手好字，而现在在低段的不少小学生，因为盲目追求阅读数量，丢掉了学生最该注重的两种技能——识字和书写，致使很多学生书写太差。笔者身边就有这样一个活生生的例子：朋友的孩子第一年参加高考，语文只考了97分，而在复读的最后一个月，语文教师对他的要求就是认真练字，搞好书写，最后语文破天荒地考了 109 分，把他们全家高兴得不得了，孩子也考入了一所"985"高校。虽然书写好不一定会获得加分，但书写差的学生会失分却是肯定的。加强学生的识字和书写能力真的值得我们每一个教育者去践行。

二、训练学生写好"一句话"

学生学习写作是一个循序渐进的过程。一篇优美的文章是由无数具有内在关联的句子构成的。而在小学中低段培养学生的写作能力也要求我们从最简单的做起——写好一句话。过去的语文教学，在低段，特别是一、二年级有很多的造句训练。"用词造句"是笔者读书和从教初期常见的练习题，要求学生正确地使用词语写出一句通顺的话，写出一句优美的话更是我们当初追求的目标。很多老师都会在课堂上要求那些句子写得好的学生当众读出来，并给予表扬和鼓励。这些学生的心理得到了满足，就会有更大的兴趣去追求写出更好的话，而其他的同学也找到了仿写的范本，达到了推陈出新的目的。如用"忙碌"写话，在众多的孩子中就有这样一位写得与众不同，"放学回家后，我在厨房中看到了妈妈忙碌的身影"就比"妈妈总是很忙碌"要优美得多。经过指名朗读后，更有一位学生写出了"校园里随处可见我们班主任忙碌的身影，让我久久难忘"。一篇文章中，如果有那么两三句与众不同的优美的句子，就会让文章增色不少。

三、养成学生善于观察的能力

写作能力的高低除了取决于学生个体本身的能力素质之外，还取决于学生在写作方法上的掌握，掌握的写作技巧越多，写出来的文章可能就会越好。小学低中段的学生由于自身知识和见闻的局限性，在开始写作文时就会存在畏难情绪，这是不可避免的。要摆脱这个困境，注重对学生观察力的培养或许是一个不错的方法。低中段的学生在写人时，往往是从自己、家人、朋友、邻居、老师开始的。写事时就是自己身边发生的事，写环境就是自己的居住地。这些人、事、环境往往是熟视无睹的，就会造成写上几句就无话可说了。培养学生的观察力，就要引导学生注意对自己身边的人、事、环境进行仔细地观察，发现他们之间与众不同的地方，然后抓住其中一到两个特别之处写出来，达到让学生有话可写的目的。例如，同样是写自己的爸爸，班上的一名学生重点突出了爸爸爱清洁、注重着装的特点，每天把家收拾得整整洁洁、干干净净；一名学生重点写了父亲对孩子的严格要求，每天晚上总是定时检查她的作业；一名学生着重写了父亲工作的劳累，时不时地就要到单位加班赶材料；一名学生写了父亲爱打牌，每晚都要到十二点左右才归家。全班学生的写作几乎没有雷同的地方。

四、培养学生的阅读兴趣

一个人写作能力的高低除了自身拥有的天赋之外，更离不开广泛的阅读。鲁迅先生强调"譬如蜜蜂，采了千百种花才终于酿出了甜美的蜜"。只有通过海量的阅读，才能不断开阔自己的眼界。杜甫有诗"读书破万卷，下笔如有神"，培根也说过"读书足以怡情，足以博彩，足以长才"。古今中外的大量名人的论述都表明了阅读的重要性。然而现在的学生却脱离了读书，取而代之的是沉迷于看电视、玩手机、耍电脑，用短平快的观看取代了对古今中外名著的阅读，而且极不注重对好词好句的誊抄积累。没有输入哪来的输出呢？难怪学生只要一写作文就无物可写，无话可说。笔者在教学中，从低段开始就要求学生必须进行阅读，一、二年级时要他们阅读注音读物（如《格林童话》《安徒生童话》《冰心作品选》《曹文轩文集》），三、四年级时要求学生阅读《聊斋志异》《三国演义》《水浒传》《朱自清散文选》等名家名著，同时还要求学生读一定量的作文书籍，要求每位学生每两周要读完一本课外书。教师与家长共同监督督促，在班上进行评比，把学生从电视、手机和电脑等电子产品的包围圈中解脱出来，进入书的海洋。

五、倡导学生写真情实感

不少小学低中段的学生由于自身知识面及阅读量的不足，在开始学习写作文时，会感觉无事可写、无话可写。不少学生都依靠编造，写一些"假大空"的内容。笔者就教过一个学生，每次作文都是写做好事，每一件好事都有他自己。在评改作文时给人一种哭笑不得的感觉。这种"假大空"式的作文是最该避免的。海涅说过："生命不可能从谎言中开出灿烂的鲜花。"真正能打动人心的文章是真情的流露。网络流传的一位小学生写的《孤独》就是最好的例证。父母分手，父亲再婚，添丁进口，但他与其他人却存在着隔阂，特别是父亲与后妻之子的海南之行，从开始的期盼到最后的无处过年。在本该全家团聚的大年夜，一个人孤零零地待在家中，没有陪伴，没有年夜饭，有的只是无尽的黑暗和害怕，那样的孤独，谁能体味？笔者在培养学生写作时，要求学生认真观察自己身边的人与事，身边的花草树木、鸟兽虫鱼，用笔真实地记录下自己的所见所闻所思所感。这样的文章，开始可能觉得并不华丽，缺乏亮色，显得干涩，但却是学生的真情流露，胜过了那些每文必做好事的文章，假以时日，随着语文词汇的积累、句段的凝练，学生自然就能写出好的作文了。

小学低中段的作文在一生的写作过程中只是一个起锚点。如何提高学生的写作能力也是一个见仁见智的问题。学习写作有法可循，但具体到每一个人又有个体区别，"教有法但无常法，运用之妙，存乎其心"就是最好的注解。教师在这个过程中，只能起到引领作用，真正起决定作用的还是作为个体的学生自己。只有学生自己热爱语文学习，热爱习作，辅之以教师的指导，才能真正地写好文章。

探究小学语文教学中的互动式学习策略与效果

冯 艳

语文教育作为培养学生语言表达、沟通和思维能力的核心任务，在我国教育体系中具有特殊的地位。传统的教学方法在满足这一任务要求时面临挑战，因为它们更侧重于知识的灌输而不是学生的主动参与和深度理解。随着教育理念的不断发展，互动式学习策略在小学语文教育中崭露头角，为改进教学方法提供了有力支持。

一、加强小学语文互动式教学的必要性

（一）激发学习兴趣和动机

互动式教学能够激发学生的学习兴趣，因为它创造了更具吸引力和互动性的学习环境。学生更容易投入学习中，因为他们可以积极参与，分享自己的观点，与同学互动，而不仅仅是被动地接受教师的讲解。同时，互动式教学鼓励学生通过讨论、辩论和合作来探索问题和概念。这种深入思考的过程有助于他们更深刻地理解语文知识，而不仅仅是机械地记忆和复制。此外，互动式教学鼓励学生在口头和书面上更频繁地表达自己的想法和观点。这有助于培养良好的语言表达能力，提高学生的口头和书面沟通技巧。

（二）培养团队合作能力

在互动式教学中，学生通常需要与同学一起合作解决问题或完成任务。这有助于培养他们的团队合作、沟通技巧和解决问题的能力，这些都是他们未来生活和职业中必备的技能。同时，当今社会强调协作、创造力和综合思维，而互动式教学正是培养这些能力的有效途径。小学生在这个阶段建立这

些能力的基础，有助于他们更好地适应未来社会的需求。此外，互动式教学可以更好地满足不同学生的学习需求。教师可以更好地了解每个学生的学习风格和水平，从而更好地开展个性化教育，帮助每位学生充分发挥潜力。

二、小学语文教学中的互动式教学策略

（一）小组讨论和合作学习

小组讨论和合作学习在小学语文教育中扮演着至关重要的角色。这一策略不仅鼓励学生积极参与，还有助于促进深度思考和学习效果的提升。通过小组讨论，学生有机会分享自己的观点、听取他人的意见，并合作解决问题。这不仅可培养他们的社交技能，还有助于更全面地理解和掌握语文知识。

以部编版语文教材六年级教学单元"聊聊书法"为例，当教师引导学生一起探讨中国书法的历史和文化背景时，学生可以分成小组，每个小组负责研究不同的书法风格，如楷书、行书、草书等。每个小组需要共同查找资料、分析书法作品，并分享他们的研究成果。在这个过程中，学生互相协作，积极讨论书法的起源、演变和艺术特点。他们可以提出问题、分享自己的见解，并一起探讨不同书法风格的美学价值。这种小组讨论不仅可丰富学生的知识，还可激发他们对中国文化的兴趣。

（二）问题解答和提问

问题解答和提问是激发学生思考和参与的有效方式。教师可以提出引人深思的问题，引导学生思考和讨论。这种策略有助于学生主动思考，提高他们的问题解决能力。同时，学生也应积极进行自我提问，这有助于培养他们的探究精神和好奇心。

以部编版语文教材六年级教学单元"只有一个地球"为例，教师可以引导学生讨论全球变暖问题。教师可以提出问题："全球变暖的主要原因是什么？""全球变暖对地球和人类有哪些影响？"这些问题可以激发学生的好奇心和思考欲望。学生分成小组，一起研究问题并展开讨论。他们需要查找相关资料，以回答这些问题。随着讨论的深入，学生开始分享他们的发现，并提出不同的观点。一些学生可能认为温室气体排放是全球变暖的主要原因，而其他人可能认为自然气候变化也有一定影响。这引发了激烈而有意义的辩

论，最终，学生根据他们的研究和讨论，提出了综合性的答案，解释了全球变暖的主要原因以及它对地球和人类的影响。

（三）角色扮演和模拟活动

角色扮演和模拟活动为学生提供了生动的学习体验。通过模拟文学作品中的角色和情节，学生能够更深入地理解作品，并将自己置身文学的世界中。这种亲身经历能够激发学生的情感投入，增强他们对文学作品的理解和欣赏。

以部编版语文教材四年级教学单元"女娲补天"为例，教师可以引导学生深入探讨女娲补天的故事，他们可以扮演故事中的各个角色，如女娲、大工匠等。学生仿佛穿越到古代神话世界，亲身经历了女娲补天的情节。在角色扮演中，学生需要思考和理解每个角色的情感、动机和行为。他们可以模仿女娲的勇气和决心，或者大工匠的聪明才智。这种亲身体验使学生更加深入地理解了文学作品中的人物，以及他们的内在特质。

三、结论

综上所述，小学语文教学中的互动式教学策略不仅可提高学生的学习效果，还可培养他们的综合素养。教师需要具备灵活运用这些策略的能力，以适应不同的教学情境和学生需求。互动式教学策略的成功应用需要教育者的专业知识和创造性思维，以帮助学生更好地掌握语文知识，并培养他们的综合素养。未来，期待在小学语文教育中看到更多创新和实践，以进一步提高学生的语文素养和综合能力。

新课标下小学数学跨学科融合的思考与实践

李晓红

随着教育理念的不断发展，跨学科融合已经成为教学改革的重要方向。其旨在通过将不同学科的知识技能进行结合，从而促进学生全面发展。跨学科融合教学不仅能够提高学生的学习兴趣，还能够增强学习体验，激发学生的创造性思维。然而，当下小学跨学科融合教学还面临着教师跨学科知识不足、多学科课程整合困难等挑战。因此，教师应当积极转变思路，提升自身多学科知识素养，勇于创新整合跨学科课程，为促进学生的未来发展打下坚实的基础。

一、融合语言学科，加强语言运用

语言类学科能够与数学交叉渗透，达到相辅相成的效果，进而促进学生语言运用能力的提升。在小学数学教学实践中，教师要善于借助语言类学科来辅助拓展学生的数学词汇量，使其能够准确理解数学概念，让其在阅读数学题目的过程中，既可以提高自身的阅读理解能力，还可以增强逻辑思维能力。同时，教师可以通过让学生朗读数学题目，帮助理解题意，提高解题效率，还可以利用英语、数学教材来拓展学生的知识面，培养跨文化交流能力。此外，小学数学教师还要积极开拓思维，将数学和有趣的故事相结合，以此来引导学生感受数学的美妙，从而激发数学兴趣，随后再通过写作练习让学生将数学问题转化为语言表达，进而提高语言表达能力。小学数学与语言类学科融合教学有助于加强学生的语言运用能力，提高学生在数学和语言类学科中的综合素养，进而促进其全面综合发展。

教师在教授西南大学版小学数学三年级上册第六单元"年、月、日"时，可以准备一个小孩子过生日的故事来让学生阅读。在阅读开始之前，教师需要提醒学生注意故事主角的生日日期、主角收到生日礼物的日期等时间元素。随后，教师提出问题，让学生口头描述故事中日期的表达方式。在这个过程中，学生不仅可以感受到过生日的快乐氛围，还能够增强自身对时间概念的理解，锻炼自身的语言表达能力。教师还可以选取一些描写节日的诗歌让学生朗诵，使其在了解中国传统节日的过程中，既能感受到诗人对节日的情感表达，也能够接触到更多与日期相关的词语表达方式，从而提升文学素养。此外，教师可以组织一场表演活动，让学生分成小组进行角色扮演，引导学生用英语进行餐厅预订，从而在实际交流活动中培养英语口语能力。

二、融合体育运动，提升体能素质

体育运动与数学的融合教学旨在综合运用不同学科的知识技能，在提高学生体能素质的同时，巩固学科知识。在小学数学教学实践中，教师要善于将数学与体育运动相结合，让学生在运动中开阔思维、舒缓心情，从而提高其大脑的反应速度，使其在进行数学逻辑思考时能够更好地集中注意力。教师可以结合体育比赛和数学计分系统，通过设计数学计分规则，将学生在比赛中的得分转化为数学题目，使其能够在比赛结束后通过解题来巩固数学知识。教师还可以设计体育游戏，要求学生在游戏中完成一系列体育动作，并根据完成动作的次数或者耗费的时间来解答相关数学问题。此外，教师可以在体育课上引入测量工具，让学生通过测量记录身体数据来进行数学运算，在提高测量技能的同时，还能够将数学知识与实际情境相结合，感受数学的应用价值。体育运动与小学数学的跨学科融合教学可以增强学生的身体素质，同时深化其对数学知识的理解运用，促进学生智体的双向发展，进而提升核心素养。

教师在讲解西南大学版小学数学五年级上册第四课"小数混合运算"时，可以组织学生分成两个团队进行比赛，每个团队各站在教室的一端，并且每个学生都会被分配到一个投掷小球。随后，教师在教室中央地面上画一个大型数轴，数轴上标注不同的小数点数，并在黑板上写下小数混合运算题目，让学生根据计算结果将手中的小球投掷到数轴上，距离最接近正确答案的团队获胜。此外，教师还可以设计一个闯关游戏，以教室或者操场为运动场地，规划闯关路线，在路线的各个位置设置小数混合运算题卡片，学生跑到该位置时只有答对题目才可以继续前进。通过与体育运动相结合，学生不仅能够巩固自身的小数混合运算知识，还能够锻炼身体，提高体能素质，增强学生自身的逻辑思维能力。

三、融合自然科学，锻炼实践能力

自然科学类学科与数学的融合教学有助于锻炼学生的实践能力。在小学数学教学实践中，教师要善于设计基于自然科学原理的数学问题，引导学生运用数学知识解决实际问题，比如可以设计一些物理相关的题目，要求学生利用数学知识计算物体的速度、加速度等，从而加深其对物理原理的理解。教师还要善于给学生创造实践操作的机会，比如可以组织学生开展自然科学实验，让其测量物体的质量、体积等简单的物理性质，并利用数学知识计算相关参数的数值。在这个过程中，学生不但能够拓展自身的理论知识体系，还能够锻炼实践运用能力。此外，教师要善于引导学生在解决自然科学问题时运用数学模型进行预测，以培养其将自然科学中的实际问题抽象成数学模型的能力，有助于增强学生的数学思维能力，为其今后的数学学习打下良好的基础。小学数学与自然科学类学科的跨学科融合教学不但能够提升学生的数学水平，还能够培养其实践能力，同时，各种自然科学知识的融入还可以丰富学生的知识框架，从而为其未来的学习创造良好的前提条件。

在讲解"求一个数的几分之几是多少"的数学内容时，小学数学教师可以组织学生进行测量活动，让学生在教室或者校园中选择不同的物体进行测量，并记录测量结果。随后，根据学生的测量记录，教师可以提出一系列问题，比如"如果书的长度是 2/3 米，宽度是 1/4 米，那么书的面积是多少"，让学生利用测量结果进行分数乘法运算，并计算出书的面积。教师还可以准备一定量的小饼干，并设计问题"这些小饼干的总重量为 4/5 千克，假设每个学生需要 1/3 千克的小饼干，那么这些小饼干能够满足多少个学生的需求"，让学生利用分数除法知识计算得出答案，并通过实际分发饼干的方式验证计算结果。此外，教师可以准备一株室内植物，让学生记录不同时间段植物的高度变化，并计算出植物每天的平均生长速度。通过融合自然科学类学科，小学数学教师不但可以加强学生对数学知识的理解，还能够让其将数学知识与日常生活中的自然科学现象相结合，既能够提高学生的数学水平，还能够锻炼其实践运用能力，进而促进其全面综合发展。

综上所述，跨学科融合教学是新课标下小学教学的重要内容，以小学数学为讨论对象，教师要善于将数学与语言类学科相结合，激发学生的数学兴趣，提高其语言运用能力。同时，教师还要拓展思维，将数学与体育运动相结合，在巩固学生数学理论知识的同时，使其身体机能也能够得到锻炼。此外，教师要积极拓展学生的知识体系，将数学与自然科学类学科相结合，培养学生的实践运用能力。跨学科的教学模式不但能提高学生的学习效果，还能够为其未来发展打下良好的基础，从而提升学生的核心素养。

浅谈如何提高六年级学生数学计算的正确率

王 丽

数与运算是数学的重要内容之一，学生的计算能力是决定学生数学成败的关键。六年级的计算综合了小学阶段所有的计算类型，因此，六年级学生的计算能力的培养和训练更为重要。结合自身多年的教学积累和沉淀，笔者总结出了如何提高六年级学生计算正确率的方法。

一、重基础

六年级的计算相比低年级的计算，需要学生对以往所学的计算规律法则进行综合、灵活应用，所以拥有扎实的计算基础，是六年级学生提高计算正确率的前提。然而，在实际教学过程中，很多教师认为加减法数学口诀、计算法则和运算定律，学生之前已经学过了，就不加以重视。殊不知很多学生并没有深入掌握相关的基础知识，才会在计算时频频出错。因此，在六年级数学计算教学过程中，教师仍要重视学生对数学基础知识的把握和理解，通过有效的教学方式，帮助学生构建知识系统，增强学生数学计算能力。

第一，要注重学生对算理的理解。算理是帮助学生掌握计算方法的根本，所以在日常教学过程中，教师要有意识地引导学生复习计算法则和运算定律，进一步巩固学生的知识基础。例如，在计算小数乘法相关的算式时，如 $0.45×6$ 时，教师可以先引导学生说出具体的计算过程。

师：在计算 $0.45×6$ 时，你的计算过程是怎么样的？

生：先把小数看作整数45，再乘以6，就是 $45×6=270$，之后看因数中有几个小数点，从积的右边依次往左数几位，0.45是两位小数，那最后的结果就是2.7。

这一过程能够帮助学生厘清计算思路，同时也能让教师了解学生的计算方式，分析其问题所在。为了进一步拓展学生的思维，巩固学生对算理的理解和掌握，教师需要带领学生分析算理。

师：在 45×6 中，相比原式 0.45×6，其因数扩大了多少倍？

生：100 倍。

师：那其积 270 需要缩小多少，才能得 2.7？

通过问题引导学生将计算方法和算理结合在一起，能够让学生对该类型题目的计算方式有更加清晰的掌握，有助于学生轻松应对类似题型，从而提高了学生数学计算能力和正确率。

第二，要注重新旧知识间的融会贯通。很多学生因为无法将新旧知识融会贯通，所以遇到新旧知识结合的问题常常出错。所以，教师要在数学计算教学过程中，引导学生建立新旧知识间的联系，帮助学生构建相关的知识体系。例如，在教学西南大学版数学六年级上"分数乘法"时，教师可以从整数的乘法意义出发，帮助学生理解分数的乘法意义，即求几个相同分数的和的简便运算，这样能够帮助学生理解分数乘法的本质，就是计算几个相同分数相加的和。之后，教师再出示一系列分数相加的计算题，如 1/3+1/3+1/3，2/5+2/5，1/4+1/4+1/4 等，并让学生尝试着写出其分数乘法算式。这一教学过程不仅能够帮助学生回顾以往的知识基础，如整数乘法的意义、分数加法等，进一步巩固学生的知识基础，还能建立新旧知识的链接，如整数乘法与分数乘法意义；分数加法与分数乘法之间的关系，能够让学生对分数乘整数的本质和意义有深入的理解，这对学生计算正确率的提升有积极的促进作用。

二、勤练习

计算能力的提升一定离不开大量的练习，但是大量的练习势必会给学生造成学习压力，打消学生计算的兴趣，也不符合双减的要求。因此，教师要善于通过合理、有效的方式，让学生进行计算练习，以此提高学生计算的速度和准确度。

第一，利用课前三分钟，让学生进行口算练习。口算作为一种基础能力，是每个学生都必须掌握的，口算还能提高学生的心算能力，有助于学生计算能力的提升。由于计算是枯燥乏味的，为了激发学生计算的积极性和兴趣，笔者会以游戏或者比赛的形式组织学生进行口算练习。首先，出示需要学生练习的口算题目，如 3×1/4，2×1/3，5×1/5 等简单的口算题；然后，让学生以小组为单位进行游戏比赛，从第一个学生开始口算，一人口算一题，直到最后一个学生口算完成；最后，根据各组计算的正确率来确定获胜组，为了激励学生，笔者会给获胜组一些小奖励。这样的练习方式不仅能够提高学生的参与热情，还能使其注重计算的正确率，有效地提高学生计算质量。

第二，通过课后活动，让学生进行笔算练习。笔算是计算的重要内容，也是学生容易出错的一种计算题型。因此，想要提高学生的计算正确率，笔算练习是必不可少的。针对笔算练习，笔者大多以课后活动的形式来开展，要求学生在规定的时间内完成适量的计算题。例如，在教学完分数的除法之后，笔者会组织学生在30分钟内完成两道分数乘法和四道分数除法笔算题，如果学生能够在规定时间内全部计算题都做对，将会得到一定的奖励，这为后期笔算练习的开展打下了基础。随着时间的推移，学生的笔算能力和计算正确率将会得到很大程度地提升。

三、善观察

六年级的计算题综合性比较高，并且计算步骤也比较多，所以想要提高学生的计算效率和正确率，应该培养学生观察的能力。一是培养学生观察题目的能力。在日常教学过程中，教师可以组织审题活动，让学生读题，分析题目关键信息和要点。二是培养学生观察特点的能力。例如，在混合运算过程中，可以观察数的特点，如 $250+32-50$ 时，通过观察可以发现算式中"250""50"相减能够得到整十数，所以"$250-50+32$"计算会更加简便。总之，学会观察算式特点，能够帮助学生更简便地计算，同时也能有效提升计算的正确率。

四、会检查

结合笔者多年的教学经验，六年级学生计算正确率低，不是因为他们不知道运算法则，而是因为没有及时检查造成的，如将"×"抄写成了"+"，将小数点位数抄写错了，将数字抄写错了，等等。因此，为了解决这一问题，让学生计算正确率在短时间得到提升，教师应该要求学生及时检查，并且学会如何检查。针对检查，笔者向学生传授了"检查三部曲"：第一步，检查要点。针对计算题的要点，就是已知条件和问题是否理解清楚了，这是直接决定最终结果是否准确的因素，所以做完题目之后，要对题目进行再次阅读，把握已知条件，分析问题，并检查自己的答案是否符合题目提出的问题。第二步，检查过程。计算题解题主要分为四个步骤，即抄题、做题、列竖式、检验，所以要对这整个计算过程进行检查，反复检查数字、符号是否抄对了，检查运算顺序是否正确，检查计算结果是否正确。第三步，记录错误原因。通过前两步检查，能够发现做题中出现的问题。第三步则是对错误原因进行记录，长时间的积累，能够让学生知道自己容易出错的地方，便于下次更快更准地进行检查。同时，为了让学生形成检查习惯，笔者会要求学生定期默写，并进行自主检查，也会不定时翻看学生检查记录情况，了解学生检查习惯。

　　计算正确率是评估计算素养的一大因素，所以想要达到新课标的要求，让学生计算素养得到发展，除了要注重学生计算速度的提升以外，还要提高学生计算的正确率。因此，教师可以通过教授基础，培养观察、检查习惯和能力，以及练习等途径来达到预期目标。

新课标下小学音乐教育
与美育结合路径

米大微

美育实际上是引导学生对美进行正确的认知，从而培养欣赏美、创造美的能力，这对于培养学生的品格，提升其审美能力和综合素养有着重要的作用。在新课标的实践应用中，教师需要改变以往的教学理念，在音乐学科的基础上，丰富它的资源和内容，围绕学生制订教学计划，从音乐鉴赏、音乐学习中发现不同的美学元素，激发学生的学习兴趣，并且保证学生可以在美育与音乐的融合中挖掘自身的潜能。

一、借助现代化教学手段，丰富音乐教学形式

调动学生学习兴趣，是在小学教育中广泛运用的手法，在音乐教育中也如此。传统的音乐课程能够达到调动学生学习兴趣的效果，同时可以结合传统乐器对学生进行文化的引导。运用中华传统文化形式实现对歌曲旋律的表达，实现学生自行创造诗歌、舞曲，能够使学生完全按照自身的爱好创编音乐，学生的创作兴趣也大大提高了。为了提高音乐课堂的质量，教师应该改变思维方式，并积极利用先进的教育工具，如多媒体和其他信息科技，来拓展课堂的内容和方法。

引入多种多样的方法，比如歌曲《郊游》，让学生们通过观看视频、参与歌舞表演、参与音乐游戏，来体验《郊游》中所蕴含的艺术魅力，激起他们对艺术的热情，培育他们对艺术的敏感洞悉力。通过使用多媒体技术，我将《嘀哩嘀哩》的旋律带给大家，然后提出一个问题："听完《嘀哩嘀哩》，你有何感受？你仿佛看到了什么？"随着大家的讨论，我提供三幅图片，让大家分享看法，选出他们认为最适合给《嘀哩嘀哩》添加的背景图片。当学生表达他们的观点、体验以及情绪时，教师应该及时地加以肯定，并提供恰

当的赞扬，以此来调动他们的活动积极性。接着，教师可以通过播放春天的诗句、绘制春天的图片，来唤醒他们对大自然的热爱，从而更加深刻地理解《郊游》这首歌的内涵。

二、创设丰富多彩的音乐体验活动

音乐体验活动是培养学生音乐素养和审美能力的重要途径。在教学中，教师可以根据学生的年龄特点和兴趣爱好，设计各种形式的音乐活动，创设丰富多彩的音乐体验，让学生在音乐中获得愉悦和享受，同时提升学生的音乐素养和审美能力。

以《青蛙合唱队》为例，教师可以组织学生参与音乐剧的演出活动。在活动中，学生可以扮演不同角色，通过表演和唱歌，深入体验音乐和戏剧的魅力，同时学习如何合作、表达和沟通。通过这样的音乐剧参演形式，学生可以从中获得音乐欣赏和表演的双重体验，提高音乐素养和表达能力，培养出积极健康的心态。

此外，教师还可以组织音乐会和音乐比赛等活动，让学生有机会展示自己的音乐才华，并从中获得音乐欣赏和评价的经验。在活动中，教师可以注重培养学生的音乐鉴赏能力，引导学生从音乐的结构、旋律、节奏、情感等方面深入体验，增强学生的音乐审美能力和创作能力。教师还可以将跨学科的元素融入音乐教学中，让学生从中获得跨学科知识的启示和体验。例如，将数学中的节拍、比例、律动等元素引入音乐教学中，让学生在学习音乐的同时获得数学知识。

三、通过优化音乐课堂教学方法让学生感受音乐美

传统的教学方式虽然能够在短时间内快速提高学生的音乐学习能力，但是很难使学生完全体会到音乐的意境，导致音乐教学难以达到理想的效果。以往单一的教学方式过于陈旧，已经无法满足当前学生音乐学习的需要。音乐教师要通过多样化的教学方式，改变以往音乐课堂枯燥、乏味的局面，使学生能够将自己的感情与音乐融合起来，进一步感受音乐中的美感。游戏对于小学阶段的学生有着天然的吸引力，音乐教师可以运用游戏教学，强化学生的音乐节奏。

比如，在学习小学音乐《木瓜恰恰恰》时，主要是让学生感受音乐中的

喜悦之情，把握音乐节奏。音乐教师可以让学生设计一定的动作，比如在唱到"恰恰恰"时敲打桌子，或者用打击乐器进行伴奏。在这种音乐教学模式下，能够使音乐课堂氛围生动、形象起来，帮助学生更好地消化音乐知识，从而在引导学生感受音乐美感的同时，达到美育教育的教学目的。

四、课堂情境教育，体验情感美

为了让德育真正融入音乐课堂，教师应该根据课程的目的和所需的资料，创建有利于培养学生的环境，帮助学生加深对音乐的理解和认识，并为他们的发展注入正面的推动力。此外，为了提高教学质量，教师可以通过改善课堂教学环境，为学生营造良好的音乐学习氛围，引导学生积极地参与课堂教学。此外，教师还需要保证学生在课堂中可以与自己进行积极的互动，让学生在课堂学习中畅所欲言，共同探讨和分享知识。

例如，教师在音乐课堂中利用多媒体设备播放《我爱你，中国》时，让学生欣赏歌词中的排比和重叠句子的文学之美，以及旋律的高低之美。教师可以配合多媒体设备，在白板上展示中国大江大山的壮丽影像，让学生在这个音乐聆听过程中感受祖国的雄伟与壮丽，激发学生对祖国的热爱。在教学中，教师要向学生介绍更多有趣的音乐故事和伟大音乐家的优秀作品，用音乐作品的优秀艺术形象和情感感染学生。小学音乐课堂场景创设的实质是让学生感受音乐的存在与美，让学生处于这个音乐的环境中，体验音乐美、情感美。

五、结语

在新课标下，促进美育与小学音乐教学的深度融合，是小学音乐教育发展的必然趋势。通过本文的探讨，我们可以看到，实现深度融合需要教师和学生共同努力，充分发挥审美教育和小学音乐元素教学的特点和优势，创设丰富多彩的音乐体验活动，利用现代技术进行音乐创作和表达，提高学生的音乐素养和审美能力。相信在大家的共同努力下，小学音乐教育一定会迎来更加美好的未来。

基于小学数学大单元教学的实践与思考

杜俊华

随着新课标的实施，小学数学教育要覆盖广泛的知识点，更要通过大单元教学的方式，整合知识与技能，将抽象的数学概念与学生的现实生活紧密联系起来，满足每位学生的学习需求。有效的大单元教学能够搭建学生探究学习的平台，提供丰富的学习资源，从而在丰富学生数学学科知识的同时，提升其逻辑思维能力。

一、深度剖析教材，明确教学单元目标

在新课标背景下，目标导向的教学为学生构建知识体系提供明确方向。确立教学目标是教学设计的第一步，直接影响到教师教学内容的选择。只有当教学目标明确，教师才能够有的放矢，精准施教，进而实现教学过程的个性化。教师需要具备扎实的教材理解能力和高度的教学敏感性，全面分析教材内容，把握每个单元的核心知识点，从而确立教学单元的知识目标。依据新课标要求，教师要综合考虑学生的实际情况，将知识目标与能力目标相结合，明确培养学生的数学思维能力。同时，教师要关注学生的前知识，合理调整教学进度，确保教学目标符合课标要求，贴合学生实际。

以西南大学版小学数学三年级上册"认识周长"为例，教师须细致阅读"周长"单元的教材，了解单元内容的安排和逻辑结构。该单元包含"认识周长"和"长方形和正方形的周长"两大部分，帮助学生从认识到应用掌握周长的概念和计算方法。教师将这两部分内容作为教学的主线，确保教学活动围绕这一主线展开。教师对单元内周长定义、计算公式以及相关的计算技巧等关键知识点进行梳理。在此基础上，教师还需要关注知识点之间的联系，通过具体的例子引导学生从直观上理解周长的概念，再逐步引入长方形和正方形周长的计算方法。新课标强调学生能力的培养，教师在剖析教材时，要特别关注通过"周长"单元能够培养哪些能力。例如，通过实际测量

活动培养学生的观察力和实践操作能力；通过解决与周长相关的实际问题，提高学生的数学应用能力；通过小组合作学习，促进学生的沟通合作能力。教师还需考虑通过探索周长在日常生活中的应用，激发学生学习数学的兴趣，引导学生认识数学知识的社会价值，培养学生的责任感。

二、整合精炼内容，构建教学单元架构

在新课标背景下，构建教学单元架构要求教师整合教材内容，设计能够促进学生全面发展的教学活动。这一过程中，教师需深入理解大单元的核心理念，确保教学活动具有针对性。教师应通过对教材的深入分析，识别出单元内的关键知识点。随后，围绕这些核心内容，教师需设计符合学生认知发展水平的学习活动，形成一个连贯、互补的教学架构。在构建教学单元架构时，教师需要将知识学习与能力培养紧密结合。这意味着教学活动不仅要覆盖知识点，还应设计能够激发学生探索欲望、提高解决问题能力的任务。此外，教学设计应考虑学生的前知经验，利用学生已有的生活知识作为新知识学习的跳板，从而更有效地促进学生的学习。

以西南大学版小学数学三年级上册"周长"单元为例，教师通过对单元内容的全面梳理，明确教学的主线为"认识周长"和"长方形和正方形的周长计算"。在此基础上，教师构建以下教学单元架构：第一阶段"概念引入"，教师通过实际测量学校操场的周长等活动，生动引入周长概念，让学生在实践中初步感知"周长"的含义；第二阶段"知识探索"，利用长方形和正方形的模型，教师引导学生观察并发现计算周长的规律，通过引导学生自主探索，深化对周长计算公式的理解；第三阶段"技能训练"，设计一系列周长计算练习题，包括常规题型和实际应用题，利用分层次的习题，训练学生熟练运用周长公式，并能在实际情境中应用所学知识；第四阶段"能力拓展"，教师组织开展"设计我的梦想花园"项目，要求学生应用所学知识计算不同花坛的周长，促进学生的创新思维和实践能力发展；第五阶段"反思总结"，通过小组分享会的形式，学生展示自己的学习成果，并对全单元学习进行总结。教师引导学生回顾"周长"单元的学习过程，从概念理解到公式应用，再到实践操作，让学生自我评价学习成果，互相交流学习经验。在整个"周长"单元的教学过程中，教师应注重从学生实际出发，以学生为中心，通过多样化的教学活动，使学生在互动中深化对数学知识的应用。

三、加强单元评价，提升学生整体思维

教师需要建立以学生为中心的评价体系，不仅关注学生答案的正确与否，更要关注学生解题的思路、方法以及解题过程中的表现。教师要重视形成性评价，强调学习过程的反馈。在教学过程中，教师应通过观察学生的学习行为、参与度以及课堂表现，及时给予学生反馈。形成性评价的关键在于促进学生的长期发展，帮助学生认识到自己的优点和不足，从而更有针对性地调整学习策略。此外，教师还应鼓励学生进行自我评价和同伴评价。自我评价能够培养学生的自主学习能力；同伴评价则能够增强学生之间的互动交流，促进学生从他人的角度审视自己的学习，提升团队合作能力。

例如，在进行"周长"单元的教学评价时，教师采用一系列具体的评价方法来提升学生的整体思维能力。教师可设计一项活动，要求学生使用卷尺测量教室的长和宽，并计算周长。例如，教室的长为 8 米，宽为 6 米，学生需要计算出周长。教师评价学生的计算结果，同时关注学生在活动中的合作沟通过程。这项活动中，学生 A 的计算结果是 28 米（正确），展现良好的计算能力；学生 B 虽然计算错误，但在小组讨论中积极提出自己的想法，显示良好的合作精神。在单元教学中，教师可以通过小组合作项目来评价学生。小组任务是设计一个虚拟花园，并计算围栏的周长。一个小组设计的花园长 12 米，宽 5 米，正确计算周长为 34 米。教师评价小组的合作过程，记录每个学生在项目中的贡献，并提供反馈，还可以特别表扬小组中表现突出的学生。此外，教师要引导学生进行自我评价和同伴评价。每位学生需要对自己在"设计虚拟花园"项目中的表现进行评价，并给予同伴建设性的反馈。最后，教师组织一次包含知识测试和能力展示的综合性评价。知识测试中，学生需要独立完成几个关于周长计算的题目，并在班上展示自己解题思路。通过这一系列具体的评价活动，教师能够全面了解学生在"周长"单元的学习情况，促进学生在数学知识理解、计算能力、合作交流等方面的全面发展。

总结来说，新课标下的小学数学大单元教学，为数学教育注入了新的活力。通过深度剖析教材、整合精炼内容、创设教学情境以及加强教学评价，教师能够全面提升学生的数学素养。这一过程中，教师要充分发挥创新意识，显著提高学生的自主学习能力。面向未来，小学数学教育将继续深化教学改革，优化教学策略，确保每位学生都能在数学学习的道路上持续进步，为其终身学习奠定坚实的基础。

以课程建设为核心
深化"雅慧教育"实践

李 艳

为践行习近平总书记关于教育的系列重要论述，贯彻落实四川省《新时代深化改革推进基础教育高质量发展实施方案》等文件精神，通江县第六小学在探索和实践的基础上，以课程建设为抓手，在国家课程大纲的要求下，构建了品格教育、传统文化、艺术体育和实践体验为主要内容的雅慧校本课程体系。通过丰富课程建设，学校不断深化"雅慧文化"内涵，以培养"外雅于行、内慧于心，有家国情怀、未来眼光"的现代小学生为育人目标，旨在推进全员全程全方位育人，最终培养德智体美劳全面发展的社会主义建设者和接班人。

学校自建校以来，严格落实国家课程计划安排，立足红色文化、传统文化、地域特色，结合学校发展实际，大胆进行课程设置改革，打破了传统每节课 40 分钟的固定范式，推行"长短课"，对课程进行精心设计和安排，通过不懈的探索和实践，构建了品格教育、传统文化、艺术体育和实践体验为主要内容的雅慧校本课程体系，实现"品质塑魂、潜质赋能、体质强身、慧质筑基"，达到育雅慧学生的目的。

一、品格教育课程

（一）"红色活动"播撒爱国种子

"学雷锋"活动：每年 3 月，组织各中队广泛开展"我为红军爷爷做件事""保护诺水河"等"学雷锋"活动。"清明祭先烈"活动：每年清明节，少总部组织学生参观军史陈列馆、王坪烈士陵园，凭吊先烈，感受先辈艰苦奋斗历程，在学生内心播撒爱党、爱国的种子。"学校传统"活动：每年定期组织"献礼新中国成立××周年"班级文化建设，举行"雅慧之声"校园卡拉OK红歌大赛、"不忘初心、立德树人"主题演讲比赛、"时刻听党话永远跟党走"爱国主义读书教育活动。"小手拉大手"活动：开展党史学习进家庭活动，给学生布置向家长讲党史、讲红色故事的作业。号召家长陪同孩子参观军史陈列馆，瞻仰红军烈士陵园，收集红色故事，培养学生家国情怀的同时，引领家长知党恩、感党情，为孩子树立榜样作用，并提高家长社会责任感。

（二）"良好习惯"成就美好未来

路队行走：利用国旗下讲话、大课间集会、黑板报、校园广播、班会、宣传栏等宣传阵地，对学生进行教育，强化路队方面的规范意识，文明入心。路队行走主要包括课间操、就餐和放学路队。正品成格：利用班队会、品格成长训练活动，开展正品成格教育。各班设"集雅榜"，制定"兑雅"标准，将学生平时的表现用贴红雅、蓝雅、绿雅的形式展示出来，按期兑换成分值，给予奖励。

（三）"感恩教育"铸造美好心灵

"李子分享"活动：每年待学校李园的李子成熟时，学校会组织六年级学生采摘李子，并分享给全校的每一位学生。这一颗颗小小的脆李，让学生感受到与同学、家人分享的喜悦。"特殊节日"活动：学校在每年的"妇女节""母亲节"，都会让孩子们给妈妈一个拥抱，做一些诸如给妈妈洗一次脚、做一次饭等力所能及的家务事。"重阳节"给爷爷奶奶、"教师节"给教师送问候、送祝福，让孩子们从小懂得孝敬父母、尊敬师长。"社区公益"活动：学校定期组织少先队员去公园捡拾垃圾，去社区宣传森林防火，去敬老院打扫卫生并陪老人聊天，为他们表演节目等。通过进社区的实践活动，孩子们懂得了知恩感恩，学会了助人为乐，培养了敬老爱老的优秀品质。

二、传统文化课程

经典诵读：每天上午，全校统一开展20分钟的经典诵读，从"三百千"及《弟子规》《声律启蒙》《笠翁对韵》等蒙学到"四书五经"等传统经典，全员诵读，师生共读。书法：一是严格落实四川省义务教育课程计划，每周一节书法课；二是打破每节课40分钟的传统模式，推行"长短课"，每天下午课前 20 分钟，全校进行书法练习；三是利用课后服务，每周三下午通过"专业教师线上直播＋兼任教师线下辅导"双师课堂模式进行全员书法练习；四是组建 10 个硬笔、毛笔书法社团；五是根据《中小学书法教育指导纲要》要求，分学段设置课程目标；六是编写书法校本教材，构建书法教育课程体系；七是设立书法教研组，每周开展一次书法教研活动。社团：利用课后延时服务时间，开设了以走班制为形式的吟诵、国画、剪纸、蜀绣、中国象棋、武术等 30 多个精品社团课，每周一、三下午开展，每次 2 个小时；每学期举行 1 次社团成果展示。

三、艺术体育课程

积极落实国家艺术体育课程，多途径多形式完善丰富校本课程，为学生提供差异化、个性化教育，帮助学生培育兴趣特长。"室内＋室外"大课间活动：学校推行阳光体育大课间活动，时长 50 分钟，将体操、舞蹈、武术、足球操融入大课间，晴天室外、雨天室内相结合，真正落实学生每天锻炼不少于 1 小时。"足球＋乒乓球"双球活动。每周一节足球课，设 4 个足球、2 个乒乓球精品社团，积极开发足球、乒乓球课程资源，编写校本教材，并开展课间足球操、足球文化艺术节、班级足球联赛、推选足球小明星等活动。"学校传统"活动：学校每年举行"吉尼斯挑战赛""校园足球联赛""师生运动会""校园艺术节""千人现场书写大赛""书画展"及"雅慧之声"校园卡拉 OK 大赛等。通过各种竞赛活动，孩子们用自己的活力和激情挑战自我，展示自我。

四、实践体验课程

（一）劳动实践

银耳种植：利用"中国银耳之乡"的地域特色，深入挖掘"通江银耳"的育人功能，与县银耳科研所、县银耳博物馆合作，建了 60 多平方米银耳种植实践园地，成立银耳种植社团，先后组织师生 2000 余人次参与银耳种植实践，既让学生体会到了收获的喜悦，又让学生受到了爱家乡的教育。蔬菜种植：利用校园空地，开辟了 200 多平方米的蔬菜种植园，划分成 12 个种植区，由教师带领学生种植蔬菜。学生既获得了有关蔬菜种植的知识，又培养了劳动观念和动手能力。粮食种植：充分利用楼顶、校内外空地，开辟了近700平方米的粮食种植园，主要种植水稻、油菜、红薯、土豆、小麦、玉米等粮食作物。四至六年级共1100多名学生，在教师和种植技术员的带领下，参与粮食种植活动。通过这样的实践活动，学生从劳动中求知，从劳动中培能，从劳动中塑魂，体验了"谁知盘中餐，粒粒皆辛苦"，养成了珍惜粮食的好习惯。花木种植：学校栽植了大量果树，打造了桃园、李园、樱桃园。收获季节，学校举办"桃李节""樱桃诗会"活动，让四、五年级约800名学生，在"赏""画""诵""赞""摘""享"的过程中，感悟春华秋实带来的喜悦，体会收获的快乐。

（二）劳动＋研学

一是根据学生家长意愿，学校先后组织近4000名学生，前往"巴中川陕苏区将帅碑林""通江王坪烈士陵园""刘伯坚纪念馆""空山战役遗址"等红色教育基地开展研学旅行，对学生进行爱国主义教育、革命传统教育，缅怀先烈丰功伟绩，进一步激发学生爱国之情；参观"巴中市海洋乐园"，引领孩子们认识海洋生物，激发对深蓝大海探索的兴趣；组织3000余人次参观通江银耳博物馆，聆听"传承通江银耳栽培工艺"科普讲座，既让学生了解了通江银耳育耳流程，又培养了他们的生态意识和热爱家乡的情感。

二是学校在鹰歌嘴研学实践教育基地租赁土地4000余平方米，作为学校校外实践基地。在为期两天的研学劳动中，严格按照研学劳动方案执行。第一天，同学们在农学专家的带领下认识劳动工具，晚上举行个人才艺表演活动、劳动工具走秀、篝火晚会、星空露营等。第二天，同学们来到劳动基地，以班级为单位在田间栽油菜、插秧、种蔬菜等，积极劳作，唯恐落后。通过一次次的劳动教育，学生们形成了顽强拼搏、坚韧不拔的意志品质。

总之，在国家教育方针的指引下，我校以"雅慧文化"为核心，以课程建设为抓手，取得了可喜的成绩，得到了主管部门、家长、社会的高度认可。

小学数学作业设计多元化实施路径

戚 伟

国家实行"双减"和"五项管理"政策之后,各级部门对学生作业总量、布置作业内容等提出了明确要求,其中要求小学一、二年级不留书面作业,三至六年级作业完成时间不得超过一小时。作业作为学生反馈学习情况的重要依据,其在教育教学活动中有着无比重要的作用。在传统的作业观念影响下,现有作业设计存在诸多问题:作业过量,缺乏对知识的系统整合;形式单一,学生觉得枯燥乏味。基于以上作业设计存在的问题,笔者提出了作业设计多元化策略,以优化作业内容和形式,设计多形态作业,将巩固知识与育人融合,从整齐划一走向个性自主,从单一走向多元,引导学生感悟数学、内化知识,积累经验,提升素养。

一、学科融合类作业:提高学生作业兴趣

2022年版数学新课标充分体现了学科融合的重要性,在小学数学作业设计中,将数学作业与语文、科学、品德、美术、历史文化等多个学科融合起来,挖掘作业中的德育、智育、美育等育人功能,有利于学生形成系统的知识体系,帮助学生增强对知识的理解。此类作业在设计的时候要符合学生知识体系形成规律,从学生的认知发展入手,着力于提升学生的学习兴趣。比如,学习完"小数的初步认识"之后,课后作业中设计"'不起眼'的小数点"这一题目,让学生查阅"联盟一号"宇宙飞船坠毁事件并谈个人感受。学生通过查找资料,感悟小数点的重要性,形成严谨的科学态度,并了解数学作为一种通用的科学语言在其他学科中的应用,建立学科之间的联系,达到学科融合的目的。同时,该题目培养学生收集资料分析资料能力,体现作业育人的功能。

二、亲子游戏类作业：让亲情提升作业完成质量

喜欢游戏是孩子的天性，本类作业抓住孩子的兴趣爱好，以亲子游戏为载体，不仅能完成知识的学习，还能增进家庭感情。在设计此类作业时要依照孩子的年龄特点，设计不同的亲子游戏作业。同时，这类作业强调父母的参与，只有在双方主动参与的前提下，才能达到作业的预期效果。比如，学完"分类与整理"之后，让孩子与家人一起整理房间；学完"认识人民币"之后，设计欢乐购物街，让孩子与家人一起扮演角色在家模拟购物，以此加深对人民币的认识。作业完成过程中亲子之间更容易表达内心，促进孩子与父母更好地交流，促使家庭成员彼此支持，相互关爱。

三、实践操作类作业：提高学生的学习体验

实践是检验真理的唯一标准。课堂教学离不开课外体验，促进学习和实践的融合，可以提高作业质量，更好地促进学生成长。一是设计操作性作业。让学生根据数学知识，动手实践，理解数学概念，解决数学问题，形成数学经验。比如，西南大学版数学四年级"平行四边形和三角形是否具有稳定性"的教学中，可以让学生自己动手制作平行四边形和三角形，在整个过程中感受其特性，得出结论。二是设计表达性作业。数学核心素养要求学生能用自己的语言表达数学世界，教师为此可以设计数学阅读、数学日记、思维导图等形式多样的表达性作业，切实提升学生的数学表达能力，培养核心素养。三是设计调查性作业。让学生走进社会，在生活中完成数学学习。比如，学习完面积的认识，可以让学生测量并计算客厅地面、文具盒表面、手机表面等物体的面积，既可以加深对面积的认识，又可以巩固面积单位知识，还可以培养孩子的动手操作能力。

四、益智创新类作业：为学生成长赋能

"双减"和"五项管理"政策为小学数学作业设计指明了方向，益智创新成了数学课后作业设计的一部分。益智创新就是要培养学生的思维，提高学生的创新能力。但作业设计不能为了创新而创新，必须以服务学生的学习为根本宗旨，脱离学习任务、忽略"作业是发展学生知识学习水平"的创新

都是失败的，不但达不到增效的目的，还会增加学生的学习负担。

益智创新类作业，益智是前提，创新只是一种表现形式。设计此类作业，要激发学生的科学思维，培养科学意识，以问题为导向，指引作业设计，实现作业设计创新化。比如，在我们学习完"圆的认识"之后，可以让学生自主探究正方形、长方形等各种几何图形，使学生自然地发展科学思维。此外，此类作业设计还要贴近生活，在作业完成的情况下，发展学生的创新思维。比如，学习完"认识钟表"之后，为培养珍惜时间的观念，让孩子合理规划自己的周末，设计作息时间表。

五、系统开放类作业：激发学生个性成长

设计此类开放类作业的时候，教师要立足学生个性成长这一角度，淡化教师的主体地位，突出学生在作业完成时的自主性，作业内容多元化，作业形式开放化，不拘于书面作业。这样设计有以下好处：一是可以极大限度地激发学生的学习兴趣；二是可以充分培养学生的创造思维，让学生成为作业完成的主体，帮助学生个性化成长。比如，学习"圆的认识"，可以让学生自由地去发现圆的美。这样设计作业，学生可以将自己的阅读、观察、趣闻等运用到作业之中，至于表现方式，可以是绘画，也可以是视频，怎样体现出圆的美完全由学生自主决定。

总之，在"双减"和"五项管理"的政策前提下，作业设计必须符合以下要求：一是以促进学生五育并举，全面发展为目标；二是要以激发学生学习兴趣，创新作业形式为依托；三是要促进学科融合；四是要面向全体学生，分层设计。同时，作业设计还必须按照新课标要求，坚持作业育人的导向，全面发展学生的核心素养。

浅析如何在阅读教学中张扬学生的个性

谢晓琼

阅读是学生的个性化行为，不应以教师的分析来代替学生的阅读实践。要珍视学生的独特感受、体验和理解。我们在教学过程中，不能对整班孩子使用同一教学方法，要根据学生不同的阅读基础、阅读能力、理解能力、认知能力、分析能力等，使用不同的教学方法进行个性化阅读教学，培养学生独立自主的阅读感悟能力。那么，作为一名小学语文老师，在自己的阅读教学课堂中，应该怎样让学生的思维不再受到约束、完全释放学生的个性呢？

一、在良好氛围中释放学生个性

兴趣是阅读的老师，快乐是阅读的动力。教师应营造良好的阅读环境，给学生充分的阅读时间。在阅读中，让学生调动各种感官，读出感觉，读出味道，读出情趣，让学生在良好的氛围中充分感受到阅读的轻松、愉悦、快乐，享受阅读。我在教学"桂林山水"一课时，在新课导入环节，营造了一个带学生游山玩水的氛围："孩子们，老师今天将带你们去一个有山有水的地方游玩，请你带上摄像机——你的慧眼，拍下你认为最美丽、最迷人的风景，一会儿咱们来评一评谁是最佳摄影师。"在我设置的场景引导下，孩子们迫不及待地走进了桂林山水，投入对文本的探索与解读中。然后，我再引导学生抓住文中的重点词句来品读桂林"山"与"水"的特点，就顺理成章，水到渠成了。

二、在自主探究中释放学生的个性

每个学生都是不同的个体，阅读基础、认知水平、兴趣爱好、理解能力、个性阅读表现等也就不同。因此，在教学中，教师必须尊重学生的个性差异，因材施教，允许并鼓励学生用自己喜欢的、熟悉的、适合的阅读方式进行学习。教师不能千篇一律地要求学生按照自己讲授的方法去阅读,而是要对学生的个性化阅读适当地进行指导、点拨。

在教学"咏柳"一课时,我先让学生课前观察身边的柳树或柳树图片,朗读诗句,联系课文注释想象诗意,进行预习。课中再让他们在自主学习的基础上,进行小组合作学习,根据自己的喜好,选择"小小朗诵家""小小书法家""小小音乐家""小小舞蹈家""小小画家"中的至少一个角色,用朗诵、书写、歌唱、舞蹈、画画的方式表达自己对整首诗或某一句诗的理解、感悟。当"小小书法家"用漂亮的方块字书写出诗句时,当"小小音乐家"用美妙的歌声表达对柳树的赞美时,当"小小舞蹈家"用优美的动作展示柳枝在风中摇曳的姿态时,老师就当一个忠实的粉丝,为他们的表现喝彩、鼓掌即可。这样放手让学生自主探索,使其真正成为课堂的主人,学生就能运用自己的个性来展示学习过程,达到阅读效果。

三、在平等对话中释放学生的个性

语文新课标指出:"语文教学应在师生平等对话过程中进行。""阅读教学是学生、教师、文本之间对话的过程。"这就意味着师生的关系应该是互为主体的平等关系,对话将成为阅读教学中的一道亮丽风景。

我在执教"四个太阳"一课时,一个孩子将小手举得高高的,在得到我的示意后,他说:"落叶不是人,怎么会去邀请小伙伴呢?"面对这个幼稚的问题,我没有立即回答,而是走到他的面前,拍拍他的肩,注视着他说:"你真是一个善于思考的孩子,读书就应该这样。是呀,落叶怎么会去邀请小伙伴呢?一起讨论讨论。"这时,另一个孩子说:"落叶就像是一封信,信中邀请小伙伴来吃水果。"学生丰富的想象力让我为之感动,我顺势引导:"那信里会写什么呢?""小朋友,我们的果子熟了,快来尝一尝吧。"在这两位孩子的带动下,更多孩子的兴趣被激发了,不停地表达着自己丰富的想象。这时,我趁机又创设了一个口语交际的情境:"谁来当落叶,邀请小伙伴到果园里做客?"在师与生、生与生的一句句对话中,学生的思维发生了激烈的碰撞,课堂氛围也达到了一个小高潮,学生对文本的理解也因平等对话而更加透彻,学生的个性也得到了充分的释放。

四、在多元评价中释放学生的个性

传统的考试方式及评价体系，使教师不得不围绕"学生分数"而教学，严重地束缚着阅读教学过程中学生个性的释放。随着"双减"政策的实施，国家要求减轻学生的课业负担，同时新课标的要求也使出题方式有所改变。这些改革，使教师不再受到传统评价方式的约束，把评价的主动权交还给学生，让学生开展自我评价和个性化的阅读评价。因为阅读答案并不是唯一的，学生就某个问题，可以发表自己不同的看法，作出不同的评价，只要他能围绕文本，说出自己的理由就是正确的。教师不能打击学生的积极性、阻止学生运用自己独特的思维进行评价，应该倡导多角度地阅读、创造性地阅读，释放学生个性，促进学生在阅读中展开想象，在阅读中不断有所发现、有所创新，以形成最独特的感受、体验和理解。

个性化阅读是一门复杂的、综合的艺术，需要我们长期地探索、思考、实践和完善。在阅读教学中释放学生的个性，会使我们的课堂越来越精彩，学生的思维越来越灵活，从而不断提高阅读能力，增强阅读效果。

浅析如何减少小学三年级学生的错别字

熊柳欣

小学一、二年级，识字和写字是教学重点。根据一、二年级学生身心发展特点，在识字和写字方面的要求与其他年级也不一样：喜欢学习汉字，有主动识字、写字的愿望，会写800个左右的汉字；掌握汉字的基本笔画和常用偏旁部首，能按基本的笔顺规则用硬笔书写，注意间架结构；初步感受汉字的形体美，努力养成好的书写习惯，写字姿势正确，书写规范、端正、整洁。

对一、二年级学生的要求是会写简单的字，在写字的数量上要求不高。而到了三年级，学生会写的字要达到1600多个。此时，我们会发现小学三年级的学生在学习上会出现一个大大的转折，作业、日记、作文等对汉字的需求量陡增，与此同时，学生的识字量与需求量不成正比。因此，三年级学生的错别字也达到了一个峰值，各种各样的错别字随处可见。笔者结合这些年来的一些教学经验，为了减少错别字，探索出了如下策略。

一、营造良好氛围，减轻心理压力

俗话说：亲其师，信其道。小学阶段的孩子，有很强的向师性，认为教师说什么都是对的，教师的引导起着很重要的作用。当孩子在作业中出现错别字的时候，教师不要一味地批评指责，让学生畏畏缩缩、遭到嘲笑，给学生心理造成紧张、畏惧，害怕写字。学生越是害怕、紧张越要出错。教师应该耐心地指出其错误，以宽容、理解的态度对学生循循诱导，引导其纠正错误。教师应该在心理上给予学生宽容和理解，面对面提醒他们，共同找出错误根源，加强记忆。长此以往，教师的耐心教导会让学生加倍努力，慢慢减少错别字，爱上汉字，爱上书写，从而提高书写水平。

二、改进教学方法，提高识字效率

一、二年级是识字和写字的关键时期。在一、二年级的生字教学中，教师要多措并举，找到适合学生掌握生字的方法。常见的识字方法有加一加、减一减、换一换、象形字、形声字、会意字、字族文识字、查字典等。不同的生字采用不同的识字教学方法，目的是让学生能顺利记住需要掌握的字。由于一、二年级学生手部力量还很弱，在握笔、运笔技巧方面都得从头学起，这就需要语文教师一步步引导，不能操之过急。一开始要求学生写的字笔画都比较简单，这时候，学生要一笔一画写工整，每个笔画写到位，并且要严格按照笔顺规则来写，不能写倒笔画、连笔画等。老师要示范写，学生先观察、再动笔。学生上了三年级以后，要求会写的字笔画比较多，视觉上给人一种难写的感觉，教师如果不引导，很多孩子就开始产生畏难情绪了，为了快速完成作业，也就开始减写笔画或者乱写笔画，导致错别字。这时候，教师首先要排解学生的畏难情绪，不管多复杂的字都可以分解开、再组合，这样学生识记、写起来就容易得多了。所以，三年级的生字教学不是像一、二年级那样所有的生字都在黑板上示范写，而是把每课中比较难写、笔画容易出错的字挑选出来重点讲解、示范写。这样既节省时间，又能提高效率，从而达到事半功倍的效果。

课堂上，教师利用多种方法集中教学，但总有一些孩子不听讲。课后可以发挥班级小老师的作用，指定班级小老师，一对一辅导，定点帮扶班上的潜力生。点对点、定期开展帮扶工作，学生教学生，可能接受效果会更好。

三、创设趣味活动，激发识字兴趣

学习没了趣味，学生的学习激情就会大大降低。学习的趣味往往以活动为载体，所以，在识字、写字教学中，有趣的活动必不可少。每隔一段时间，我就会发起全班同学互找错别字的活动：同学之间交换作业本、课本，给彼此找错别字；找出错别字，还得把正确的字写在旁边（以便于写错字的同学在作业本上二次书写，每个字写3遍）；每找出10个错别字就在老师那儿去验收，并获得1分的奖励；积满20分就可以换取小奖品1份；如果哪位同学作业本上、课本上的笔记没有错别字，就可以直接领取奖品1份。

同学们对制作易错字手卡也特别感兴趣。同学们买来各种颜色的卡纸，做成自己喜欢的小型手卡，如树叶、月亮、星星、矩形、正方形、菱形、椭圆形等，然后将易错字写在手卡上，手卡随时放在衣服兜里，利用零散时间拿出来记忆。孩子们做的手卡自己用完了、记住了那些易错字，还可以相互赠送，充分发挥手卡的作用，让更多的孩子受益，远离错别字。

四、定期复习易错字，减少过失遗忘

艾宾浩斯遗忘曲线表明，人的记忆先快后慢，最后逐渐趋于稳定。这就强调：学过的知识，要定期复习，这样才能减少遗忘。你可能会发现，很多孩子学了后面的知识，忘了前面学过的知识。每到单元结束、期中、期末的时候，教师都会再将以前学过的知识点二次复习，加深印象。而在令人头疼的错别字这块，更是需要定期将易错字不断地复习，在头脑中再现。教师平时在批改作业的时候，可以将学生作业中出现的错别字，专门记录在笔记本上，如果出现频率较多的错字，那更得加上着重符号，待接下来的课前五分钟专门处理错别字。教师将这些易错字再次一笔一画地在黑板上板书出来，让学生将每个字一笔一画地写三遍，同桌交换批改，再由组长集中收起来交给教师，教师下课再次查看出错率。就这样，教师随时搜集错别字，学生随时减少错别字。为了防止错别字反弹，要求学生时隔一周、两周、一月、半期、一学期又将那些易错字挑出来反复强化书写，慢慢地，就提高了书写正确率。错别字产生的原因是很复杂的，要杜绝错别字的产生也绝非一朝一夕，教师需要在教学的过程中，采取各式各样的方法减少错别字再现。从个人到班级、从班级到年级、从年级到学校都要有减少身边的错别字这种意识，形成良好的文化氛围，提高学生的书写水平。

小学语文习作训练的有效策略

冉倩华

《义务教育语文课程标准（2022年版）》在"课程目标"的"总目标"中对于习作教学目标是这样描述的："能根据需要，用书面语言具体明确、文从字顺地表达自己的见闻、体验和想法。"这表明小学阶段的习作性质是练笔。新的要求是"有理有据、负责任地表达自己的观点，养成实事求是、崇尚真知的态度""能借助不同媒介表达自己的见闻和感受，学习发现美、表现美和创造美，形成健康的审美情趣"。这两点虽然分别是针对核心素养中的"思维能力"与"审美创造"提出的，但其中的"表达"显然涵盖了口头表达与书面表达两方面，所以与习作教学密切相关。除此之外，在"课程目标"的"学段要求"与"课程内容"的"内容组织与呈现方式"中也可以发现习作教学内容、任务与要求的变化。我们对此必须运用整合的方法，进行细致的梳理。

然而，在日常的语文教学活动中，我很多次听作文课，总看到教师这样教学生习作：先是翻开书本，让学生勾画习作内容，对习作范围进行界定；再是范文引路，加以详细点评；然后强调习作要求、注意事项；接下来便是学生习作。课堂看起来似乎还充实，教师对这样的教学过程也很满意，可当学生交来作文时，教师却没了笑容，开始疑惑："难道教学方法有错吗？学生作文怎么会如此糟糕？"这不得不引起我们的思考。要知道，小学生往往都害怕习作，因为他们对作文的概念还很模糊，找不到习作的切入点，不是无话可写，就是胡乱写凑字数。可见，首先让他们找到习作的感觉十分重要，这也是习作教学中的难点。要真正突破习作教学难点，必须有的放矢，通过正确的引导，让他们想写，能轻松地写，并能写好。笔者认为，在我们实际习作教学中，"情境"的建构有着重要作用，强调对学生习作环境的设计，强调利用各种信息资源来支持习作，最终的目的是完成习作训练。因此我们必须通过创建丰富的、学生感兴趣的生活化教学情境，以此激发学生对习作的兴趣。具体操作上可以从以下几个角度入手。

一、探寻习作源泉，让学生有话可写

一开始，学生很讨厌习作，即便冥思苦想仍无内容可写。这时，我们并不急于硬"逼"着学生去写，而要引导学生在生活中挖掘素材，找到习作源泉。因为习作内容离不开生活，没有对生活的真实体验，他们无法写出内容真实情感饱满的作文来。其实，在儿童世界里，他们的生活是绝对精彩、丰富多样的。教师要不断点拨、不断举例，让学生知道，一次观察、一次游玩、一次碰撞、一次惊喜、一次收获……这些见闻感受，都是习作的源泉。可在孩子们的心灵深处，这些源泉往往是沉睡的。贪玩是孩子们的天性，即使亲身经历过的事情，之后也会很快遗忘，所以，孩子们的记忆需要教师用情感去激活。

二、激发说话兴趣，提升写作欲望

当孩子们禁锢的思维被打开后，会蜕变成全新的自我，所有生活场景在他们脑海中一一浮现。此时，需要教师为他们创造轻松愉悦的环境，激发他们把所见所想全都说出来，和同学一起分享。在教师的引导下，他们可能先胆怯地尝试说一两句话，教师要抓住难得的契机，引导学生说完整的话，讲完整的故事。当心门完全打开后，孩子们便开始滔滔不绝讲述自己的经历：快乐的、烦恼的、迷惑不解的、偶然发现的……他们的心灵世界活跃了，丰富了。我们惊奇地发现，原来他们都有话可说，还跃跃欲试，都有了"一写为快"的冲动。有了成功的体验，他们对习作的态度就会转忧为喜，把习作当成一次抒写真实自我的快乐之旅。

三、明确习作要求，掌握方法技巧

当他们有写的冲动了，还不可急于求成，而要因势利导，进一步教会他们冷静思考。如果一味地让学生把自己的见闻感受一股脑儿写下来，这些内容表面洋洋洒洒，认真阅读后会发现是杂乱而无序的，这时，教师要相机训练他们的逻辑思维，把习作内容在头脑中有机整合。首先要确定先写什么、后写什么，要合理安排，调整好段落布局；其次要注意语句流畅、表达清楚，不能让人一知半解或根本无法理解；最后还要分清主次，详略得当，注意故事的完整性。当学生明确了习作要求，掌握了习作方法之后，再动手写下来，这样才能写出合格的作文来。只有长期坚持下去，学生作文水平才会不断提高。

四、大胆开拓视野，学生自由发挥

当他们有了清晰的思路，能表达心中所想了，我们又要大胆放手，不把学生的思维局限在老师的控制下，给他们留足想象的空间。有时我们可能会因为担心学生习作偏题，或是担心学生写不好，便依赖于例文引领。结果学生写出来的作文千篇一律，从内容选材到谋篇布局都与例文近似。事后方知，一味看重例文的作用，往往会把孩子们引入误区，把他们的思维局限在有限的空间里，使例文占据了孩子们的想象空间。这样，他们写出来的作文当然毫无新意，缺乏生命力。可见，留给他们自由习作空间是必要的，相信他们，让他们放飞思想、发散思维、驰骋想象，写出的作文一定会精彩。

五、巧用生活事例，鼓励习作多样性

"兴趣是最好的老师"，在习作教学中，一定要激发学生的兴趣，让学生乐于习作、乐于学习。习作教学中教材为我们的教学设计了大众化的场景，但在习作教学活动中，仅靠书本上原有的教学资源，完全不能调动学生开展习作的兴趣。在习作教学中，通过引入一些生活情境，让学生在课堂上能够切实地感受语文习作与日常生活问题的重要作用，对调动课堂气氛、营造轻松的学习氛围、提高学生学习习作的积极性和热情有着事半功倍的作用。

在语文教学活动中，学生的发展具有差异性，不同文化环境、生活经历的学生，对相关习作知识和技能的掌握情况及思维方式也不同，习作训练时，必然会有各种各样方法。为此我们要尊重每一个学生的特征，充分结合生活中的事例，鼓励学生习作方法多样化；组织学生积极地开展交流，让学生表达自己的想法，解释这样写的原因及过程；了解他人的想法，使学生体会到同一个习作可以有不同的思维方法，促使学生进行比较和优化。

习作教学中要善于利用日常生活中学生熟悉的、感兴趣的生活素材。教学时，结合生活情境，让学生感受生活中处处有习作，感受习作的地位和作用，从而增强习作意识，体验习作的生活价值。

通过有效的习作训练，学生的习作水平将得到大幅提升，为语文学科的学习奠定坚实基础。总而言之，传统的作文教学方式和方法对习作者而言，很难帮助其走出作文困境。教师要想让学生真正写好作文，不必先急于讲范文，而要因势利导，因为，引导学生从不会写到学会写，从想写好到能写好，是循序渐进的过程。

小学英语绘本教学探究

张素菲

随着全球化的不断深入，英语作为国际交流的通用语言在小学教育中的地位日益重要。然而，传统的英语教学方法往往忽视了学习者的兴趣和情感需求，导致学生感到枯燥乏味。近年来，绘本作为一种将图像与文字结合的媒介，已经成为小学英语教学中的一种创新工具。它以独特的艺术魅力和语言表达方式，吸引了众多教育工作者的关注。绘本不仅能够丰富学生的语言输入，还能够激发学生的想象力和创造力，帮助他们更好地理解和掌握英语。此外，绘本中的跨文化内容也为学生提供了了解不同文化的窗口，促进了跨文化交流能力的培养。尽管绘本在小学英语教学中的应用前景广阔，但关于如何高效利用绘本进行教学的研究仍然不足。本文旨在探究绘本在小学英语教学中的应用策略及其效果，分析教师在绘本教学过程中的角色和挑战，并提出相应的教学建议，希望可以为小学英语教师提供一套绘本教学的实用框架。

一、小学英语绘本教学的价值

小学英语绘本教学是一种富有成效的教育手段，它通过生动的插图和简洁的文本相结合的方式，为儿童提供了一个既愉快又充满教育意义的学习体验。绘本不仅能够吸引孩子们的注意力，激发他们对英语学习的兴趣，而且能够有效地帮助他们建立词汇知识、理解句子结构、提高语言感知能力，并促进阅读理解能力的发展。通过绘本中的故事情节，孩子们能够在情境中学习语言，这种情境学习法可以让他们更好地掌握单词和短语的用法，同时，故事中的文化元素也为他们提供了了解不同文化的窗口，培养了跨文化交际的意识。

二、小学英语绘本教学中存在的问题

（一）绘本选择的局限性

在小学英语绘本教学中，合适的绘本选择至关重要。然而，由于资源的限制和教师专业知识的不足，往往难以选择到既符合学生英语水平，又能够激发学生兴趣和参与度的绘本。一方面，市面上的英语绘本种类繁多，但并非所有绘本都适合教学用途；另一方面，一些绘本可能过于简单或过于复杂，难以与学生的实际英语水平相匹配。此外，文化差异也是一个不容忽视的问题，一些绘本中的文化背景和价值观念可能与学生所在的文化环境不符，导致学生难以理解和接受。

（二）学生参与度不足

绘本教学理应是一个互动性强的过程，但在实际教学中，学生的参与度往往不高。原因可能包括学生对英语学习缺乏兴趣，或者教学方式过于单一，不能充分调动学生的参与热情。在传统的课堂环境中，教师可能更多地采用讲授式教学，而忽视了学生的主动探索和创造性表达。学生可能只是被动地听教师讲解绘本内容，而缺少足够的机会去亲自阅读，讨论和表达自己的看法。此外，课堂时间的限制也可能导致教师无法为每个学生提供充分的关注和指导，使得一些学生在绘本教学过程中处于边缘化状态。

三、小学英语绘本教学探究

（一）借助多媒体展现绘本的趣味性

在小学英语绘本教学中，充分利用多媒体工具来展现绘本的魅力是至关重要的。多媒体技术的融入不仅能够丰富教学手段，而且能够极大地提升学生的学习兴趣。通过动画、声音和交互式元素，绘本中的故事情节、角色和环境可以变得栩栩如生，这样的直观展示能够帮助学生更好地理解和记忆新单词和语言结构。在教学中巧妙地利用这些多媒体资源，不仅能够使课堂氛围更加活跃，还能够鼓励学生主动探索和学习，从而提高英语学习的效果。因此，教师在设计和实施绘本教学时，应该考虑到如何有效地整合多媒体资源，使之成为提升绘本趣味性和教学效果的有力工具。

例如，在准备开展关于"festival"的单词教学时，教师可以在教学活动开始之前，利用多媒体工具精心设计一个与课程内容相契合的"万圣节"主题绘本场景。教师可以播放带有动画和音效的绘本故事，不仅能让学生身临其境地感受到万圣节的气氛，还能帮助他们了解这一节日的传统习俗。通过这样的视听结合，学生能够更容易地掌握和运用关键句型和词汇。教师可以通过屏幕展示绘本的精美插图，并播放角色对话的录音，让学生在听觉和视觉的双重刺激下，更加深刻地记忆单词和句型。此外，教师还可以利用投影、触摸屏等多媒体设备，让学生通过点触、拖动等互动操作，直接参与故事情节的发展，从而进一步提高他们的语言实际应用能力。

（二）根据绘本问题确定绘本阅读目标

在小学英语绘本教学中，确立明确的阅读目标是教学成功的关键。这些目标应当根据绘本所提出的问题来设定，以便引导学生更有目的性地进行阅读和学习。通过绘本中的问题来确定阅读目标，教师能够为学生提供一个清晰的学习方向，使他们在阅读时能够专注于关键信息，从而提高学习效率。同时，这也有助于教师评估学生的学习成果，因为目标设定后，学生的阅读活动就有了可衡量的标准。此外，针对绘本中的问题设定目标还能够鼓励学生进行批判性思维，他们不仅仅是在学习语言，还在通过角色扮演等方式，培养解决问题的能力和创造性思维。

（三）开展积极的绘本阅读活动

在小学英语绘本教学中，积极开展绘本阅读活动是至关重要的。这种教学方式不仅能够激发学生对英语学习的兴趣，而且能够有效地提高他们的语言技能。绘本以其丰富多彩的插图和生动有趣的故事情节，吸引小学生沉浸在一个又一个鲜活的故事世界中，从而在无形中增强他们对英语这门语言的感知和理解。通过绘本阅读，学生能够在轻松愉快的氛围中学习新词汇和语法结构，同时也能提高听说读写能力。绘本教学活动可以多种多样，比如教师可以组织学生进行角色扮演，让他们在阅读绘本的过程中扮演故事中的角色，这样不仅能提高学生的语言表达能力，还能增强他们的同理心和社交技能。此外，绘本中的图片为学生提供了丰富的视觉线索，帮助他们理解故事内容，尤其是对于那些英语水平较低的学生来说，这是一个很好的支持工具。教师还可以借助绘本来引导学生进行创造性思维训练，例如，让学生续写故事的结尾，或者是画出自己想象中的故事场景，这样的活动不仅能够锻炼学生的英语写作能力，还能激发他们的创造力和想象力。通过阅读来自不同文化背景的绘本，学生能够了解和欣赏不同的文化习俗和价值观，这对于培养他们适应全球化时代具有重要的意义。

综上所述，在小学英语绘本教学的探究过程中，教师需要精心选择适合学生年龄和语言水平的绘本，并结合多媒体工具，创造互动性和参与感强的学习环境。通过设定明确的阅读目标，教师能够引导学生有目的地进行阅读，更有效地吸收语言知识。此外，绘本教学还鼓励学生进行批判性思考和创造性表达，这对于培养学生的语言运用能力和综合素质具有重要意义。总之，小学英语绘本教学不仅是语言知识传授的工具，更是培养学生跨文化交际能力、思维能力和审美情感的重要途径。在日后的教学中，绘本教学应当与时俱进，不断探索和创新，以适应新时代教育的需求，为学生的全面发展奠定坚实的基础。

如何提升小学数学课堂效率

李 萍

随着"双减"政策的实施,如何利用课堂既减轻学生负担又提高教学质量成为广大教师探讨的重要课题。教师在教学活动中应通过有效措施启发学生数学思考,激发学生参与学习数学的兴趣,引导学生在教学情境中主动走进数学,主动探索数学,从而逐步形成数学核心素养。

一、营造和谐融洽的课堂氛围

教师通过数学课堂构建平等、和谐、融洽的氛围,让师生间充分交流,体现学生的主体地位,可以激发学生主动参与课堂的热情,形成课堂教学的良性互动。教师在课堂教学中,充分利用主体地位,与学生做好朋友,参与学生的学习过程,共同探讨问题,与学生建立深厚的感情,学生就会亲近、尊敬自己的师长,就会相信、学习师长所传授的知识和道理。教师应尽可能通过丰富的肢体动作和轻松、幽默的语言贯穿整个教学环节。学生在平等、和谐、融洽的氛围中,能够更轻松地理解数学知识,掌握数学技能,让学生喜欢上数学课,主动投入数学知识的探究之中。

二、激励自主探究,活跃课堂气氛

学生的学习是一个生动活泼的、主动的和富有个性的过程,教师在教学活动中应通过有效措施启发学生数学思考,激发学生参与学习数学的兴趣,引导学生在教学情境中主动走进数学,主动探索数学,从而逐步形成数学核心素养。比如,"梯形的面积"这节课,课前让学生分别准备两个完全一样的直角梯形、等腰梯形等,课堂上要求他们通过自己的方法将两个图形变成一个便于计算面积的平面图形,再去计算出面积。学生通过动手剪、摆、拼等活动,小组合作、讨论、归纳等方式,掌握了梯形的面积公式,并能解决简单的梯形面积问题。学生愉快参与探索过程，轻松掌握知识、技能，体验成功喜悦。通过这种方式，学生能够积极地参与知识的探索，从而使课堂的氛围更加生动、热烈。

三、有针对性地分层指导

同一个班级里，学生成长的家庭环境不一样、所受到的家庭教育也不一样，学生的个性、思维、知识能力、兴趣爱好等具有巨大差异，学习态度也不尽相同，导致其学习效果也就不相同。面对这些差异，如果完全按照统一方法授课，必然会造成一些学生跟不上，只有采取分层教学方式，对优生以"放"为主，"放"中有"扶"，旨在引导学生自主探索，让优生的综合学习能力得到更好的发展；对其余学生以"扶"为主，"扶"中有"放"，重在带领学生学习，让潜能生的学习过程轻松起来。当然在分层之前，教师必须对班级学生基本情况展开调查，了解各学生的学习特点。

四、坚持学用结合、学以致用

"学以致用"是教学的主要目的，解决生活中的数学问题是培养学生数学综合素养的重要途径。教师要对实践活动进行创新，培养学生根据自己已经掌握的知识技能解决一些生活中的具体问题。学生在参与这样的探究、解决问题过程中，形成对知识的理解、技能的掌握、情感的升华，以及解决问题方法灵活运用，学习效率得到很大提升，数学素养显著提高。例如，在学生学习了"长度单位"后，教师可以在保证秩序和安全的前提下，让学生自由测量，拿出事先准备好的尺子、绳子、卷尺等测量工具，分小组去测量黑板的长、门的高、花台的长乃至跑道的长、树干周长等，同时将自己的测量经历和相关数据进行汇报。

五、注重学生的情感需求

兴趣是最好的老师。要想学生全身心地投入学习数学的过程中，就必须激发学生的学习兴趣，从而发挥他们的潜在能力。教师应将游戏融入小学数学教学中，根据教学内容、学生年龄特点以及知识结构灵活选择有趣的游戏，让学生在轻松愉快的游戏中进行思考，提升学生学习数学的兴趣，也便于学生对知识的理解，帮助学生的思维得以提升。学生由被动学习变为主动接受新知识，也提高了解决数学问题的能力。

六、培养学生的自主学习能力

"双减"政策的核心之一就是减轻学生作业负担，既要提高学生兴趣，又要提升学生学习能力。"双减"政策下的数学应从实际出发，多层次、多角度、立体化地设计作业，提供给学生主动参与探索、主动获取知识、分析运用知识的机会。学生作业是在将知识学以致用，培养学生动口、动手、动脑能力。学生感觉这样的作业有趣、轻松，就会主动参与到学习之中。例如，教师可以布置一些"说"的作业，把今天课堂上的收获"说"给爸爸妈妈听；也可以布置一些"用"的作业，把学到的知识应用到生活中，去解决日常生活问题。

总之，要想提高小学数学教学效率，教师需要做到"心中有学生"，给学生一个生机蓬勃的课堂，给学生动手的机会、思考的空间、创新的余地，学生才会乐学、好学、自主地学、创造性地学，才是真正的"双减"课堂。

在"商的近似值"教学中培养学生的核心素养

王利华

"商的近似值"学习，可以培养学生解决生活中的实际问题的能力。在教学中，我通过现实中的习题练习，让学生不断探索数学问题，鼓励激发学生的学习兴趣，培养学生学习的能力。学生学习数学的能力会存在个体差异，要教会学生学习的能力，才能实现学生的数学创新意识的培养，才能真正把素质教育落到实处，从而培养学生的核心素养。

一、商的近似值出现的背景

小数除法的计算中，我们经常会遇到除不尽、商的小数位数比较多的情况。但是在实际生活或者遇到的问题中，并不总是需要求出很多位数的小数的商，往往只需要求出商的近似数就可以。商的近似数通常可以用四舍五入来取，还可以根据习题的实际需要，采用进一法、去尾法来确定。

二、商的近似值在生活中的应用

创设"购买羽毛球"的情境，题目：妈妈给小红买了一筒羽毛球。这筒羽毛球19.4元，一筒12个，每个大约多少钱？考虑到学生刚学小数除法，计算还不熟练，在教学时，我对教材进行处理，把此题改编成两个问题的教学。问题一是小数除法除得尽的情况，问题二是小数除法除不尽的情况。在问题一中把一筒羽毛球的价格由"19.4元"改为"19.86元"，主要目的有两个：一是复习小数除法，摸清楚学生的计算能力；二是让学生体会学习"商的近似数"的必要性。学生通过问题的对比，知道在解决小数除法的实际问题时，不管能不能除尽，只要在实际应用中，不需要这么多的小数位数，就需要求商的近似数。

只出示条件，不出示问题，让学生根据条件提出自己想要解决的问题。问题就是需要学生运用自己所学习到的知识去解决。学生结合已经有的知识经验解决这一问题，在解决问题中学生讨论的焦点落脚在"生活中能不能付1.655元"上。由于人民币的最小面值是分，精确到分，商最多是两位小数，不需要三位小数，学生充分体会到"商的近似值"在生活中的应用价值。

在思考"生活中不能付1.655元，如果让你去付钱，你会付多少钱""你有什么理由这样付钱"等问题时，学生畅所欲言，纷纷表达自己的想法。学生在自主计算的过程中发现小数除法的商除不尽，部分学生知道结合实际情况，取商的近似数，但是还不清楚保留小数的位数时应该计算到哪一位。教师适时提出问题："保留一位小数，精确到角，应该计算到哪一位，怎么求商的近似数？""保留两位小数，精确到分，应该计算到哪一位，怎么求出商的近似数？"为了让学生能从求每个羽毛球的价格问题中跳出来，教师接着提出问题："如果这题只是一道除法计算题，保留三位小数，计算到哪一位，怎么求商的近似数？"以此类推："保留四位小数呢？保留五位小数呢……"学生通过交流与思考，归纳出求商的近似数的一般方法。

我们要利用学生已有的生活经验，让学生把所学的数学知识应用到现实中去，以达到解决现实生活问题的目的。学习数学知识，是为了更好地去服务生活，应用于生活。我在设计练习时，设计了与生活相关的题目，使学生体会到"求商的近似值"在生活中的用处，解决问题的策略也就因真实的生活变得丰富多样，让学生增强学习数学的兴趣，思维得到拓展。

三、分层设计习题，让每个学生都获得发展

给出练习题，让学生判断用什么方法取近似值。我在课后作业中设计了不同层次不同类型的习题，例如："学校每套校服用布2.2米，100米布可以做多少套这样的衣服？""一本字典22元，100元最多可以买几本字典？"此题用去尾法。又例如："某工厂有一批27.2吨的货物，用一辆载重4吨的货车至少要几次运完？""红星幼儿园买100个蛋糕，每8个装一盒，至少要用多少个盒子？"此题用进一法。还有一些习题要用四舍五入法来做。不同层次的学生在练习中都可获得一定的数学学习经验，从而培养学生的模型思想、应用意识和创新意识。

四、在核心素养的指引下培养学生的知识运用能力

数学是充满乐趣的"学问"，课堂教学中，我们不仅要重视知识的传授，还要重视能力的培养。这就需要我们精心研究教材，挖掘教材的内涵，设计形式多样的教学环节，从不同的角度引导学生举一反三，寓教于乐，激发学生自主学习和积极探索的欲望。学生不仅要学会计算课本上的习题，还要会做生活中的习题，如求商的近似值就有四舍五入法、进一法、去尾法，要灵活运用，以达到知识与能力培养并重。

五、学科融合，培养学生的综合素养

数学教学还要注重相关学科的整合，培养和提高学生的综合能力。解题时，教师要注意引导学生通过对语言的分析理解明确获得了什么信息，要解决什么问题，从而弄清题义。这就需要靠语文的理解能力。如果语文学得不好，那理解起题义来就会很困难，有时候还可能理解错，因此，在教学解决问题时，就要注意培养学生的阅读理解能力。另外，数学教学还应和美术、体育、音乐等学科有机地整合，使数学的课堂教学呈现形式丰富多彩。这样我们的课堂教学就不再死板僵硬，而是充满乐趣，学生的思维就会开阔，兴趣就会浓厚，综合素质也会得到提升。

总之，重视实践能力的培养，提高学生的综合素质，这是时代赋予我们的重要使命。我们应利用好课堂教学这一平台将素质教育轰轰烈烈地开展下去，将学生素质的提高作为我们今后工作的重点，在形式多样的教学中发挥学生的主动性、积极性和创造性。

小学生自主学习能力培养策略

吴伦一

《义务教育数学课程标准（2022年版）》提出：有效的数学教学活动是学生和教师的有机统一，学生是学习的主体，教师是学生学习的组织者、引导者与合作者。学生的学习是一个生动活泼的、主动的和富有个性的过程，教师在教学活动中应通过有效措施启发学生思考，激发学生参与学习数学的兴趣，引导学生在教学情境中主动走进数学，主动探索数学，从而逐步形成数学核心素养。当前"双减"背景下，在减轻学生课业负担的同时，还要保障优质的教学质量，这就要求教师准确有效地利用课堂教学时间，激发学生的思维，让学生学会自我学习。

一、创——创设情境，激发学生主动探索

如"平行四边形面积计算"这单元内容，学生根据自身的生活经验，对平行四边形有了初步的认识，如果教师还是只关注平行四边形面积公式，学生定会觉得很枯燥，提不起兴趣。因此，在教学时，教师可以先请学生随意准备一个平行四边形，课堂上让学生用平行四边形剪一剪、拼一拼，拼成一个学过的图形。如此一来，学生的兴趣很高，积极性也很高。使学生在愉悦的操作活动中掌握公式并能运用公式解决简单的生活问题，既发展了学生的思维，又让学生主动投入学习中。

二、引——联系生活实际，引导学生从生活经验出发主动参与学习

在学生眼里，数学是抽象的、枯燥的，而生活却是丰富多彩、充满情趣的。课堂中联系生活实际开展教学，引用一些生动的、有趣的、身边的、现实的生活情境，从学生平时感觉得到的事物入手，把生活中的数学具体事例

展现在数学课堂中，可以使学生感受到的数学不再是抽象的、枯燥的，而是富有情趣、极具创新和活力的，从而引发学生的探究欲望。

在教学"长方体、正方体的表面积"时，教师可以在课前让学生在家里搜集一些关于长方体、正方体的素材，对其中感兴趣的数学问题进行研究，然后在课堂上汇报探究结果。通过研究生活中的长方体、正方体，每个学生积极参与，得出长方体、正方体的表面积计算公式，同时还发现一些长方体、正方体的表面积是不完整的。显然，这些与生活相关的活动的意义已经远远超出了原先的预设结果。学生们的脸上都会洋溢着成功的喜悦，感觉数学就在我们身边，学到的数学知识也是有用的。

三、激——巧用激励手段，培养学生自信心

小学数学教学不只是传授知识，也是学生个人能力、个人素养与品质培养的过程。教师要充分利用课堂对学生的学习信心加以培养，让学生相信自己能行、肯定自己的价值，并逐步超越自我。创设情境让学生满怀激情地投入数学问题的探究当中，从而进一步达到掌握知识、提升能力、升华情感的效果。这样，不仅会让学生学习数学的自信心得到提升，数学学习效果得到提升，还会更深远地影响到学生终身学习和日常生活。学生将满怀热情地投入学习和生活中，以乐观、向上的心态面对每一次成功、应对所有失败、迎接未知挑战、对待每一次成长。

例如，本班有一个学生，在语文课表达能力非常好，回答问题也非常不错，但数学课就是不敢参与。通过分析和了解，我发现他就是因为有几次回答的问题错误被同学嘲笑，让他的自尊心受到了伤害。为此，我从培养学生的自尊心入手，告诉他没有失败哪有成功，任何人都会犯错，犯错不可怕，可怕的是我们不敢去面对。通过长期的培养，这一学生变得敢于参加课堂学习，而且成绩非常不错。

四、夸——评价驱动，催发竞争意识

每一个孩子都非常在乎自己在老师心中的印象，所以夸奖成了我鼓励学生参与课堂学习的重要手段。在教学过程中，我常常对每一个书写较好的孩子说"你真棒""你真了不起""你的思路非常好"；对存在一些问题的孩子，常对他们说"虽然写得有点问题，但经过你的努力已经有非常大的进步了"。

通过长期的坚持，我班超过 90% 的孩子都能积极参与课堂学习。

五、赋——赋予学生"学"的技巧，培养学生的创新能力

赋予学生学的技巧，是交给学生打开知识大门的钥匙。学生掌握了学习的方法，才算真正把握住学习的主动权。学生在学习兴趣的驱动下主动地参与学习，将会事半功倍。学生在自主探索问题、思考问题与解决问题过程中，培养了创新意识，提升了创新能力。所以，数学课堂教学要灵活运用教材和教学方法，充分结合学生的年龄特点和认知特点，在预习、质疑、解惑等具体活动中留给学生充足的探索空间。

比如在教学复习课时教师应教给学生数学复习的方法：结合教材上的例题，回忆课堂上探索知识的过程，弄清这节课学到了什么，哪些是理解掌握了的，有没有一知半解和不理解的地方；对课堂已经理解掌握的知识进行强化记忆，对记得不完整或不准确的笔记加以完善和纠正，使之更加系统、完整；对课堂中不理解、不会的知识点，通过网络、工具书或参考书查阅，也可求助老师、家长或同学，力求弄懂弄通，不留知识死角。

学生学习数学的兴趣提高后，能积极主动地参与课堂学习，学习成绩就会得到提升。通过教师精心设计的课堂学习，学生不再认为数学仅仅是枯燥乏味、了无生趣的数字、符号，而是充满了无限奥秘与魅力；并通过搜索、阅读、交流，拓宽了自己的视野，从而对数学学习产生了浓厚的兴趣，数学成绩大幅提高。

"双减"背景下小学数学作业设计策略

吴 彪

随着当前社会的发展，人们对教育工作越发重视，特别是在新时期教育体系改革优化的背景下，减负增效逐渐成为当前教育工作的全新方向。我国在基础教育领域制定了"双减"政策，希望能够有效减轻学生的课业压力，同时还能提高课堂教学质量及效率。为此，广大小学数学教师需要及时转变传统的教学思维，注重学生学习能力的培养，数学教师应当积极合理设计数学作业，在减轻学生课业压力的同时，提升数学教学效果。

一、设计层次性作业

小学数学教师需要全面根据数学知识点的难度和知识深浅情况，结合小学生自身数学学习水平设计数学作业，确保作业设计能够展现出一定的梯度性和层次性，从而使不同能力阶段的学生均可以在作业实践的过程中获得能力的提升，促进小学生数学学习自信心形成。教师应注重作业设计的层次性，关注学生有效作业的过程，培养学生有效作业的习惯及效率，发挥作业真正的价值。

例如，在三年级下册"长方形和正方形的面积"的单元教学过程中，教师可以根据每名小学生自身知识基础水平以及学习方面存在的差异性，为学生分层设计数学作业。对于数学学习能力较弱的学生，教师可以为其设计一些简单基础的作业内容，比如要求学生利用纸张的裁剪，测量出长方形或者正方形的面积。而对于学习能力较为优异的学生，教师不仅需要使其完成上述较为基础性的作业，更需要对问题的内容进行扩展与延伸，如在求出正方形面积的基础上，放置若干个相同大小的长方形，计算最多能放多少。利用这种问题的延伸，使学习优异的学生更能激发自身学习的潜力。

二、设计实践性作业

数学教师还可以为小学生设计一些实践性较强的数学作业。实践性作业需要学生全身心投入其中，不仅能够避免以往"题海战术"式的作业布置误区，还能减轻学生的数学学习压力，降低学生的学习负担，并且在学生实践的过程中，加深对数学知识的理解和掌握，感知数学学科本质特点，以此提高学生的知识实践能力。设计实践性作业时，教师应注重以启发性问题为导向，尤其应预设探究过程中可能会出现的新问题，设计促进学生继续深入研究的问题，或对新知识进行补充。在评价环节中，教师要给足学生表达的机会，鼓励学生进行自评和互评。

例如，在四年级上册"六条形统计图"的单元教学过程中，数学教师就可以为学生设计实践化作业，要求学生利用课余时间，对相关的数据资料进行统计，并以条形统计图的方式进行汇总。实践的主题可以为"调查学校男女数量占比""调查学校戴眼镜与不戴眼镜学生的数量占比""调查学校学生们到校的通勤方式"等。这种实践化的作业设计与传统数学作业存在较大的差异，而小学生往往会对这种实践性作业具有较强的兴趣，更为重要的是，基于"双减"政策的要求，实践化作业能够增强学生的数学学习意识及实践能力，有效展现出数学作业的设计价值。

三、设计趣味性作业

开展小学数学作业设计更需要注重作业内容的趣味性，以此增强学生数学作业实践的热情，使学生认识到学习数学知识并不是一件枯燥乏味的事情。

例如，在五年级上册"图形的平移、旋转与对称"的单元教学过程中，数学教师可以为小学生设计一些趣味性的作业内容，比如要求学生回家以后寻找家中的几件常用物品，并拍下照片，找到这些物品的对称轴，并在第二天向其他同学进行展示。这种趣味化的数学作业能够有效吸引小学生的注意力，有效激发学生数学作业实践热情。

简要而言，小学数学作业布置的根本作用便是增强学生的数学学习能力，巩固学生课堂知识所学，为此数学教师应当注重对作业内容和方式的优化，避免机械性、重复性较高的作业内容，增强数学作业的实践性及趣味性，使学生在多元化的作业内容中实现自身数学能力的提升。

班级事务网格化管理实践与初探

王晓莉

随着社会发展，科学技术日新月异，培养工业革命时代所需要"标件型"人才已不符合信息时代对教育的要求，更不符合现代社会对人才的需求。尤其是经济全球化的推进，各国间的交流更加频繁开放，竞争也日趋激烈，这就要求教育培养具备自主发展能力的新型人才。

作为一名教育工作者，我能为教育做些什么呢？如何在自己的教育教学过程中培养具备自主发展能力的新型人才？如何唤醒学生自主发展的潜能？这几个问题时不时在我的脑海中浮现。我从学校安全网格化管理中得到启发，又联想到教育家魏书生早在很多年前就提出的"人人有事做，事事有人做"，最简单有效的方法是让每个学生都有事干。我开始计划在自己所带的班级开展班级事务网格化管理，经过一年多的实践与探索，效果不错。就此谈我的一些看法和做法，陋文浅知，旨在抛砖引玉。

一、培养好班干部是实施班级事务网格化管理的基础

班级事务网格化管理是以班为单位，学生进行自我教育的一种有效的管理方式。条件不同、性格各异的几十名学生组织起来，要组成一个坚强、向上的班集体，必须有一个坚强的核心。这个核心就是一批得力的班干部，没有这个核心，班级只能是一盘散沙，班级事务网格化管理也无法开展起来，班主任会陷入琐事和烦恼之中。

如何选拔、培养班干部呢？第一，班主任要制定班干部的标准和培养目标，如品行端正、关心集体、有号召力、有独立思考能力和主动奉献精神等。第二，培养班干部要从"扶着走"到"放手走"，从理论指导到实践指导相结合。第三，引导班干部要注重作风、要有班干部的样子、要有服务意识、要处理好同学关系、要与班主任的班级管理理念保持高度一致。第四，班主任要注重情感投入，心动才有行动，与班干部架起感情的桥梁，建立和

谐的师生关系，肯定班干部工作，尊重他们的意见。第五，班主任要有意识帮助树立班干部威信，支持班干部开展工作。

二、顶层设计是实施班级事务网格化管理的条件

有了这个想法，我开始查找资料，阅读相关书籍。《郭洪与自主教育》、郑学志《做一个会偷懒的班主任》让我思路打开：班级网格化管理可激发学生主动参与的潜能，让学生成为班级的主人，从"个化"走向"内化"，从"老师言教说教"到"学生自我教育"，这符合亚伯拉罕·马斯洛提出的人类五层次的需要，于是我从四个方面着手。

一是从学生自身开始，我设计了《学生成长管理日志》，实际上就是让学生通过成长管理日志，以目标为引领，以规划和管理为主要途径，以自我认识、自我规划、自我管理、自我评估四部分为主要载体，指导学生开展自我规划与管理，实现高效学习、主动成长、健康成长、有效成长。

二是班级事务网格化管理课程化、条块化、区域化和岗位化。所谓课程化，就是根据本班学生人数设置班级自主管理委员会和若干其他岗位，对每个岗位职责都有明确的要求和操作流程，然后张贴在墙上，让学生充分讨论、酝酿，提出教师还没有想到的问题、还可以设置哪些岗位。岗位确定后进行岗前培训，教师做示范让学生学习。条块化就是根据班级事务和自主管理委员会职责划分，让每位班干部联系对应岗位学生并督促其开展工作。区域化就是根据学生活动的空间分区域进行设置岗位监督管理。岗位化就是让每个学生每天按岗位要求和操作流程落实工作。

三是竞争上岗，许多学生从被管者变为管理者，积极性特别高，找到在班级的存在感。

四是每学期可以进行一次岗位交换，让学生学会换位思考，体会各岗位执行过程中的难处，以达到相互的理解与包容，逐渐形成班级"向心力"。

三、班级公约是实施班级事务网格化管理的关键

班级公约是一种双向的约定，不仅要求学生遵守各项班级规定，同时也要求班主任、科任教师也要遵守相关制度。班级公约是学生需要遵守的行为准则，须具有简明扼要、条理清晰、易于操作等特点，便于学生记忆、消化、落实。所以要求班干部（自主管理委员会）成员，在征求学生意见的基

础上，拟定公约。公约也要制定量化考核标准，以分数的形式对每位同学量化考核，经过全体同学举手表决后执行。

四、执行力是实施班级事务网格化管理的保障

执行力是一种能力，更是一种态度。小学生初次接手一项工作，可能会认为我说了同学们就要听，事实上，他发现他说了同学们没当回事，可能就会感到挫败。所以，教师除给他支持外，还要利用班队会课反复给学生强调为什么要开展班级事务网格化管理，它的好处是什么，它培养了学生的哪些能力，它对学生上了中学后有哪些帮助。同时教师不当旁观者，要指导他如何开展工作，教会他在落实岗位职责的过程中遇到问题时用哪种方式与同学们沟通，才能让他人容易接受你的观点。在班上树立大家都要遵守班级公约，同学们相互督促、相互促进的意识，树立同学监督我就是帮助我、同学的成长需要我的帮助等思想，以达到提升每位同学执行力的目的。

五、奖励是实施班级事务网格化管理的兴奋剂

为了提高学生的积极性，每周要开好总结表彰会，对在班级事务网格化管理过程中，在自己岗位上工作积极、表现优秀的学生进行表彰，可以是奖状，也可以奖励小礼品。以奖励来促进学生的积极性、主动性，让学生保持一定的激情，通过反复的奖励，让他们形成一种好的习惯，我们的教育目的也就达到了。

"教是为了不教"，班级事务网格化管理强调的是每一学生的充分发展，唤醒学生的主体意识，激发学生创新能力，提高学生自律性，促进学生主体性人格的完善。

小学语文"随课微写"设计策略

——以"火烧云"教学为例

董帅缨

  习作教学,是中国语文教育的"半壁江山"。十年的教学经验告诉我:作文,是学生真情实感的流露,是观察生活所得,是阅读积累的综合运用。习作教学要根据学生的生活实际进行教学设计,使学生易于动笔、乐于表达。那么在教学中,应该充分调动他们的积极性,鼓励他们勤动笔、常动笔,并且能够融入写作方法的思考,在每次实践中体会到写作所带来的快乐。

  叶圣陶先生曾说:"语文教材无非是例子,凭这个例子使学生能够举一反三,练成阅读和作文的熟练技能。"这句话给了我很大的启发,我明确了研究的方向,那就是怎样以教材为抓手,落实阅读教学与习作教学相结合的教学目标,并确定了研究重点,即结合语文要素,有效精准选取切入点,设计"随课微写"教学策略,让学生在具体的阅读教学中,高效发散思维,提高语言运用能力。

一、文本对比助训练

  教材中,那些文质兼美的文章,在写作思维、写作手法、写作技巧上,都值得我们进行深入挖掘,形成微写的训练点。针对那些有特色的描写片段,教师采取对比式教学,深入赏析,学生印象会更深。

  以语文三年级下册"火烧云"一课为例,让学生初步了解作者眼里火烧云的美,教师可以进行对比教学,把词典里对火烧云的解释与《呼兰河传》里萧红对火烧云的描写进行对比。《现代汉语词典》(第7版)里对火烧云的解释是:"日出或日落时出现的红霞";而作者萧红笔下对火烧云是这样描写的:"天上的云从西边一直烧到东边,红彤彤的,好像是天空着了火。"一步一步引导学生赏析，是不是天边的云真的着火了，真的烧起来了，作者为什么这样写？学生不难发现，这样写火烧云更美、更形象，天边的火烧云一下子更有画面感、鲜活感，火烧云"活"了。不是词典里的解释不好，而是让学生明白我们写作应更具文学性，描写的景物应更形象生动，用文学的眼睛，用想象的眼睛，看到最美的事物，用最美妙的文字写出有生命、有感情的文章。

在感受火烧云的形状美时，也可采取对比式教学。一位学生是这样描写的："这地方的火烧云变化极多，一会儿像马，一会儿像狗，一会儿像狮子……好看极了！"教师可以让其他学生评价写得如何，再来看课文是怎样描述的，与作者的描写作对比，提出思考：作者是怎么把火烧云形状的变化一步一步写清楚的？教学时，把关键的语句标示出来，学生就能体会到作者是如何把马、狗、大狮子怎么出现的，接下来是怎么变的，最后是怎么没的这一过程写清楚。紧接着让学生试试身手：如果天空出现一头牛，你来把它的变化过程写清楚。注意，这时候学生大多不知如何下手，那么我们一定要让学生易于动笔，降低训练难度，搭架子进行仿写，"一会儿天空出现了一头牛，（   ）。过了两三秒钟，（   ）。看的人正在寻找（   ），（   ）变模糊了。"

这里我们还可以设计小练笔，展示火烧云的图片，让学生发挥想象，写变化，可以是动物，像乌龟、孔雀……还可以是其他事物。

针对学生平时写作时缺乏想象，写不出事物变化过程，抓不住事物特点等问题，在阅读课上把习作教学融入进去，就可以让学生最大限度上克服困难，有话可写。

二、文体丰富表情感

文体不同，随课微写设计训练点就不同。儿童是天生的诗人，三年级下册课文"童年的水墨画"是一首儿童现代诗，写的是童年趣事，贴近儿童生活。课上让学生反复诵读，读出节奏和韵味，品出现代诗的特点和情感。教师在设计随课微写时，可以放手让学生做小诗人，仿照课文写写自己的童年生活，引导学生从读到写，以写促读，读写结合。课文由"溪边""江上""林中"三小节组成，在学生进行微写之前，可提供几个小标题供学生选择，比如"雪中""海边""山涧""操场""街头""树下""花前"等，学生眼前有了画面，仿写兴趣就浓了，还可能带给我们意想不到的惊喜。

童话，每个儿童都爱读，创编童话，对于儿童来说既新鲜又困难，可以让他们插上想象的翅膀，天马行空，充分感受童话中的人物形象和故事情节。我们可设计"三部曲"，逐步提升难度，即仿写童话、改编童话、创编童话。教材上所有的童话故事都可进行仿写，改编童话要有一定的变化性和趣味性，故事中的人物、情节或结局可与原来的故事不一样。可改编教材里的童话故事，如《我要的是葫芦》《寒号鸟》《在牛肚子里旅行》《卖火柴的小女孩》等，也可改编课外读过的童话故事。创编童话时要有想象力和创造力，教师不要拔高要求，重在让学生体验写童话故事的乐趣。学生不会写童话故事，或者有畏难情绪的话，可以按照"三部曲"来练习。"双减"背景下，教师应该分层教育，对于语文基础不太好的那部分学生来说，写作是十分困难的一件事，那么让他们对课文上的童话故事进行仿写即可。

三、写作手法提能力

（一）间接描写，不同寻常

"火烧云"一课中，作者通过描写火烧云的颜色和形状变化多而快，来表现火烧云的美。作者还写了火烧云的一个方面，学生一般不容易想到，那就是霞光。作者眼光独到、独具匠心，写火烧云的颜色和形状都是直接描写，而写霞光是通过描写地面上一些事物的变化，这就是间接描写。这也可作为一个切入点，设计这样的微写练习，以"炎炎夏日，烈日当空"为开头，不直接写太阳辣、天气热，而是要用事物来表现天气的炎热。不需要太多概念的描述，设计真实的情景，在具体的实践活动中锻炼学生的写作能力。

（二）动静结合，相映成趣

《大青树下的小学》这篇课文描写了民族小学的孩子们幸福的学习生活，在写那些孩子们上课和下课时，就采用了动静结合的手法写出了画面感，仿佛一个个场景就在眼前。教师可以结合学生真实的校园生活，设计随课微写：你的学校是什么样子的？同学们在校园里做些什么？选择一两个场景写写。有了写作手法的指导，就可以达到事半功倍的效果。

（三）"融情于事"，趣味横生

课文《剃头大师》《肥皂泡》都是通过写童年趣事，表达作者想念天真烂漫的童年时光，想念陪伴作者童年的人。学生在读课文的时候很容易联想起自己的童年往事，父母、老师、同学、兄弟姐妹、朋友给予了自己很多感动和爱，也发生过难忘的事。但在习作中他们往往视而不见，不是他们没有生活体验，而是没有被唤醒。那么，我们要打开尘封的记忆，让学生通过学习"融情于事"的写作手法，写一件有趣的、感人的小事，言之有情，言之有趣，言之有悟。

在语文教学中，阅读与表达相辅相成。所以，我们不能仅仅局限于阅读教学或者习作教学，单线地提高学生的阅读理解能力，或者表达能力，而是应该把两者结合起来，以教材为抓手，思考在阅读教学的同时开辟习作教学新路径。以读促写，让习作教学与阅读教学互相渗透，指导学生从阅读中习得写作方法，激发写作兴趣，搭建起学生写作的"支架"，在一次次实践中有所收获，实现一课一得。在学习课文的同时，有针对性地进行微写作，片段式小练笔，这样的随课微写，会让学生的习作能力大大提高，达到事半功倍的效果。

2022年版语文课标在课程性质中描述："语文课程应引导学生热爱国家通用语言文字，在语文真实的语言运用情境中，通过积极的语言实践，积累语言经验，体会语言文字的特点和运用规律，培养语言文字运用能力。"随课微写，根植于课文，从阅读出发，发散学生思维，落实语言运用。作文教学并非一朝一夕的事，需要长期研究探索，不断创新。

让量感在小学数学课堂中落地生根

吴南明

在教育理念不断更新的同时，教师的教学方式也有了明显的变化。如今，教师不再局限于简单地向学生传递数学知识，更加注重培育学生的数学核心素养和实际应用能力。作为数学教学中的一个重要概念，量感对于学生理解数量关系和解决实际问题具有重要意义。因此，在教学过程中，教师需要找准量感的生长起点，借助直观模型选择适当的标准来突破量感培养的难点，从而使其真正落地生根。

一、聚焦教材：量感培养的准确定位

（一）领会教材编排的系统性，延伸宽度

数学教材的编排是按照由浅入深、循序渐进的方式设计的，旨在使学生的学习过程呈现螺旋式提升。在整个小学阶段，计量单位的学习穿插其中，这就意味着量感的培育是一个渐进的过程。如西南大学版数学教材中关于长度单位、面积单位、体积单位等知识，学生在尝试进行测量时，会遇到认知上的矛盾，从而意识到度量单位一致性的重要性。

（二）明确前后知识的关联性，增加厚度

每类计量单位都有其独特性，但它们之间也存在一定的联系。学生掌握不同类型计量单位之间的联系和区别，有助于明确各个计量单位的使用范围，进而有效地培养其对量的感知能力，以增强对量感的理解。举例来说，每类计量单位的属性不同：长度、面积和体积可以通过直接观察得到；质量需要通过实际操作获得体验感；而时间是抽象的概念，无法看见，也难以触及，需要学生内化、感知、理解。

（三）感悟计量单位的一致性，拓展深度

每类计量单位都有基本计量单位和衍生计量单位，基本计量单位可以作为起始课，在探索基本计量单位的教学过程中，可以从学生已有的经验出发，再利用测量工具来进行定量刻画，进而将这种定量描述与个人的感官体验相融合，最终深刻理解基础计量单位。当涉及衍生计量单位的教学时，通过活动让学生首先认识到现有计量单位的不足，然后体验新的计量单位，建立新旧联系，在丰富的活动中建模，最后形成计量单位的表象。

二、扎根课堂：量感生长的实施策略

（一）创设情境，找准立足点

教师可以在数学课中创设生活情境，通过实际情境来培养学生的量感。例如，教学"升和毫升"单元内容时，由于学生在日常生活中经常接触到以毫升为单位的容器和物品，我们可以依托他们的日常生活经验，创设生活情境来激发他们对容量的直观感受。首先确立 1 毫升的度量概念，然后再引导学生理解 1 升作为一个标准度量单位的含义。这样可以帮助学生积累关于标准度量单位的直观感受，进而促进学生对容量、度量感觉的发展。

（二）多种素材，找准支撑点

在当前的小学数学教材中，为了帮助学生更好地理解概念，常常也会列举一些实际的例子，但是这些例子有些在学生的认知范围内，而有些却超出了学生的认知范围，脱离了学生的实际生活，因此，学生很难获得真实的感受。针对这种情况，在教学活动中，教师应积极引入学生耳熟能详的各类教学素材，尤其是标准度量模型，以此激发学生利用他们已有的知识经验，更深入地理解并真切感受计量单位的内在意义。以"体积与体积单位"这一课程的教学为例，学生在掌握了标准的体积计量单位以后，教师指导学生去搜寻和观察身边熟悉的物品，借此亲身体验这些体积单位，将理论知识与实践应用相结合，从而深化对体积单位概念的领悟。

（三）丰富体验，找准落脚点

动手实践是形成量感的重要方式，通过量感活动可以将抽象的数学知识

转化为具体的数学活动,在"做"的过程中得到培养,在"思考"的过程中得到沉淀。例如在学习质量单位的时候搭建场景支撑学生对于1千克与1克物品的直观感知尤为重要,必须让学生自己去体会物品的轻重。反复地掂、估、比、称,使学生对质量单位有了真正的认识和感悟,积累了量感经验。

(四)落实估测,找准生长点

落实估测环节,让学生在实际问题中运用量感进行估算,培养他们的实际应用能力。例如教学二年级"认识米"单元内容,教师可以用胶带把10个10厘米直尺拼在一起制作米尺,再通过米尺直观感知1米的实际长度,接着用"心中的1米"去估计教室物体的长度,最后用米尺去验证自己的估计,帮助学生建立累计长度的观念,使学生在体验活动中精准地感知并发展自己的量感能力。

(五)思辨内化,找准提升点

有些计量单位是学生无法通过体验来直观感知的,需要通过合情推理的方式,建立和强化印象。例如,教学"千克的认识"单元内容时,教师可以通过称重的活动先让学生们观察两袋盐的总重量为1千克,再思考1千克与1000克之间有什么关系。细心的学生会发现每袋盐上都标记了500克,进而促使学生自行推导出"1千克等于1000克"。通过这个过程,学生掌握了质量单位的实际运用,加深了对量感的理解和应用能力。

综上所述,量感作为数学教学中的一个核心概念,对于学生理解数量关系和解决实际问题具有重要意义。教师要让量感落地生根,可以采取多种策略。一是创设生活情境,找准立足点。二是提供丰富的素材,找准支撑点。三是丰富学生的体验,找准落脚点。四是落实估测,找准生长点。五是引导学生进行思辨,让他们能够深入思考和理解量感的本质,从而达到内化的目标。教师在实施这些教学策略的同时,也需要注意学生的个性差异和认知程度。因材施教,才能真正实现量感在数学课堂中落地生根。

基于团队合作小学低段识字教学的策略

李 红

众所周知,识字是阅读和写作的基础,是低年级教学的一个重点。识字的多少、快慢,特别是阅读开始的早晚和阅读能力的强弱,直接影响到读和写。可长期以来,小学低年级识字教学一直存在着高耗低效的现象。语文新课标指出:"学生是语文学习的主人,语文教学应激发学生的学习兴趣,注重培养学生自主学习的意识和习惯。"那么如何落实学生的主体地位,激发学生的学习兴趣,培养学生自主学习的意识和习惯呢?我认为应让小学低年级识字教学灵活多变,注重培养学生的识字能力,提高他们的语文水平。

一、营造浓厚的语文学习氛围

浓厚的语文学习氛围对学生的识字能力是至关重要的。小学低年级的学生大多刚刚接触到汉字,他们对于字词的认知能力还比较差。因此,我们应该创造一个浸润在语言文字中的环境,使学生能够通过接触和感知字词来提高他们的识字能力。

(1)通过布置教室文化来营造浓厚的语文氛围。例如,在教室的墙壁上张贴一些与课本内容相关的图片,悬挂一些能够吸引学生注意力的幼儿字卡,以及展示一些学生自己写的作品等。这样的环境能够激发学生对语文的兴趣和学习的积极性。

(2)通过设置语文角来加深学生对字词的认知和理解。在语文角,可以放置一些字卡、词卡和句子卡,供学生自由选择和组织。学生可以在这里进行自主学习、交流和合作,通过自己的实际操作来巩固和提高识字能力。

(3)通过识字游戏和活动来培养学生的兴趣和参与度。例如,我们可以组织学生进行字词接龙、字母找字,或者是布置一些与课本内容相关的任务,让学生通过游戏或活动的方式来识字和记忆。

二、注重理解与应用

在小学低年级的语文识字教学中,我们要注重培养学生对字词的理解和运用能力。只有理解了字词的意义和用法,学生才能够正确并流利地运用所学的知识。

(1) 通过注重语言的解释和解读来提高学生对字词的理解。在给学生介绍新的字词时,不仅仅告诉他们字的形状、拼音和声调,还要详细地解释字词的内涵和外延。例如,教学生掌握"日"字,可以告诉他们"日"字是太阳的象形,表示光亮、希望和温暖等含义。通过这样的解释,学生能够更好地把握字词的意思和用法。

(2) 通过字词的解读和仿写来提高学生的识字能力。在教学过程中,可以示范性地给学生提供一些句子或段落,引导他们根据已学的字词进行解读和仿写。通过这样的练习,学生能够加深对字词的理解和运用,并提高他们的表达能力。

三、灵活多样的教学方法

小学低年级的学生接触到的汉字和词语比较简单,而且他们的注意力和记忆力有限。因此,在教学中我们要采用灵活多样的教学方法,使学生能够在开放的环境中主动探索,充分发挥他们的积极性和创造性。

(1) 采用启发式教学方法,引导学生独立发现和解决问题。例如,可以给学生布置一些与课本内容相关的任务或问题,让他们自己去研究和解决。通过这样的学习,学生能够提高自己的思维能力和解决问题的能力,同时也能够增加对字词的记忆和理解。

(2) 采用情感教育的方法,通过与学生的互动和交流来培养他们对语文的兴趣和热爱。例如,在讲解字词的过程中,可以引入一些趣味小故事、动画片或歌曲,让学生在轻松愉快的氛围中学习和记忆字词。通过这样的教学方式,学生能够提高对语文的兴趣和情感投入,进而提高他们的学习效果。

(3) 注重启发性问题的设置和教学资源的开发。例如,可以通过给学生设计一些识字练习,培养他们对字的观察和发现能力;或者通过给学生配发一些与课本内容相关的课外读物,激发学生的阅读兴趣,提升其阅读能力。通过这样的教学方法,学生能够自主学习和探索,提高自己的识字能力。

四、"二对一"的小老师团队

识字毕竟是枯燥乏味的,何况还得长期坚持。小孩子玩性大,老师的精力有限,确实难以招架。那给他们找个小老师吧。可小老师的人选却让人犯愁,开学之初我曾尝试过这种方法,但最后却不了了之。原因在于徒弟不好学,太"笨"了,小老师的耐心耗尽,最后都跑到我的面前诉苦:老师他不专心,他太笨了。我除了耐心地劝告以外,没有任何的办法。这次尝试最终不了了之。临近期末我又想到了这个方法,并对策略进行了调整。

上一次采取的是一对一的辅导,效果非常不好。这一次在人数上必须有所变动。一对一容易让孩子们产生抵触的心理,双方都不换人容易产生审美疲劳,因而这一次我决定采用二对一,人数上确定后再想一想人员组合。虽然我们是为了辅导差生,但不能浪费其他人员的宝贵时间,他们都得从中有所收获。因而人员安排上必须下一番功夫,两个优生辅导一个差生,太浪费资源,而且对优等生没有任何的帮助,书上的字、词、课文、句子等,优等生早就滚瓜烂熟了,这不能提高他们的成绩。因此我决定采用一个优等生一名中等生一名差生的团队模式。

为什么要选择这个模式呢?优等生在辅导中不能提高自己,但他能潜移默化地去影响其他的孩子。中等生虽然在名义上是一位老师,但实际上却是受益最大的人,他们可能某个字、某个句子还不熟悉,这个时候为了教好自己的徒弟,他们无形之中就要认真地记住很多不太熟悉的字,最终达到全部过关,这是目的。

两位小老师同时去辅导,首先小老师不会厌烦,"饭都要抢着吃才香"。徒弟在他们的夹击中不得不学,特别是相对于那些比较懒散的同学,他们的自律力相对来说比较薄弱,这时如果给他一个监督,他可能就能集中注意力了,效果将更佳。

如何吸引小老师主动带徒弟?

第一,组间竞争。每个团队中都有一个成绩优异的孩子,他们的胜负欲特别强,因此要恰当利用这一心理展开团队间的竞争。"最优秀小组"期末评选,同时每周我都会评选出"最负责任的组长",他们看见每周都有奖项,自然就会互相比赛,积极性高涨。

第二,个别鼓励。在前进的道路上,谁都有耐心磨尽的那一刻,这时组内也要竞争,由徒弟评出谁教得好谁教得不够好,特别奖励教得好的小老师。

五、课外阅读持续巩固

书上的内容已经基本过关后，我的心思又花在了如何从课外阅读中汲取营养去巩固孩子们的识字量。

首先要选择好课外阅读的书本。一年级的时候我给孩子们推荐了一本《三字童谣》。这本书比较浅显易懂，孩子们从一个个生动而有趣的儿歌中吸收知识。

其次要给他们指明阅读方向。在每一首小儿歌旁边都会有一些字需要他们去认识。这个时候我就会鼓励孩子们把儿歌读顺畅，然后根据定位识字的方法去把旁边的生字认识一下，打乱顺序，每隔一段时间，我们就去复习，那么孩子通过不断地认读，慢慢地识字量就上来了。

当发现《三字童谣》上面的生字已经满足不了优生的胃口时，我会给他们不同的书单，让他们在更多的书目里去汲取营养。这样也就不会造成优生无事可干，觉得读书非常轻松。通过一学年的努力，我们班的孩子的识字量已经超出了同龄的孩子，并且已经学会了自主阅读。

总之，识字学习是低段小学生探索语文世界的第一课，识字教学是教师引领学生学习语文的开端。教师应结合实际，不断创新和发掘识字教学方式，丰富识字教学内容与形式，增强教学效果。学生掌握了方法，就会乐学善学。教师只要以学生为主体，启发引领，鼓励学生去探索品尝识字果实的甘甜，识字课堂何尝不是孩子们心中的乐园？

浅谈小学生数学思维的培养

李 玲

数学思维是一项重要特质，小学阶段是最好的培养阶段。传统的数学教育模式比较注重记忆和技巧，而忽视了对学生数学思维的培养，这样的教学方式难以培养小学生形成创新精神，反而容易让他们对数学产生厌倦，失去探索数学的乐趣。因此，我们需要在数学教学和生活中，积极探索新型的教育方式，通过学校和家庭双方的努力，让孩子们以游戏互动、实验实践等方式，在解决问题的过程中体验数学的魅力，进一步激发学生的好奇心和求知欲，从而在小学阶段形成较为初步的数学思维，为今后的学习奠定基础。

一、小学是培养数学思维的重要起点

小学是孩子们学习的起点，更是培育数学思维的重要时间节点，从小形成的数学思维能够为将来各个阶段学习打下坚实基础。小学数学的教学内容，具有基础性、生活性、实践性，兼具抽象性和形象性两种特质。一方面能够帮助小学生发现数学与生活的密切联系，感受数学学习的意义与价值；另一方面培养学生形成良好的思维能力和解决问题能力，将数学知识作为解决实际问题的工具。数学思维注重逻辑推理和证明，鼓励求异、创新，通过培养这种思维方式，可以有效提高孩子们的逻辑思维能力和创新能力，为学生将来的发展助力。

二、在小学阶段学生养成数学思维面临的诸多问题

由于小学生年龄较小，认识和理解事物还不够全面，通过自主学习而形成数学思维难度很大。一是抽象思维尚未成熟。孩子在不同年龄段，对数学是有不同感知的，学习也是循序渐进的，小学生对事物的认知感知能力不足，特别体现在对数学的学习上。二是理解能力不足。对于刚刚开始学习之

旅的小学生来说，他们的理解能力还在发育中，很难理解数字、图形所代表的具体意义。三是主动学习的能力尚未形成。在小学阶段，兴趣是学生学习最好的老师，而在大多数小学生看来，数学其实就是计算数字，对数学实质内涵不感兴趣。四是家庭教育缺失。学习习惯的养成需要学校教育和家庭教育共同完成，但部分家长对学生数学思维培养的重视程度不够，或者没有好的方式方法教育引导孩子，导致学生数学思维能力不足。

三、在教学过程中培养数学思维的主要方法

（一）学校教育方面

小学生的数学思维能力培养并不是一朝一夕能够完成的，也并不仅仅是学校教师的工作，学生的学习能力的养成与家庭教育息息相关，要准确把握学校教育和家庭教育的关系，双方同向而行、共同努力，在学习和生活中一同培养学生的思维能力。

在学校学习过程中，要重点做好以下几点：一是要坚持课堂教学和趣味教学相结合。在小学低段数学课堂要想培养学生数学思维能力，首先要激发学生的学习兴趣。这要求小学数学教师在追求教育质量的过程中，必须保证教学的趣味性。以一年级"10以内数的认识"为例，可以通过学生喜闻乐见的课堂设计，将学生感兴趣的教学方式带入教学，比如"老鹰抓小鸡"的游戏，可以选取十位同学担任"小鸡"角色，另一名当"老鹰"的同学每抓到一人，就可以让大家回答老鹰现在有几只"小鸡"，以寓教于乐的方式，将生活体验与教学知识联系起来，激发学生学习兴趣。二是要坚持教师教学和主动参与相结合。教师是教学的主体，但学生主动学习才是关键。在具体教学中，可以运用多媒体教学工具，通过创建鲜活逼真的生活场景，来激发学生的情感共鸣，引导学生走进真实的教学情境中，积极主动地进行思考与探索，并将看到的直观、具体的生活事物与抽象的数字、符号、数量关系等建立起联系，建立起初步的数学思维意识。创新教学方式，激发学生主动学习、主动思考的意识。三是要坚持动脑与动手相结合。由于年龄阶段的特质，小学生需要通过手脑并用的实践操作来加深学习印象，进而理解复杂抽象的数学知识。比如，在培养学生对"上、下、左、右"的初步概念时，可以通过游戏的方式，让学生回答自己的左边同学或右边同学的姓名，进而对空间形成较为浅显的认知。

（二）家庭教育方面

关于数学教学，不少家长有两个错误认知：一是认为数学教育仅仅是数学老师的事情，与家庭教育无关；二是认为让孩子学数数、学加减法，就是在培养数学思维。

在实际教学中，最为重要的是激发孩子的兴趣，发展学生的数学思维，这需要学校教育和家庭教育共同发力。一是要在生活中感受数学。其实数学与生活息息相关，家长可以在日常生活中，通过一些简单的互动，增加学生对数学的感知。比如就餐时，可以让学生给家庭成员分筷子，让学生初步理解"单数"和"双数"的概念；分西瓜、切蛋糕时，可以让学生给家庭成员分享，借以了解"分数"等较为难理解的知识点。只要家长留心，生活中很多小事都可以锻炼学生的理解能力。二是要在生活中发现数学。数学的本质就是发现规律、总结规律和应用规律。生活中，许多看似普通、平平无奇的小事背后，都蕴含数学的神奇。比如，一个正方体魔方，它是由许多个小正方体组成的，可以通过魔方等立方体玩具，让学生了解"长宽高"等基础概念，在游戏中认识并加强对立体几何的感知。三是要通过亲子游戏理解数学。亲子之间的游戏，除了是一种放松和娱乐方式，更是一种隐性教育，通过这些游戏，孩子往往可以在轻松愉快的氛围中，潜移默化地增强学习能力。比如，家长和孩子可以一起收纳随意摆放的玩具，将玩具通过颜色、大小、高低等规律整理排序，通过这样一个小互动，就可以同时让孩子理解数量、比较和排序等知识，不仅可锻炼孩子的观察力，还可让他们学会用数学的眼光看待世界。

数学思维是一种难能可贵的品质，更是一件有力的工具，养成后可以受益终生。当然，面对小学生这样的特殊受众，一方面需要小学数学教师倾注更多心力，要结合教学内容，通过生动有趣、方式多样的数学教学，在日积月累中引导学生养成良好的习惯。另一方面，需要家庭更多参与学生的成长，和学校、教师形成教育合力，共同帮助孩子养成良好的行为习惯和思维逻辑，在学习和生活中潜移默化地提高数学思维能力。

小学数学"圆、圆柱、圆锥"章节计算策略

——计算策略"五招"法

王俊蓉

小学六年级学生在学习圆的面积、圆柱、圆锥的表面积和体积章节时,相关计算速度慢、正确率低。因此,我在教学中非常重视对学生计算能力的培养,让学生在计算实践中掌握必要的计算技巧(熟记法、方程法、约分法、公式法、综合法),不断提高学生的计算能力。

一、小学生计算技巧的重要性

计算教学渗透于"数与代数、空间与图形、统计与概率、实践与综合应用"四大知识领域,贯穿于小学数学教学的全部过程。计算是学生必须掌握的一项数学基本功,因此我们重视对学生计算能力的培养,不仅要求计算正确、快速,还要求计算方法合理、简便与灵活,并注意把口算、估算、笔算、简便计算有机地联系与整合起来,使学生在使用各种计算方法的实践中逐步提高计算能力。

二、"圆、圆柱、圆锥"章节计算存在的现状

小学六年级学生在学习圆的面积、圆柱圆锥的表面积和体积相关章节时,最困难的不是面积体积公式的推导与计算公式的记忆,而是相关的计算过程,学生计算速度慢、正确率低,尤其是遇到圆的半径,圆柱、圆锥的高是一个小数时,更是增添计算的难度,往往出现思路正确,但分步计算过程不能使用一些运算定律,导致计算量太大,甚至有时还会遇到一些除不尽的情况。比如做"在一个半径是 10 厘米的圆柱形容器里,放入一个底面半径

6厘米的圆锥形铁块，全部浸没在水中，这时水面上升了3厘米，圆锥形铁块的高是多少厘米？"这道题时，有的这样做：第一步 $3.14×10^2×3=94.2$ （cm²）第二步 $942÷\frac{1}{3}÷（3.14×6^2）=?$ 第二步计算难度大，学生不得已半途而废；还有的学生这样做：第一步 $3.14×10^2×3=94.2$ （cm²），第二步 $3.14×6^2=113.04$ （cm²），第三步 $942×3÷113.04=?$ 学生历经千辛万苦计算了两步，可第三步除以一个五位数实在是困难，学生不得不放弃。又比如做"游乐中心内一个长方形水池长25m，宽12.56m，深1.2m。如果用直径0.4m的进水管向水池里注水，水流速度按每分100m计算，注满一池水需要多少时间？"这道题时，学生审题准确，思路也清晰，先计算出半径 $0.4÷2=0.2$ （m），再列出综合算式 $25×12.56×1.2÷（3.14×0.2^{2×100}）$，可是计算起来实在是困难，只有变成"烂尾工程"。再比如学生在完成"一根圆柱形钢管（外径14cm，内径10cm）长4米，每立方厘米钢重2.5g，这根钢管重多少千克？"时，先换算单位计算出半径，再列出算式：① $3.14×7^2×400=?$　$3.14×5^2×400=31400$ （cm³），可 $3.14×7^2×400=?$ 计算难度大，计算不出得数，后面尽管学生有解题思路，但也没法列出正确的算式，所以学生在考试时遇到这种题也得不到分。

做上面这些题时，绝大部分学生审题到列式约1分钟，计算就大约要花费8分钟的时间。尽管花费了近10分钟的时间，但是计算的正确率却十分低，真是"盲人点灯白费蜡"啊！其中80%的学生手忙脚乱、哀声连连了，讨厌学习圆、圆柱、圆锥的相关知识，甚至厌学。

三、问题原因

1. 学生目光短浅，想一点列一步算式，基本采用分步列示，给计算带来很大的难度；

2. 与3.14相乘计算不熟练；

3. 学生在以前学习小数乘法时，小数位数没有这么多，计算也没有这么繁杂，而这个单元，所有的计算几乎都比较繁杂，学生容易计算错误；

4. 简算意识不强，学生列好算式，不观察，就盲目硬算，缺乏合理选择简捷运算的意识和途径，不能灵活选择运用运算定律；

4. 不能灵活选用多种解决问题的方法来降低计算的难度。

四、"圆、圆柱、圆锥"章节计算"五招"策略

基于计算存在的问题与原因,通过长期的思考、教学实践以及对"计算技巧"的课堂教学有效教学策略的研究,结合校本教研等一系列课堂教学实践活动,开展实践研究,探索出适合"圆、圆柱、圆锥"单元的计算的基本策略。

在研究中,我们边实践,边反思,边研究,边应用,逐步创建了"圆、圆柱、圆锥"单元的计算"五招"策略。

(一)第一招:熟记法

一是熟记 $\pi=3.14$,$2\pi=6.28$,……,$10\pi=31.4$;二是熟记 1^2,2^2,3^2,4^2,……,20^2,从而变学生讨厌的小数笔算乘法为口算乘法,提高学生的计算速度。

(二)第二招:方程法

如解决"在一个半径是 10 厘米的圆柱形容器里,放入一个底面半径 6 厘米的圆锥形铁块,全部浸没在水中,这时水面上升了 3 厘米,圆锥形铁块的高是多少厘米?"这类问题时运用方程,解方程时先左右同时除以 3.14。

$$\frac{1}{3} \times 3.14 \times 6^2 x = 3.14 \times 10^2 \times 3$$
$$12x = 300$$
$$x = 25$$

又如"游乐中心内一个长方形水池长 25m,宽 12.56m,深 1.2m。如果用直径 0.4m 的进水管向水池里注水,水流速度按每分钟 100m 计算,注满一池水需要多少时间?"同样可以运用方程,在解方程时,同样先左右同时除以 3.14。

$$3.14 \times 0.2^2 \times 100x = 25 \times 12.56 \times 1.2$$
$$0.2^2 \times 100x = 25 \times 4 \times 1.2$$
$$4x = 120$$

学生在解方程的过程中,化复杂数为简单数,化小数为整数,化笔算为口算,大大节约了计算的时间,降低了计算的难度。而且列方程,学生更容易理清解题思路。

（三）第三招：约分法

如"有一个圆柱体，侧面积是 56.52dm²，底面半径是 3dm。圆柱体的高是多少分米？"这类问题时，学生很容易列出综合算式：56.52÷（2×3×3.14），但大多数学生会这样计算：56.52÷（2×3×3.14）＝56.52÷18.84＝？除数是一个两位小数，学生计算就困难了。但如果引导学生这样计算：

$$56.52÷（2×3×3.14）=\frac{56.52}{2×3×3.14}=\frac{28.26}{3×3.14}=\frac{9}{3}=3（dm）$$

用分数线代替除号，再分子分母同时除以 3.14（约分），计算的难度就降低了，学生很容易得出结果。

（四）第四招：公式法（巧用运算定律）

在计算前仔细观察数的特点，观察是否可应用乘法分配律、乘法结合律、减法性质等来降低计算的难度。

计算下面这类题利用乘法结合律，完全能变笔算为口算：

$\frac{1}{3}×3.14×3^2×2=3.14×（\frac{1}{3}×9×2）=3.14×6=18.84$

$3.14×2.5^2×4=3.14×2.5×（2.5×4）=3.14×25=78.5$

计算下面这类题利用乘法分配律，同样能变笔算为口算：

$3.14×4^2×2+3.14×8×1=3.14×（32+8）=3.14×40=125.6$

$31.4×150+3.14×5^2×2=3.14×150+3.14×50=3.14×200=628$

（五）第五招：综合法

在计算过程中，尽量列综合算式，少用分步算式。

比如"大厅里有 4 根圆柱形柱子，它的底面周长是 3.14m，高是 25m。如果将这些柱子全部刷上油漆，刷油漆的面积是多少平方米？"

如果学生先算：3.14×25＝78.5（m²），再算：78.5×4＝314（m²），会给计算带来很大难度。但如果学生列综合算式，再利用乘法结合律：3.14×25×4＝3.14×（25×4）＝314（m²），整个计算就完全可以口算。

又如"一根圆柱形钢管（外径 14cm，内径 10cm）长 4 米，每立方厘米钢重 2.5g，这根钢管重多少千克？"这道题时，如果分步列式 3.14×7²×400＝61544（cm³），3.14×5²×400＝31400（cm³），61544－31400＝30144（cm³），30144×2.5＝75360（g），75360g＝75.36kg 计算量实在太大。如果

学生应用圆环的面积计算公式列出综合算式 $3.14\times(7^2-5^2)\times400\times2.5=3.14\times24\times1000=75360$（g）$=75.36$（kg），几乎全过程能口算，大大降低了计算的难度。

通过计算"五招"策略的培养，学生学习数学的兴趣得到了提高，学习主动性得到了提升，学习能力得到了发展。学生不再认为"圆、圆柱、圆锥"单元的学习有特别的困难，并且克服了计算数字大的困难，在平时做题中基本做到了又快又准，从而对数学学习产生浓厚的兴趣。学生计算能力明显提高，答题正确率超过90%，在单元检测中学生成绩大幅度提高。

"圆、圆柱、圆锥"单元计算的"五招"策略，经过反复地归纳、总结、推广，降低了学生的计算难度，提高了历届六年级数学老师的教学水平，使我校六年级毕业会考连续四年获诺江片区第一名。

小学语文教学的创新性策略

谢 丹

新课改背景下，语文学科具有重要的地位，教师要利用语文学科实现对学生综合能力的培养，就要主动探究新时代语文教学改进的方式方法。为了提升新时代小学语文课堂教学效果，教师要有意识地改变单一的教学方式，通过对学生主体地位的凸显、对课堂教学氛围的营造，使学生主动参与语文学习，利用语文课堂促进学生多种能力的发展。

一、凸显学生的主体地位

针对小学语文课堂上教学的创新方向，教师应转变原有教学理念和教学方法，在课堂中必须改变传统的、固有的教学模式，坚持传统与创新融合、学生兴趣度与理解认识度相结合。教师在传统的教学过程中往往以个人为中心进行课堂的设计与组织，同时在教学时从自己的角度出发呈现知识，使学生在学习过程中更多的是作为课堂参与者来被动接受，难以对所学知识展开深入思考。语文教师首先要分析学生的身心发展特征，明确不同阶段的学生在语文学习中存在的现实问题以及个性化学习需求。开展课堂设计时，整体的讲授方式要与学生的兴趣特征相适应，教师应分析学生喜爱参与并乐于接受的知识学习方式，通过对课堂教学手段的创新，增强趣味性，提高学生的学习积极性。针对学生在学习过程中表现出的差异化学习需求与学习能力，教师也要通过分层教学方法，针对不同的学生制订不同的课程辅导方案，以多样化的课堂设计来提高小学阶段的语文课堂教学质量。

二、运用兴趣教学法

兴趣是最好的老师。由于小学生的年龄比较小，思维和认知能力比较弱，无法长时间保持专注状态。在小学语文教育教学阶段，教师要抓住学生思维，深入分析学生心理活动，掌握学生的多元思维方式，采取多种途径和方式来浓厚课堂氛围，从而达到提高学生理解度和增强学生学习兴趣的目的，最终实现提升学习成绩的效果。

例如，以"松鼠"一课为例子，学生对各种小动物都比较感兴趣，所以可以引导学生在教学前先讨论身边的小动物，然后通过播放《动物世界》中松鼠的科普视频，将教学对象的思维引导到松鼠上，随后提问："课文中的松鼠是什么样的呢？"这样就能形象生动地激发学生对课文内容的兴趣，使学生发自内心地去主动预习、学习，从而提高学生学习效率和提升教学效果。

三、科学的提问教学

小学阶段的学生对教师特别依赖与信任，习惯于通过教师的讲解直接获取答案。对此，教师应以科学的提问方式培养其自主学习能力和独立思考能力，使他们能够在课内或课外主动探究，寻找答案。如果学生积极回答，教师应找到学生的闪光点给予表扬与鼓励，还要为学生解难释疑。

以"巨人的花园"一课为例。《巨人的花园》是英国唯美主义作家奥斯卡·王尔德创作的童话作品，讲述了巨人从自私变为慷慨，最终在天主的指引下走入了天堂的感人故事。教师可以为学生介绍一下作者王尔德和《王尔德童话》，再为学生介绍另外几篇著名童话作品，让学生了解不同的童话故事与人物形象。此时，教师若想了解学生对本节课教学内容的掌握情况，可提出问题："你觉得巨人是一个怎样的人？为什么？""你能总结一下《巨人的花园》童话方面的创作特点吗？"互动期间，学生回答不上来或没有组织好语言，教师可以引导学生再思考一下，不应逼迫学生说出自己想要的答案，也不应直接放弃这个学生转而提问另一位学生，而应循循善诱地舒缓学生的紧张情绪，这样学生就容易说出自己的想法。由此可见，教师的提问方式十分重要，正确的提问方式能够体现教师尊重学生个体差异、一视同仁的育人理念。

四、开展精彩的展示教学

每节课前，教师可以留出五分钟时间让学生进行交流展示，这样不仅可以锻炼学生的语言表达能力，还能开阔学生的视野，改变部分学生胆怯、不在手腕的力度、思维认识上的差异都很大，我们随便动手去修改儿童画，势必按照成年人的思维认识去改，这样被修改过的作品就会失去童趣，过于刻板，儿童画原本表现出的极为有趣的形象就会丧失，且儿童的劳动成果被无情地否定，无疑会给他们一个沉重的打击。齐白石老先生曾说过："一幅画妙就妙在似与不似之间，不似为欺世，太似为媚俗。"这句话道出了绘画的最高境界。当然，我们不奢望每个孩子都成为著名画家，但我们更不希望所有的孩子如同机器人、复印机一样，机械地重复印刷一幅画。我们要的是孩子们在掌握一定绘画技巧的同时，加入自己的想象力，以自己对世界的认识，创造出属于自己的、与众不同的艺术作品。这就要求我们在美术教学中营造宽松、和谐的氛围，让儿童敢于想象，大胆创造。在指导上可以用"谈谈你为什么这样画"来代替"不应这样、应该那样画"的命令式指导方法。

（三）科学评价，善于肯定儿童绘画作品中的优点

对儿童作品的评价对于儿童本身影响重大，评价方式甚至直接影响他们的后续发展。美术课程本身就存在着多元化的价值取向，一千个读者眼中就有一千个哈姆雷特，每个人对于美术作品的欣赏角度是不一样的，每个教师对美术教育的认识也都是不同的，各有各的欣赏眼光，各有不同的评价标准。不管采用何种方式，评价的核心都应是为了促进学生素质能力的提升发展。儿童的思维是没有禁区的，他们以自己对世界的认知和理解，运用手中的画笔，在纸上灵动自由地创作，充分发挥自己独特的想象力、创新力、创造力，尽情地抒发对生活和大自然的热爱。作品也是一派天然，毫无造作之感，这样的作品应该说是优秀的了。

二、操作成果策略

（一）鼓励孩子积极大胆想象

想象力是孩子创造性思维的重要组成部分，美术作品的意义和价值是开放的，而不是封闭的。在教学过程中，只要学生是认真用心在创作，并且加入了适当的想象力和求异成分，不论最后的画面效果什么样，教师都应积极发现每幅成果的特点，并给予充分的肯定，鼓励孩子大胆想象。

（二）丰富孩子生活知识和经验

创新、创造能力是建立在大量的知识基础上的，而且知识的广度越大，深度越强，创造性思维的意识也越强。"美术源于生活，为生活服务。"由此可见，美术与生活具有千丝万缕的关系，在实际教学中要让学生课前结合生活认识思考预习，准备相关资料。在这个过程中，学生既丰富了各种相关知识又提前预习了课堂内容。这样能充分激发孩子课堂教学中的积极兴趣。同时课后拓展也是必不可少的，再从点到面，以面贯穿，融汇到日常生活中，这也就是艺术来源于生活，服务于生活。

（三）利用好奇心培养孩子想象的生动性

孩子有强烈的好奇心，这是发展想象力培养创造性思维的起点。但如果没有想象的目的和实践，想象就会变成胡思乱想式的空想。当孩子问你问题时，你不但要给予准确的回答，而且要反问："你为什么问这个问题啊？你是怎么想的？"然后比较孩子的想法和你的回答，告诉孩子，要带着问题去发挥想象，不仅比较老师的回答和自己的想象，还要努力付诸实践，不能空想。

小学低年级数学语言表达能力的培养策略

唐小梅

新课标指出，数学为人们提供了一种描述与交流现实世界的表达方式。通过数学语言，可以简约、精确地描述自然现象、科学情境和日常生活中的数量关系与空间形式；能够在现实生活与其他学科中构建普适的数学模型，表达和解决问题；能够理解数据的意义与价值，会用数据的分析结果解释和预测不确定现象，形成合理的判断或决策；形成数学的表达与交流能力，发展应用意识与实践能力。其中一、二年级为第一学段，要求低段学生能在教师的指导下，从日常生活当中提出简单的数学问题。要提出数学问题，首先要引导学生说出生活中的数学问题，故数学语言表达能力也就成为小学低年级学生数学学习中最为重要的环节。它不仅是学生理解和掌握数学知识的基本功，也是培养学生逻辑思维、分析能力和解决问题能力的关键。本文旨在关注学生在数学课堂上发言时存在的一些问题及现象，对常见问题归纳总结分类，逐步探究完善小学低年级学生的数学语言表达能力训练的方式方法，培养学生良好的数学语言表达习惯，积累数学语言，促进学生数学语言表达能力的提高。本文参照西南大学版一、二年级数学教材为例进行分析，希望能更好地帮助学生数学语言表达能力的提升和运用，从而推动小学数学教育的发展和进步。

一、低年级学生数学语言表达能力存在的问题

（一）数学语言表达不规范

在课堂教学中学生常常有数学语言表述不规范的想象，例如：比较大小时，蜜蜂有3只，花朵有3朵，蜜蜂和花朵同样大；学习"5以内数的加减法"中的例1时，有学生说2辆车和1辆车，加起来是3辆车；在"万以内数的认识"例5中，问到3100、4030的读法，有的学生读成三千一、四零

三零等。

(二) 数学语言表达不清楚

学生在课堂回答问题时很容易将生活语言代入课堂，时不时地会冒出一些新鲜词儿，例如，学习"两位数加减两位数"中的例2时，问到还差多少个茶杯盖。很多学生知道差的含义是两个数相减，至于为什么用减法计算时，学生回答得含含糊糊，不知所云。

(三) 数学语言表达不完整

由于学生识字量有限，一、二年级通常需要看图描述数学信息和问题，有的学生回答问题只说结果，无过程阐述。例如，"100以内数的认识"中，22和23比大小，45和43比大小，学生能说出谁大谁小，但其中的道理、比较的过程却含糊其词，不能完整表达出来。

二、存在问题的原因

数学语言表达存在以上问题，主要有以下一些方面的原因。

(一) 教师对学生数学语言表达重视度不够

教师在教学中关注更多的是学生解题的结果正确与否，往往忽视了学生课堂上的数学语言表达是否规范准确，解题思路是否清晰。而这些才是学生课堂应该学习和掌握的。

(二) 教师自身的数学素养不够扎实

对于小学一、二年级的学生，教师有很强的示范性，教学过程中的数学语言必须准确规范。例如，在学习西南大学版二年级上册"长度单位"时，我们描述自己的身高往往说"我的身高是1米52"，久而久之，学生也就形成了这种错误的描述。

(三) 学生年龄小、阅读量少

小学一、二年级的学生学习生涯刚刚起步，本来也不认识多少汉字，会使用的数学语言表达方式不多。所以他们课堂上的语言表达往往简单、单一，缺乏丰富的数学术语和表达方式，很多时候回答问题只是讲出题目结果，无法清晰地表达自己的数学思想、解题思路和方法。

（四）学生对学科认识有偏差

许多学生对数学学习不够重视，认为数学就是数数和简单的加减题目，从而在学习的过程中没有认真积累数学语言。所以他们在课堂上解决问题时常常出现表述含糊、用词不当、思路不清晰的情况。

（五）学生缺乏自信

刚刚进入一个新的集体，许多学生缺乏在公开场合表达数学思想的自信和勇气。还有些学生因害怕犯错选择保持沉默，不愿意在课堂上积极参与讨论，表达自己的见解。这种缺乏自信和勇气的现象会影响他们的数学学习效果，阻碍他们发展良好的数学语言表达能力。

三、培养策略

针对以上存在的问题及原因，我们可以从以下几个方面着手培养学生的数学语言表达能力。

（一）借助课堂导入，设置"想表达"的情境，激发学生兴趣和自信心

伟大的物理学家爱因斯坦说过：兴趣是最好的老师。是的，学习兴趣可以让学习更有效。然而学习兴趣不是天生的，而是在学习的过程中逐步形成的，这就需要我们充分把握和利用课堂导入环节，设计一个既符合学生年龄特点又紧密联系生活实际的情境，激发学生的童心和学习的兴趣，带动学生学习的积极性，激发他们想表达的心情。例如，教学"100以内数的认识"时，我们可以这样导入：

沙滩上有两只小海龟正在争吵，它们都说自己的年龄大。出示7岁的和13岁的小海龟，请同学们帮助它们比一比，哪只海龟的年龄大？怎样表示？请学生说说理由。

同学们都知道 $7<13$，教师追问学生的理由是什么（一位数小于两位数）。

这时沙滩上又来了一只31岁的海龟，它和13岁的海龟比，哪只海龟的年龄大？理由是什么？$13<31$（两位数比大小，十位上的数大的那个数就

大)。

其他海龟听说比年龄也爬过来凑热闹,一只活了 22 岁,另一只活了 23 岁,第三只活了 45 岁,第 4 只活了 43 岁,怎样来比较海龟的年龄大小呢?

教学导入环节,创设具有童真童趣且贴近生活气息的教学情境,不但激发了学生参与学习的积极性,而且调动了学生想表达的学习气氛。通过比较前三只海龟的年龄,复习了已经学过的百以内数的大小比较的方法,先比位数,位数多的数大,位数相同再看最高位上的数,最高位上的数大的就大。而后 4 只海龟的加入则是本课的新知识。

(二)借助课堂例题,构建"会表达"的语言模式,让学生完整规范地表达

在教学中,教师要认真倾听学生回答的每一个问题、说的每一句话,引导学生用完整的数学语言回答问题,把自己的想法说清楚、讲明白,逐步培养学生在用数学的眼光观察现实世界时,养成有逻辑性的数学思维方式。

例如,在教学"100 以内的加法和减法(二)"的单元主题中。公交车上原来有 32 人,在本站下来了 17 人,又上了 12 人,问公交车上现在有多少人?由于是低段学生,教师可以先让学生来学着描述这幅情境图,找出图中的数学信息。此时教师可以引导提供支架模式:"原来……,下去了……,又上来了……,现在……",通过这样的模式表达,学生体会了加减混合的基本结构。而后教师顺势提出停车场停车的问题,让学生用这四句话来说一说:停车场原来有 32 辆车,开走了 17 辆车,又进来了 12 辆车,现在有多少辆车?最后再让学生用小棒来表示:摆 32 根小棒,先拿走 17 根,再添上 12 根小棒。说想做联动起来,学生心领神会,触类旁通,既明白了算理算法又学会了表达。

(三)借助课后服务辅导,创设"善表达"的数学氛围,引领学生深度学习

在运用课后服务辅导学生数学作业时,如果发现一些典型的作业,或者错误比较集中的作业,教师可以让做错题的学生把自己做这道题目的思维表达出来,请几个做对的学生帮助解答讲解,然后再请有误的学生自己选择一个喜欢的方法讲出来。这样既能帮助到有错的学生知错改错,又能锻炼学生的语言表达能力,一举两得。有时,教师也可以引导学生用多种数学方式表达一个数学意义,让学生交流数学知识和解题思路的语言更丰富,有助于学

生对知识的深入理解和有效掌握。例如，学习"三位数的减法"练习九的第12题：一辆车从甲城开往乙城，在下表中填出已行路程或剩下路程。

已行路程（km）	100	150		250
剩下路程（km）	200		100	

教师引导学生观察上表，提问：你发现了什么？

学生1：汽车已经行走了100km，还有200km，求一共多少路程？

学生2：总路程300km，汽车已经行走了150km，求剩下多少路程？

学生3：总路程300km，还剩下100km，求汽车行走了多少路程？

学生4：总路程300km，汽车已经行走了250km，求剩下多少路程？

倾听不同学生不同方式的讲解，让其他学生也跟着在具体事例的情境中感知"和不变情况下，两个加数的变化规律"，从而帮助学生不断地积累丰富自己的数学语言，储存自己的表达词库。

（四）借助课堂评价，鼓舞学生表达心情，让学生喜欢表达

为了培养学生的表达能力，教师一定要在课堂上抓住每一个学生表达的机会，不吝啬自己的评价，如"你观察得非常细致，还有不同的发现吗""你描述得可真详细，我为你点赞""你真是个善于观察的好孩子""你表达得很有条理，还有不同的意见吗"等。正确及时地评价学生，引导学生积极参与课堂发言，大胆地回答教师的问题，即使学生回答错了，也可以这样评价："谢谢你勇敢地表达出了自己的想法""说得还不够全面，我请同学再帮你补充一下""别着急，慢慢想，老师相信你会想出来的"。这样学生不会因为回答不上问题而羞于表达，最终失去学习数学的信心。

总而言之，数学语言不仅是数学课堂交流的工具，也是我们日常生活思维的工具。作为小学低段的数学教师，我们要善于引导学生用数学语言表达并说到"点"上。相信通过这样长期的训练和培养，我们的学生也会展示出"言必有中，言出有理"的风采。

浅谈低段语文学习兴趣培养

刘晓莉

兴趣是学习的能源密码，是推动孩子们积极学习的一种内部动力。只要孩子们有了学习的兴趣，就能够产生一种巨大的力量，他们的学习就能够从被动学习直接转为主动行为，由教师要求学生学习变成孩子们自己想要学习。如果学习能从"负担"转变成"兴趣"这一跨跃，那么教师的教以及学生的学就变得简单，学生对学习文化知识就不再感到头痛了。那么我们怎样才能调动学生学习的积极性呢？如何去激发他们学习语文的这些兴趣呢？方法有很多，在实践中我对其中几点感触颇深，以下就浅谈我的点滴体会。

一、讲故事激发兴趣

低段的小学生对故事没有抵抗力，只要有故事可听，那些顽皮的孩子都能够乖乖静下来。听故事、编故事，能够激活学生的语言智慧，培养他们的想象力和语言表达能力。在教学中教师应根据教材内容恰当地编故事，这样可以激发孩子们的学习内动力。例如，教学"小马过河"，我用讲故事的形式引入新课：孩子们，今天老师读了一个故事，觉得非常有趣，现在我将它分享给大家。故事中讲了一匹可爱的小马和它妈妈之间的事情。妈妈认为小马已经长大了，妈妈让它把半袋子麦子驮到磨坊去加工，可是到磨坊的路要经过一条河，小河的水哗哗地直响，小马正要将它的脚伸进水里的时候，一只松鼠拦住它大叫："小马，你可别过河，那水可深了，前段时间我的小伙伴还被这水淹死了！"小马把伸出一半的脚缩了回来，也不敢过河去磨面了。小马只好拖着自己的麦子往回家走。路上遇见了正在吃草的牛伯伯，它知道了小马的烦恼，热心地对小马说："小马，那河水不深，只到我的脚背。"小马听了它们对小河的深浅看法，真是一个头两个大，不知道是松鼠说得对，还是牛伯伯说的是正确的。头疼的小马只好回家找它的妈妈，妈妈听后给它也出了一个主意。那小马听谁的呢？孩子们你们听了小马过河这个故事，小马遇到了什么困难呢？松鼠认为河水怎样？牛伯伯认为河水怎样？它俩谁说得正确呢？妈妈给它出的是什么主意呢？它过河了吗？哎呀！别着急，就让我们打开书本再认真读一读《小马过河》，看谁能找出这些说法，现在就自由地读吧！学生兴致勃勃地把故事读完后，争先恐后地发表自己的见解。学生甲：妈妈说的是正确的，不应该光听别人说，应该去试一试。学生乙：小松鼠说的也是正确的，因为它个儿不高，所以对于它来说河水就很深很深。学生丙：牛伯伯说的我认为也是正确的，因为牛个头很高，当然水只是没过它的脚了……就这样，我们在愉快中引入了课文，并呈现了教学一部分内容，避免了那些枯燥无味的讲授，利用学生的好奇心驱动学习的内动力，激活学生的自主学习的积极性。

二、玩游戏培养兴趣

游戏是孩子动脑动手程度最高也是最喜欢的学习方式。将游戏融入语文的教学中，能起到事半功倍的效果。如形近字宝宝的游戏——母体"青"来找朋友，拿着偏旁的小朋友去和"青"做朋友，找到朋友自我介绍。如拿字卡"目"的小伙伴，上前站在青的左边，并向全班同学介绍（我是与眼睛有关的目，我俩做朋友，读"睛"，可组词"眼睛、目不转睛"，同学跟我一起读睛，眼睛的睛，目不转睛的睛）。这既能让学生在游戏当中认识这个字，初步对形声字有了解，也能让学生形成自主学习的能力。游戏的方式有很多，我们还可以用摘苹果、开火车、帮助小猴子过河等游戏，或者成立错别字医院，让小医生诊断错别字，将错别字收集于同学们的作业本。同学们将自己写错的字粘贴在教室后面黑板的帮助栏，医生利用课余时间去帮助治疗，给写这个错别字的学生讲解这个错字的源头，想出好办法帮助他纠正，诊断治疗一体化。优秀的医生通过颁发小医生证书来给予肯定。这样从根源上让学生养成细心习惯和辨别字的能力。有效的游戏活动是能让学习轻松愉快起来的。

三、画画拓展思维，升华兴趣

图画是学生对事物、情感最直接的表达方式，他们将视觉画面感、思维画面感转化为绘画画面感。因此，画画也是学生共同的爱好，平时他们喜欢画房子、大树、小花、小动物、动画片里面的人物等。那天马行空的画面、绚丽多彩的颜色，无不表现出学生对此充满了热情。我怎样才能将这种热情有效地迁移到学习上，使学习效果更好？在教学实践中，我根据教材内容和学生年龄特点精心设计，让语文与美术有机融合，由课内学习到课外拓展延伸，培养学生自主探究的意识，促进了学生的发展，使学生真正地掌握打开知识大门的钥匙。例如，一年级关于象形字的教学时，我将文字设计成一幅幅画，这些画都是由象形字组成的（水、日、鸟、竹等）。经过学生的观察，字的特点被一一勘破，直观地从画面上演绎出现在使用的汉字，再让学生将这些画涂上色，完整地勾画出来，再一次直观识记这一类字。在古诗的教学中，为了帮助学生理解诗词，设计教学时我会让学生给古诗配图。例如《村居》一诗，我先让学生在古诗词里面圈出景物，再联系生活实际，想一想初春时这些景物有什么特点？根据以上特点画一幅古诗配图。这个设计先在小组集思广益，经过小组的讨论提升了任务完成的可行性。这样设计，一是直观形象，二是能激发学生学习的兴趣，充分调动学生的感官注意力。

总之，在我们小学的低段语文教学中，教师要因势利导，充分利用各种有效的手段，培养出学生的学习内动力，使学生形成良好思维和学习习惯。

从"感性要求"到"理性要求"

谭 滨

在当前的基层英语教学中,大部分教师给学生布置作业是比较随意的,没有经过仔细思考和设计,导致作业形式单一、目标单一、任务单一,甚至有的教师布置作业较为情绪化,使得学生完成作业的时间拉长。而长时间做同一件事,会导致学生学习处于被动状态,对英语产生厌恶心理,这便大大降低了学生学习英语和完成作业的效率。所以,教师在布置作业时,应由"感性要求"变为"理性要求",设计好课堂作业和课后作业,控制好作业总量,为使英语作业切实成为提高英语教学的有效辅助方式,我做了如下探索。

一、体现"整体性"的作业——精选作业内容,克服零散性

我校大多数学生都是留守儿童,完成作业全靠自己,没有人辅导,缺乏人监督。因此,教师在布置作业的时候要控制好作业总量,精选作业内容,体现"学用结合、课内外结合、学科间融合"原则。我记得我的大学老师说过:"培养全科教师,不是说培养能上好每一科的老师,而是培养那种上一科,能融合多门学科知识的教师。"这句话深深印在我的脑海里。教师在布置英语作业的时候,也要突出全科性、整体性,不仅要培养学生的语言综合运用能力、数学逻辑推断能力,还要培养学生的思维品质和跨文化交际能力,从而锻炼他们的创新思维、实践思维和综合运用语言的思维。

二、体现"趣味性"的作业——丰富作业内容,激发学生的兴趣

兴趣是最好的老师。结合小学生的年龄特征与心理特征,教师布置作业应多加创新,精心设计多种形式的英语作业,摆脱单一的死记硬背、抄写模

式，巧妙地把听、说、读、写全面结合，用唱、画、演、制作、收集等学生喜闻乐见的形式，把知识技能的训练、创新能力的培养和智能的开发等活动联系起来，让作业富有趣味性和吸引力，成为一项充满快乐与智慧的任务，从而激发学生对作业的兴趣，并投以更多的学习热情，在作业中使自己的英语能力和素质得以提高。根据教材各板块的不同知识点，我设计以下几种常用的作业类型。

（一）演唱型作业

根据皮亚杰认知发展阶段理论，小学生刚好处于具体运算阶段。这个阶段的儿童认知结构已经发生了重组和改善，思维具有一定的弹性，想象力也是无限的。因此，教师在布置作业的时候，可以让学生发挥自己的想象力，把所学知识演出来、唱出来，比如学习了三年级上册第三单元"Happy Birthday to You"，那么教师可以让学生们去制作贺卡，然后为班上 9 岁的小朋友过生日，用学过的英语句型演一个情景剧，相信这个作业很多学生都很感兴趣。另外，还可以让学生自编小诗或者歌曲，比如三年级下册我们教学了星期一到星期日的英文名称后，教师可以让学生选一首曲子编写"星期歌"，然后在班上开一个演唱会，比比谁唱得最好。

（二）绘画作业

小学阶段，学生思维以感性认识为主，对于文字类相对枯燥的东西，学起来往往比较困难。考虑到学生这方面的特点，我常常让学生把学习的内容在课后形象化。比如学习了三年级上册颜色一课，我要求学生课后用不同色彩画一幅画或者做一个画集，第二天展示自己的作品时，要用几句简单的英语介绍自己所画的内容，或请同学配合介绍。

（三）实践型作业

在布置作业时，我们往往容易单方面认为，实践性作业太难，学生不易操作，也很难坚持。其实，我们可以在课上提前讲好规则，然后在完成作业的过程中分阶段去提醒学生并提供答疑，这样就大大降低了作业难度。实践性作业对学生而言，其实是充满趣味性的，而且挑战成功往往能够激发他们的自信心。所以我经常鼓励学生参加实践活动，给他们布置一些任务型作业，如调查、采访、观察记录等。当学生学习了三年级下册第四单元的句型"How many"，我就会让学生去数班里有多少名男生、多少名女生，以及班上有多少盆栽、图书、水杯等。当学生学习了三年级下册第二单元天气方面的知识后，我让学生课后去观察并记录一周的天气情况，然后再到课堂上用英语汇报记录结果。学生们在完成作业的过程中，了解了生活，观察了自然，把日常生活与所学知识结合起来，增强了参与意识；将自己所学的知识运用到实际生活中，培养了学生的创新精神、实践能力和综合运用语言的能力。

三、体现"层次性"的作业——创新作业内容，套餐分层设计

在农村学校，一个班的学生人数较多，且学习水平参差不齐，所以教师在分层设计作业的时候，尽量从学生的实际出发，建立多层次的弹性作业结构，让学生"跳一跳"就能按质按量地完成作业，从而享受到成功的快乐。在布置作业时，要让学生自主选择作业套餐——难度适中的作业，既调动了学生写作业的积极性，又不会伤害到学生的自尊心。

李大钊曾言："黄金时代不在我们背后，乃在我们面前，不在过去，乃在将来。"作为一名教师，就要用心提升课后服务水平，科学合理地布置作业，在作业质量上下功夫，培养学生的观察力、思维力、动手能力、合作能力，发展学生的多元智能，使学生在快乐学习的天空中自由翱翔！

优秀传统文化在小学语文课堂中的渗透策略

张 博

近些年来,优秀传统文化得到越来越多的重视。作为小学语文教师,我们怎样才能将优秀传统文化更好地渗透到教育教学过程中呢?在此,笔者仅以部编版小学语文六年级下册为例谈谈自己的看法。

一、优秀传统文化与小学语文课堂的结合点

为将优秀传统文化有效渗透到语文课堂中,小学语文教师可以将古诗文、礼仪道德教育、传统节日体验、民间艺术欣赏、汉字背后的文化、古代名人故事、历史典故等作为优秀传统文化与语文教学的结合点,让小学生在思维的拓展与延伸中对我国优秀传统文化产生进一步的理解和领悟。

在语文课本上,古诗词不仅可以让学生感受古诗文的韵律之美、意境之美,还能加深他们对传统文化的理解和热爱;春节、清明节、端午节等节日可以让学生感受到传统节日的独特魅力和深厚底蕴……由此可见,优秀传统文化与小学语文课堂的结合点众多,可以让学生更加深入地了解和感受传统文化的魅力和价值,从而培养他们的文化自信和爱国情感。

二、优秀传统文化在小学语文课堂中的渗透原则

为了在小学语文课堂中有效渗透优秀传统文化,我们需遵循几项核心原则。首先,教育必须遵循学生的身心发展规律,针对其年龄特点和认知水平进行精准教学。这意味着,对于低年级学生,我们可以通过故事、游戏等形式让他们初步接触传统文化;对于高年级学生,则可以引导他们深入阅读经典,理解传统文化的深层内涵。其次,结合语文学科特点,将传统文化与语

言文字、文学作品紧密结合，是渗透传统文化的重要方式。通过经典诗文的学习、成语故事的讲述等，学生不仅能提高语文能力，还能深刻感受传统文化的魅力。最后，注重实效性和趣味性。让学生在轻松愉快的氛围中学习传统文化，能激发他们的学习兴趣，使学习变得更为高效。因此，教师在设计教学活动时，应充分考虑学生的兴趣和需求，使传统文化的学习变得生动有趣。

三、优秀传统文化在小学语文课堂中的渗透策略

（一）课程内容渗透

在教学中，教师既要充分挖掘小学语文教材中的传统文化元素，如古诗词、成语故事、传统节日等，通过讲解、讨论等方式让学生感受传统文化的魅力，也要在整合优秀传统文化资源，丰富课程内容时引导学生对此展开积极的讨论。比如，明代文学家于谦的《石灰吟》以石灰石为喻，表达了作者不避千难万险，勇于自我牺牲，以保持忠诚清白品格的可贵精神。在教授这首诗时，教师不仅可以引导学生理解和欣赏古典诗歌，还可以借诗中所表达的忠诚、正直、勇敢等品质培养学生正确的世界观、人生观和价值观。在此过程中，教师不仅可以结合教材内容，引入相关的传统文化资源，如经典诵读、书法欣赏、民间艺术等，以丰富课程内容，拓宽学生的视野，还可以积极鼓励学生自主阅读传统文化相关的书籍、文章等，通过课堂讨论、读书笔记等方式分享阅读心得，加深对传统文化的理解和感受。

（二）教学方法渗透

在将优秀传统文化渗透到语文课堂教学的过程中，教师不仅可以采用多样化的教学方法，如情境教学、角色扮演等，让学生亲身参与体验传统文化；还可以充分发挥多媒体教学资源的优势，让学生借助视频、音频、图片等手段更加直观地了解传统文化，从而有效增强其对传统文化的感知。比如，在学习《两小儿辩日》时，教师不仅可以将与之相关的动画短片呈现给学生，还可以让学生通过角色扮演的形式来感受诗文内容。与此同时，教师还可以鼓励学生进行创造性表达，使他们通过写作、绘画等活动表达自身对传统文化的理解和感受。

(三) 文化氛围渗透

文化氛围对于优秀传统文化的渗透具有十分重要的作用。为此，学校和教师不仅可以着力打造传统文化特色的校园环境，积极组织传统文化主题活动，还可以结合传统节日等时机，组织学生进行庆祝活动、制作手工艺品等，让学生在实践中感受传统文化的魅力。如此一来，在良好氛围的烘托下，学生势必能够更加积极、主动地投入优秀传统文化及其相关知识的学习和探索之中。同时，教师要引导家长参与孩子的传统文化教育，引导家长在家中为孩子创造学习传统文化的机会和环境，形成家校共育的良好氛围。

总而言之，将优秀传统文化渗透到小学语文课堂中具有重要意义。作为小学语文教师，我们必须认识到优秀传统文化对于培养学生民族自豪感和文化自信心的重要性，认识到优秀传统文化可为学生的全面发展打下坚实基础。

践行"以学为主" 让探究走向深入
——"平均数"教学实践与思考

李 艳

"平均数"是小学阶段"统计与概率"领域中"数据的收集、整理与表达"中一个重要内容。从统计的角度来看，事物分类、数据分类、统计表、统计图和统计量，都属于统计内容。虽内容不同，但统计的本质相同，都是基于数据，对数据进行收集、整理、表达和分析，获取认识客观世界的思维方式和解决问题的方法，达到认识现实世界的目的。从统计意义来看，平均数是一个重要的刻画数据集中趋势的统计量，介于最大数与最小数之间。

在平均数的教学中，一些教师往往满足于特定情境的事实内容，让学生牢记如何计算平均数，而不是帮助学生从数学统计的角度去思考，去超越问题或现象的特定情境，导致学生往往不明白平均数作为统计量的意义。笔者研读课标、教材，通过对比不同教材版本，积极开展教学实践，创设学生熟悉的情景，聚焦核心问题，对数据进行收集、整理、统计和分析，提高学生学习"统计"知识的兴趣，发展学生的数据意识。

一、教学实践

（一）情景再现，引发需求，引出平均数

师：老师录了一段我班学生上体育课时男女生分组投篮的小视频，请看。（播放视频）老师把他们的投篮成绩，制成了两幅条形统计图，请同学们仔细观察，哪个队的成绩更好？

原始数据：

男生队投进个数			
1号	2号	3号	4号
5	9	6	8

女生队投进个数				
1号	2号	3号	4号	5号
11	4	6	5	4

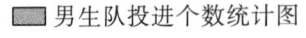

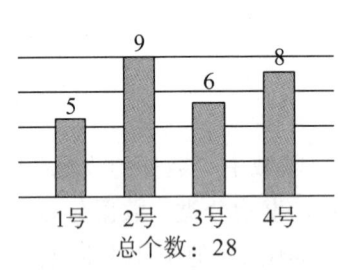

男生队投进个数统计图
5　9　6　8
1号　2号　3号　4号
总个数：28

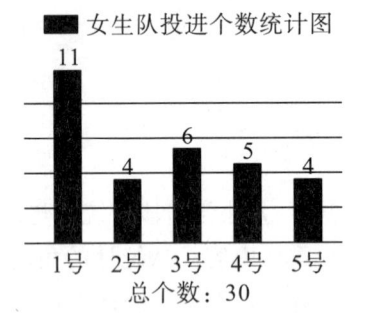

女生队投进个数统计图
11　4　6　5　4
1号　2号　3号　4号　5号
总个数：30

师：同意女生队成绩更好的请举手。来，我采访你一下，你为什么认为女生队成绩更好？（总数多）比投进的总个数。这是你的想法，请坐。我再采访一位，你说说看，为什么女生队成绩更好？（总个数多）也是比总个数。好，现在老师宣布女生队获胜。停顿10秒。

师：还是认为女生队获胜的请举手。嗯，有不同意见啦。来，你说说看。（男生队4人，女5人）留心观察的孩子。男生队4人，女生队5人。人数相同，我们可以比总个数。人数不同时，如果还是比总个数，你们觉得会怎样？（不合适、不公平）那人数不同时，我们应该怎么比、比什么呢？

生：平均数。

师：平均数，一个新鲜的词，老师记录下来。

师：你能具体说一说吗？

师：你的意思是求平均每个人投进的个数。那这样比就是合适的、公平的吗？我们一起去研究研究。

【设计意图】"平均数"是生活中常见的统计量，因此，本环节为学生创设熟悉的男女生队投篮比赛生活情境，让学生根据统计信息判断，哪支队伍获胜，到底比什么才能做到公平、合理，真正做出合适的选择，引出学习平均数的必要性。

（二）经历过程，建构意义，理解平均数

（1）移多补少，感知平均数。

师：怎样才能找到男生队平均每人投进几个球呢？老师为大家准备了活动单，在活动单上用你喜欢的方式，如圈一圈、画一画，或者算一算，找到男生队平均每人投进几个球。完成后再和同桌互相说一说，为什么这样做？

待学生完成后，教师抽选小组汇报。

师：同学们，移来移去的目的是什么？

生：平均，相等。（边指黑板上的条形统计图，边让学生说）

师：观察，在移动的过程中什么没变？

生：他们的人数总数都没有变。

师：分析得特别有道理。这样的移动只是小组内部成员之间做调整，对集体的成绩有没有影响？（学生回答没有）

师：观察。移完之后什么变了呢？

生：每份的个数变了。

师：像这样，为了把每个人投进的个数变得相同，我们移动多的补给少的，谁来给这种方法取个名字？

生：移多补少。

师：真形象，老师把它记录下来。（板书：移多补少）

【设计意图】学生通过"移多补少"初步感知平均数与原始数据的区别，了解平均数是描述一组数据的整体水平。

（2）求和均分，计算平均数。

师：孩子们，生活中所有类似的问题都可以通过移摆来解决吗？平均身高？平均体重？那又该怎么办呢？你说。

生：就应该把那些人的体重或者说身高它们的总和加起来，再除以他们的人数。

师：也就是通过计算找到它，是吗？刚才有用计算的方法的吗？

师：请你发言，你说我写。

生：$(5+9+6+8)÷4=7$。

师：谁看明白了？她是怎么做的？

生：她是先把所有人数的总和加起来，然后再除以总人数，就等于平均每个人投进多少个球。

师：那除以 4 表示平均分，那平均分的目的又是什么呀？

生：相等。

师：是的，也是为了把每份变得相同，这种方法也有一个名字，叫作求和均分。（板书：求和均分）

师：同学们，两种方法虽然不同，但是它们都有一个共同的目的，那就是把原本不相同的数变得怎么样？

生：相同。

师：这个相同的数7就是原来的5、9、6、8这几个数的平均数。

【设计意图】学生通过"求和均分"计算平均数，既感知到两种方法的各自优势，又再次感知平均数与原始数据的区别，了解平均数是描述一组数据的整体水平。

（3）由线到图，初悟代表性。

师：同学们，平均数7在这里表示什么？表示平均每个人投进了7个篮球。

师：观察，是不是男生队每个人真的都投进7个球？（不是）

师：不是真的，那这个平均数7就是一个假的数。孩子们，请你们把每个人实际投进的个数和7比一比，你有什么发现？比一比。

生：我发现一号投中的5比7少2个，二号投中的比7多2个，三号投中的比7少1个，四号投中的比7多1个。

师：还有谁想说？

生：我发现这几个数离7都非常的近，所以才叫平均数，他们差距不是非常的远，所以我们才能知道它的平均数是准确的。

师：你观察得很仔细。有的比7（齐答：小），有的比7（齐答：大）。

师：所以啊，这个平均数7并不是每个人实际投中的个数，而是我们相当于把4个人投进的个数总和起来，再平均分成4份得到的，是为了代表男生队的整体水平，而创造出来的一个虚拟数据。所以我们可以用一条虚线来表示平均数。

【设计意图】在"移多补少"和"求和均分"两种方法的基础上，进一步分析结果"平均数7"的意义，通过"线"再次感知平均数的虚拟性，代表的是整体水平。

（4）"估"中思辨，感悟区间性。

师：同学们，你们可真能干！通过观察、操作、计算，找到了男生队平均每人投进7个球。那么女生队平均每人投进几个球呢？不着急计算，我们来估一估吧，谁来估？

生：我觉得可能投进 8 个。

师：有可能吗？

生 1：有可能。

生 2：我觉得有可能投进 6 个。

师：也有可能，那个男孩儿你也来估。

生 3：我觉得有可能投进 5 个。

师：有可能吗？也有可能。那我也来估。我估 11 个。可能吗？

生齐答：不可能。

师：你觉得为什么不可能呢？

生：因为他们最多的就是 11 个球，除此之外其他人最多也只能投进 6 个，所以不可能是 11。

师：11 是这里最大的。那按照我们找平均数的方法，它就会把自己的个数……

师：真棒，所以你们认为不可能是 11 是吧？那我改一个吧，我估 4 可能吗？

生：不可能。

师：那为什么又不可能呢？

生：因为 4 是这里最小的数，别人不可能跟着最小的数一起变小。所以说呢，最小的数不可能是它的平均数。

师：嗯，还有谁想说为什么不可能是 4？

生：因为最大的数会分几个给最小的数，所以平均数不可能是最小的数。

师：我听明白你们的意思了，你们是认为女生队的平均数应该比 11 要（齐答：小），比 4 要（齐答：大）。这只是你们的猜测，到底猜得对不对呢？赶紧列算式验证。

师：看到你们端正的坐姿，我知道你们已经完成了。来，谁来跟我们分享一下你的算式。

生：我是这样列的算式，(11+4+6+5+4)÷5=6（个）。（师板书）

师：跟他一样的请举手。嗯，孩子们赶紧把平均数和 11 比一比。6 比 11 要（齐答：小），比 4 要（齐答：大）。

（师板书：最小值<平均数<最大数）

师：通过我们的验证，我们发现平均数比一组数据的最大数要小，比最小数要大。它介于最大值和最小值之间，这也是它的一个重要特点，所以我们才能通过移多补少找到它。

【设计意图】通过在"估"中思辨，再计算验证，感受平均数的变化有一定的取值范围，它介于一组数据中最大数与最小数之间。

(5) "比"中再思，再悟代表性。

师：同学们看3号女生实际投中了6个，女生队的平均数也是6个，这两个6表示的意思一样吗？

生：不一样。一个6是3号个人投的个数，而另一个6是平均数，是整个女生队的平均数，就是他们整个女生队平均每个人投的数量。

师：平均数可能和组内的某些数据相等，也可能不相等，但是它不代表组内任何一个具体的数据。平均数6是我们相当于把5位女生的总个数平均分成5份而得到的，也是为了代表女生队的整体水平而创造出来的一个虚拟数据。

【设计意图】通过女生队特殊平均数的出现，让学生对平均数的"虚拟性"有更为深入的认识。

(6) 极值变化，体会敏感性。

师：孩子们，你们看，个人最好成绩在女生队，为什么女生队的整体水平却不高呢？

生：因为女生队人数比男生队要多。

师：人数多水平就一定不高吗？谁来帮帮她？

生：因为这个队除了她的成绩最好之外，其他成员比男生队的成绩低一些。

师：也就是除了1号女生之外，其他的女生队员的个数都比较（齐答：少）。那如果让其中一个女生多投几个，你们猜猜平均数会发生变化吗？（齐答：会）会怎么变？（齐答：变大）

师：这是你们的猜测。来，我们一起来验证一下。（借助Excel表格动态演示）

女生队	投进个数
①号	11
②号	4
③号	6
④号	5
⑤号	4

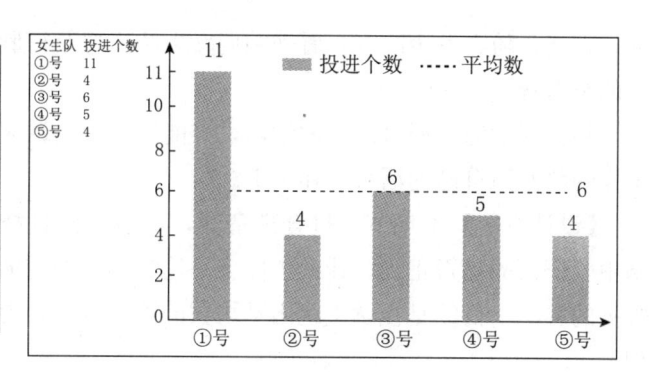

师：这是代表女生队每人实际投中个数的条形统计图，此时的平均数是6。你想改变哪一位女生的个数？来，请你说，你想让她多投几个呢？

生：5个。

师：好，我们让她多投5个，看仔细了，同学们，看看平均数变成了多少？

生：7。

师：7比6大，印证了你的猜想，还有谁想来举例？你想改变哪一位女同学的个数？

生：我想改变2号女同学的。

师：好，你想让她多投几个呢？

生：我想让她多投4个。

师：好的，那就是8个。来，咱们看看平均数变成了？一起说。

生：6.8。

师：咦，平均数变成了一个什么数？（生：小数）

师：实际进球的个数可能是小数吗？（生：不可能）

师：再次说明，平均数是一个（生：虚拟数）。来比一比，6.8比6大，印证了你的猜想。那孩子们，如果一个女生的个数少几个，平均数又会怎么变？

生：变小。

师：通过刚才的实验，你又发现了平均数什么新的特点？

生：会随着其他成员中某一个人的个数变大或变小而跟着变化。

师：同意吗？你看一个数变大平均数变大，一个数变小平均数就变小，说明平均数它特别的善变。

师：平均数的得来呀，和这里的每一个数都相关，所以一个数据发生变化，它就会随之发生改变。看来咱们女生队要想获得胜利，需要所有队员共同的努力呀。

师：同学们，通过前面的学习，谁能用自己的话来说一说平均数是一个怎样的数？用自己的话来描述一下。

【设计意图】本环节通过合理猜测，再借助信息技术手段，在 Excel 表格中验证猜测是否正确，让学生体会平均数具有一定的敏感性，容易受极端数据的影响。目的是让学生跳出平均数的算法意义，促进平均数统计意义的理解。

（7）联系生活，练习巩固，应用平均数。

1. 判断。（对的画"√"，错的画"×"）

（1）4 和 6 的平均数是 5。

（2）6，6，6 的平均数是 6。

（3）小明三次投篮的平均数是 8 个，代表小明每次都投进 8 个。

（4）知道小组的平均身高，一定能知道小组中每人的身高。

（5）知道小组每个同学的身高，就能知道小组的平均身高。

（6）知道小组同学的平均身高是 145cm，就能算出小组中 10 人身高的总和。

2. 联系生活，感悟价值。

> 我班上这次数学考试的平均成绩是 95 分。

> 我班上这次数学考试的平均成绩是 87 分。

> 哈哈哈，那我这次的成绩肯定比红红好。

四（7）班 亮亮　　　四（6）班 红红

3. 学科融合，灵活应用。

呈现一张河边图片，图上有标志牌："平均水深 110 厘米"。一小男孩冬冬说："我身高 120 厘米，下水游泳不会有危险。"冬冬的想法对不对？

【设计意图】三个层次的练习考查学生对平均数的掌握情况。先立后破，再立，让学生学会理性地看待和使用平均数，感受平均数的价值，发展数据意识。

二、课后反思

（一）创设真实情境，唤醒统计需要

统计的核心是数据分析，平均数是一个统计量，教师教学时不能只是教给学生如何计算平均数，而是要将学生置身于真实情境，让学生产生主动使用平均数来刻画、分析数据的需要。因此，课伊始，播放学生投篮比赛视频，用条形统计图出示比赛结果，让学生获取数学信息，同时提问：哪组的投篮成绩更好？学生借助生活经验，大多数会认为得分总数多的组会获胜。教师引导学生在交流辨析中，发现人数不同时，不能通过总数来判断谁获胜，而是要通过甲乙两组的平均投篮成绩来判断。创造认知冲突，激发学习欲望，进而引出新知，揭示主题：平均数。

（二）多角度中思辨，触摸概念本质

在教学中，一是借助条形统计图，通过移多补少，帮助学生理解并不是真的每个人都投中 7 个，原始数据是没有发生变化的，这是一个虚拟的过程。尽管利用平均分求出了平均数，但二者有着本质区别。看似相等，却只是一组数据上下波动的一个平衡点，学生对平均数的认识从"实"走向"虚"。二是通过算一算、估一估、比一比、极值变化等感知平均数的代表性、虚拟性、敏感性，能刻画一组数据的集中趋势，作为一个统计量，介于最大数与最小数之间，逐步发展学生的数据意识。

（三）回归生活实际，内化概念本质

数学概念的理解，离不开真实情境，平均数更是如此。本节课紧紧围绕"问题、数据、分析"展开，引导学生层层挖掘其中的数据信息，感悟其统计意义。同时通过判断、平均成绩、数学故事等问题的探讨，先立后破，让学生对"平均数"有更加生动、饱满的认识。

图文结合　启迪思维

——探讨小学语文课本插图在阅读教学中的实践应用

郭　芳

小学语文课本中的插图是教材内容的重要组成部分，它们以直观、形象的方式呈现文本信息，对于激发学生的学习兴趣、帮助学生理解文本内容、培养学生的观察力和想象力具有显著作用。在阅读教学中，有效利用课本插图，不仅可以丰富教学手段，还能提高学生的阅读效果。

一、课本插图在阅读教学中的作用

对于小学生而言，形象生动的插图往往比纯文字更具吸引力。课本中的插图能够迅速抓住学生的注意力，引发他们对文本内容的好奇心和探究欲，从而促使学生主动投入阅读活动中去。小学生的思维以具体形象思维为主，抽象逻辑思维能力相对较弱。在面对一些抽象、复杂的文本内容时，学生往往难以理解。此时，课本插图可以作为文本的辅助说明，帮助学生将抽象的文字信息转化为具体的形象信息，降低理解难度。课本插图往往蕴含着丰富的细节信息，学生在观察插图的过程中，需要细致入微地捕捉这些信息，这对于培养学生的观察力大有裨益。同时，插图还能够激发学生的想象力，让学生在脑海中构建出与文本内容相关的生动场景。

二、课本插图在阅读教学中的应用策略

（一）以图导入，激发兴趣

在阅读教学的导入环节，课本插图作为一种直观且富有吸引力的教学资源，常常被教师巧妙地用来激发学生的兴趣。这种以图导入的方式，不仅符

合小学生的认知特点,还能有效地将他们的注意力引导到即将学习的内容上来。以"小蝌蚪找妈妈"一课为例,教师可以先让学生仔细观察课本中的插图。插图中,一群可爱的小蝌蚪在水中游动,它们或独自前行,或结伴而行,似乎在寻找着什么。这样的画面既生动又有趣,很容易吸引住学生的目光。接下来,教师可以引导学生猜测插图的内容。教师可以问:"同学们,你们看这些小蝌蚪在做什么呢?"学生可能会回答"它们在游泳""它们在玩耍"等。然后,教师可以进一步引导:"那么,它们为什么要这样做呢?它们可能在寻找什么呢?"通过这样的提问,学生的好奇心和探究欲被进一步激发,他们可能会猜测"小蝌蚪可能在找食物""小蝌蚪可能在找妈妈"等。最后,教师可以揭示课题:"同学们,你们猜得没错,这些小蝌蚪正是在寻找它们的妈妈。那么,它们最终能否找到妈妈呢?让我们一起来学习'小蝌蚪找妈妈'这一课,从课文中寻找答案吧。"这样的导入方式不仅富有趣味性,还具有启发性,能够迅速将学生带到阅读情境中,为接下来的阅读教学打下良好的基础。

(二)图文并茂,深化理解

在阅读教学的过程中,文本与插图的结合使用,是一种极为有效的教学策略。特别是对于小学生而言,他们的认知能力尚处于发展阶段,对于抽象的文字描述可能难以形成直观、生动的理解。而插图,作为一种形象化的表达方式,能够极好地弥补这一不足。以《望庐山瀑布》这首诗的教学为例,诗中"飞流直下三千尺,疑是银河落九天"的描绘,虽然文字优美、意境深远,但对于小学生来说,要真正领会其中的壮观与震撼,可能并不容易。此时,课本中的插图就发挥了至关重要的作用。教师可以引导学生一边朗读诗句,一边仔细观察插图中的瀑布景象。在插图的帮助下,学生可以看到那高耸入云的庐山,感受到山势的险峻;可以看到那从高处倾泻而下的瀑布,如同天河倒挂,水势汹涌,气势磅礴。这样的视觉体验,无疑会让学生更加直观地感受到诗句中所描绘的"飞流直下三千尺"的壮丽景象。图文结合的教学方式,不仅可让学生在视觉上得到享受,更重要的是,它可帮助学生将抽象的文字描述与具体的形象感知结合起来。学生在阅读诗句的同时,通过插图的辅助,能够在脑海中形成更加生动、形象的画面,从而对诗句的理解更加深入、透彻。

（三）图文结合，启迪思维

在阅读教学中，借助插图可以更好地理解文本内容，从而达到出乎意料的教学效果。图文结合的方式，不仅能帮助学生去思考、去感受、去想象，还能启迪学生思维，指引学生做一个有思想的阅读者。以《那个星期天》这篇课文的教学为例，文中"这段时光不好挨……"一段生动地描绘出了一个满怀期待、焦急等待、兴奋激动的孩子，学生读完文字再看插图，会发现插图中一个孩子"分身"为四个场景中的孩子，展现出"看云彩""跳房子""拨弄蚁穴""看画报"的生动画面。学生会联系生活实际，想象自己焦急等待时的场景，既可加深自己的理解，又可留下想象的空间。这一课还有一幅插图，孩子蹲在妈妈的洗衣盆旁，周围的光线、妈妈的动作、孩子的表情都令人动容，可以让学生联系文本，深刻地理解文中小主人公的心情，熟练地掌握融情于人、事、景的间接抒情方法。图文结合是阅读教学中一种非常实用的教学策略。它不仅能够帮助学生更好地理解文本内容，还能够培养学生的观察力和想象力。因此，在阅读教学过程中，教师应充分利用课本中的插图资源，将其与文本内容紧密结合起来，从而引导学生更加深入地理解文本、感受文本的魅力。

综上所述，小学语文课本插图在阅读教学中发挥着重要作用。通过合理利用课本插图，教师可以有效激发学生的阅读兴趣，辅助学生理解文本内容并培养学生的观察力和想象力。在未来的阅读教学中，教师应进一步探索课本插图与文本内容的深度融合方式，以及如何利用插图设计更多富有创意和启发性的教学活动，从而更好地发挥课本插图在阅读教学中的价值。

数学游戏在小学数学教学中的有效应用研究

龙春桦

就 21 世纪的教育趋势而言，教育目标从知识传授转向能力培养和个性发展，教师需要不断探索更具吸引力和效果的教学方法。数学，作为基础教育的核心学科之一，其教学方式的创新尤为重要。传统的教学方法往往忽视了学生的兴趣和主动性，导致学生对数学的学习缺乏热情甚至产生恐惧感。因此，如何在数学教学中激发学生的学习兴趣，提高他们的逻辑思维能力和解决问题的能力，成为教育工作者需要解决的问题。

数学游戏作为一种创新的教学方法，因其趣味性和互动性，被认为是解决上述问题的有效途径。通过数学游戏，学生可以在轻松愉快的氛围中探索数学知识，从而提升对数学的兴趣和学习的积极性。此外，数学游戏还能够促进学生的思维能力发展，特别是逻辑思维、创新思维和团队合作能力。在游戏的过程中，学生需要运用数学知识解决问题，这种实践操作不仅可加深学生对数学概念的理解，还可培养他们的解决问题能力。

鉴于此，本文旨在探讨数学游戏在小学数学教学中的应用价值及实施策略，以期为小学数学教育提供新的视角和方法。通过分析数学游戏的教学价值，探讨合适的游戏选择、设计原则和教学策略，本文期望能够为提升小学数学教学效果提供实用的建议。

一、数学游戏的教学价值

数学游戏在小学数学教学中的应用，不仅是为了增加教学的趣味性，更重要的是它能促进学生全面发展。以下是数学游戏教学价值的几个关键方面。

（一）激发学习兴趣

数学游戏通过将学习内容融入游戏情境中，使得原本抽象的数学概念变得生动有趣。这种趣味性的学习方式能够有效激发学生的好奇心和探索欲，从而提高他们对数学学习的兴趣。学生在游戏中遇到的挑战和成功经历，能够增强他们学习数学的动力。

（二）促进思维能力发展

数学游戏要求学生在游戏过程中思考和解决问题，这不仅能够锻炼他们的逻辑思维和创新思维，还能够提高他们的空间想象力和数学推理能力。通过游戏中的问题解决环节，学生可以学会如何分析问题、如何制订解决方案，以及如何于实际情境中应用数学知识。

（三）增强团队合作能力

许多数学游戏设计为小组合作模式，这要求学生在游戏中与同伴沟通、合作，共同寻求解决方案。这种合作学习的过程不仅有助于培养学生的社交技能，还能够促进学生之间的思想交流和知识共享，增强团队合作能力。

（四）提高学习的自主性

数学游戏通常设定有挑战性的目标和规则，学生需要自主探索和尝试以达成目标。这种自主学习的过程使得学生在游戏中不断尝试和调整策略，可培养学生的自学能力和问题解决能力。学生通过游戏可自然而然地学会如何管理自己的学习，提高学习的自主性和自我效能感。

（五）促进综合素质的提升

数学游戏不仅仅是数学技能的训练，更是一种综合素质教育的实践。在游戏中，学生能够体验到合作与竞争、成功与挫折，这些经历有助于培养学生的情感态度与价值观，如公平竞争、尊重他人、坚持不懈等品质。

综上所述，数学游戏在小学数学教学中的应用具有重要的教学价值，不仅能够激发学生的学习兴趣，促进思维能力的发展，还能够在提高团队合作能力、增强学习自主性以及促进学生综合素质提升方面发挥显著作用。因此，将数学游戏融入日常教学中，对于提升小学数学教学的质量和效果具有重要意义。

二、数学游戏的选择与设计

（一）游戏的选择

选择适合小学生的数学游戏是一个至关重要的过程，它直接影响到游戏的教学效果和学生的学习兴趣。首先，教师需要考虑学生的年龄和数学能力水平。对于年龄较小的学生，应选择规则简单、易于理解的游戏，以保证他们能够快速参与并从中获得乐趣。对于数学基础较强的学生，可以选择难度较高、需要策略思考的游戏，以挑战和提升他们的数学思维能力。其次，游戏的选择还应该与教学大纲和学习目标紧密相连。选择能够覆盖当前教学内容的游戏，不仅可以巩固学生已有的知识，还能激发他们探索未知数学领域的兴趣。因此，教师在选择数学游戏时，应综合考虑学生的年龄、兴趣、数学能力和教学目标。

（二）游戏的设计

设计富有教育意义的数学游戏是实现有效教学的关键。游戏设计应始终围绕教学目标进行，确保学生在玩乐中学习，通过游戏实现知识的内化。设计时，教师可以从以下几个方面着手：

（1）目标明确：每个游戏都应有清晰的学习目标，比如加深对某个数学概念的理解、提高计算速度等。

（2）趣味性与挑战性并重：游戏需要足够有趣，以吸引学生的持续参与，同时包含一定的挑战性，促使学生思考和解决问题。

（3）鼓励合作：设计游戏时，可以考虑团队合作的元素，鼓励学生在游戏中相互协作，共同解决问题，这样不仅能提高他们的数学能力，还能培养团队精神。

（4）反馈及时：游戏设计应允许学生及时获得反馈，无论是通过游戏机制还是教师的引导，都应让学生明白自己的进步和需要改进的地方。

通过精心设计，数学游戏可以成为激发学生兴趣、提高学习效率的强大工具。教师应根据学生的具体情况，创造性地选择和设计游戏，使其成为数学教学中不可或缺的一部分。

三、数学游戏的教学策略

（一）整合课程内容

为确保教学活动与学习成果的无缝对接，教师需深入挖掘课程标准与学习目标，精心挑选或设计与之相匹配的数学游戏。以加减法掌握为例，设计一个集娱乐与教育于一体的购物主题游戏，可以让学生在模拟购物的同时，实际应用并巩固加减法知识。这样的游戏不仅可激发学生的学习兴趣，也可使他们在游戏的乐趣中达成学习目标。

（二）积极地引导与有效地反馈

在数学游戏的实施过程中，教师的角色至关重要。在游戏开始之前，教师应明确介绍游戏规则和学习目标，确保学生明白游戏的目的并全情投入。游戏进行时，教师需密切关注学生的参与度，为遇到挑战的学生提供及时的指导与支持，并促进学生间的互动与合作，共同寻找解决问题的路径。游戏结束后，教师的及时反馈对于巩固学生的学习成果也至关重要。总结游戏关键点，强调所涉及的数学概念和解题技巧，并对学生的表现给予肯定，鼓励那些虽未得出正确答案但进行了创造性尝试的学生。这种策略不仅深化了学生的自主学习，也激发了他们对数学探索和挑战的持续兴趣。

四、实施中的注意事项

（一）平衡游戏与学习

在数学游戏的教学实践中，确保游戏与学习间的有效平衡是至关重要的。教育目标应始终处于游戏选择和设计的核心位置。因此，教师需谨慎挑选或设计那些既富有吸引力又具有深刻教育意义的游戏，保证学生在享受游戏乐趣的同时，也能获得必要的数学知识与技巧。同时，教师应激励学生认识到游戏中的学习机会，鼓励他们在游戏中探索数学概念。这样，游戏不仅仅是娱乐的手段，而且成为学习过程的一环，助力学生在实际操作中巩固所学知识，还让学生玩中学，学中乐，乐中长。

（二）评价与激励

合理的评价与激励机制对激发学生在数学游戏中的积极参与和深度思考也是非常关键的。评价时，应重点关注学生解题的过程和策略，而非仅仅关注结果的对错。建立一套评价体系，侧重于学生的参与度、合作精神及创新解决方案，比单一的正确答案更加重要。激励机制应旨在表彰每位学生的努力和提升，而非只奖励得出正确答案的学生。例如，可以设立"创新思维奖"或"卓越合作奖"等奖项，以此奖励那些在游戏中表现出积极性和创造力的学生。在保持教育目标优先的同时，平衡好游戏与学习的关系，通过有效的评价和激励机制促进学生的全情投入，这样教师才能够充分发挥数学游戏在教学中的潜力，促进学生的全面成长。这种方法不仅能提升学生的数学技能，还能够持续激发他们对数学学习的热情。

五、结论

本文强调了数学游戏在小学数学教育中的重要作用，包括激发学生兴趣、提升思维能力和增强团队协作。通过精心选择和设计数学游戏，教师能够营造寓教于乐的学习环境，实现培养具有高雅气质和聪慧素养学生的教育目标。数学游戏不仅有助于学生享受学习乐趣，还能培养他们的尊重和倾听的儒雅行为，同时激发创新思维和实践能力。因此，数学游戏的应用与当前教育改革趋势和"雅慧教育"理念相契合。未来教学实践应进一步优化数学游戏应用，以发挥其在培养学生综合素质方面的最大潜力，助力培养既具高雅气质又富有聪慧素养的新一代学生，为他们的全面发展和成功奠定基础。

重视细节构建优质高效的语文课堂

张坤菊

众所周知，一堂课是否优质高效，最能体现教师的综合素养，评价标准包括严谨细致的课前准备、开放灵活的课堂过程等。教学过程中，可能会因为教师的精心设计、合理调控，让课堂生动有趣、大放异彩，也可能会因为教师的不善于变通、习惯性失误，让课堂实效不断降低、黯然失色。下面，笔者结合学科教学实践与探索，重点谈谈语文课堂不容忽视的几处细节。

一、学习环节切忌快马加鞭，务必追求实效

教学环节的设计十分重要，会直接影响教学效果。很多教师备课时，都要尽可能预设多样化的教学环节，这样既可以让课堂看起来生动活泼、丰富多彩，又可以很好地激发学生的学习兴趣。正因如此，一些教师往往难以跳出预设环节这个"条条框框"，教学过程总是绕不开教案设计好的"线路图"。

比如，一位教师在教学过程中要求学生自读课文，通过查字典自学生字、生词。学生读完课文后，刚翻开字典不久，教师便要求学生认读生字、理解词意。学生还不会读，教师便开始教读；学生不会理解，教师便帮助分析……本该留给学生的自主学习时间，被教师的"灌输式"行为给占用了。

为了完成预设好的教学环节，教师担心学生自学时间太慢，影响课时目标顺利完成，便急不可耐地作了领路先锋。这样，学生每次在学习生字词时，就会自然而然依赖教师，心里会产生惰性，他们不再主动学习，主动思考，主动探索，而是逐渐形成一种思维定式：反正会有教师的帮助，到时只需"拿来"就行。

其实，真正的高效课堂，不仅要追求教学环节的完整性，还要充分考虑学生是否在每个学习环节都积极参与，学有所获。教学任务和学习目标是两个不同的概念，需要把两者有效融合在一起，不能顾此失彼。教师虽然完成

了教学任务，但学生学习目的却还未达到，课堂实效性必然大打折扣。

二、游戏活动不能针对个别，而要照顾整体

游戏能激发学生学习兴趣，而兴趣又是最好的老师。教学过程设计游戏环节十分必要，但也不能只讲形式和场面，而要以学生需求为导向，注意发挥课堂实效，特别注意游戏活动的影响范围。具体而言，学生游戏活动不能以点带面只针对少数，而要以游戏为载体，让更多学生参与其中、在游戏中思考。

比如，一位教师利用"开火车"游戏让学生认读生字，当轮到某个学生认读时，教师便赶紧跟上去，热情地把生字卡片送到这位学生眼前。读对了，教师给予表扬；读错了，教师予以纠正。看起来，整个过程教师都显得匆匆忙忙、服务到位，但再看看另外的学生，除了要注意是否该轮到自己认读之外，其余活动好像都与他们无关，感觉无事可做，有的甚至东张西望……

教师只注重个体学生对知识的掌握情况，忽略了对其余学生的关注，他们在想什么、做什么、掌握得怎么样，教师还来不及知道，便已进入下一个教学环节。显然，教师出示生字卡片时，如果能让所有学生都看见，一个学生认读的同时，其余学生都来倾听，遇到错误让学生来纠正，教师也会免去不少力气。这样，让全班学生都参与学习互评互动，掌握知识的效果自然会更好。

三、精彩呈现不是课前预设，而是自然生成

不少教师上课时都有一个误区，认为教学过程中若没有精彩片段，便不算是高效课堂，都会意向性把学生引入自己预设的"包围圈"，但真正体现在课堂运用时并不理想，导致那些预设的"精彩"黯然失色。殊不知，正是因为教师在课堂上敢于放手，不以课前预设为唯一目标，却能获得意外收获。

比如，一位城区教师到农村学校执教"雷雨"一课，一开始，学生还显得胆怯，不敢主动与老师配合。当教师让学生谈谈雷雨来临前有哪些现象，并感受雨中的美丽时，学生兴趣来了，齐刷刷举起小手。教师随机抽了多名学生回答，准备导入下一个教学环节，可仍有学生余兴未消，争先恐后要继

续回答。如果教师让每一位学生都来回答，势必会影响教学时间的分配。为了不打消学生的积极性，怎么办？教师便因势利导，让学生相互倾诉，一吐为快，先说后写再展示。这时，整个教室沸腾了，气氛一下子活跃起来，也并未影响教学目标的完成。

诚然，作为农村孩子，对这个话题的经验感受太丰富了，课堂精彩就这样生成了。试想，如果教师只为了突出教学手段的创新，精心铺设一些精彩环节，让学生跟着自己的思路走，极有可能使这些精彩环节变得刻板生硬，或因为突发情况根本就无法生成。可见，语文课堂中自然生成的精彩才是真正的精彩。当然，这与教师在课堂上的随机应变、合理调控息息相关。

四、课堂用语避免太过随意，应当精准明晰

实践证明，如果教师在课堂上经常使用准确规范的教学语言，这个班级的学生日常用语也会很讲究。可见，教师的课堂语言会潜移默化地影响学生。反之，如果教师的课堂用语太过随意，缺乏严谨性，不但会降低学生的学习表达能力，还会引起学生对课堂问题的误解，进而影响教学节奏。

比如，一位教师通过出示课件，让学生感受彩虹的美丽时，这样说："今天，我要送给同学们几张美丽的彩虹画，你们高不高兴……"学生齐声叫好。接着教师在电脑屏幕上依次出示了几张美丽的彩虹画面，经过短暂的观赏之后，学生却似乎兴趣索然。有位学生大胆提问："老师，你刚才说要送给我们彩虹画是真的吗？我也想要一张，回去送给妈妈。"教师讶然，一时无语……

原来是一字之差让学生产生了误解。其实，教师本意是让学生欣赏彩虹画，从中感受彩虹的美丽。这里，只需把"送"字换成"欣赏"即可，也就避免了这次尴尬。可见，教学语言贯穿整个教学过程，准确、恰当的语言表达让课堂更有生命力，否则容易误导学生的理解，产生歧义。

总之，影响语文课堂教学效果有多种因素，而教师对教学细节的把控又显得尤为重要。教学过程中，教师要及时反思，认真总结，取长补短，才能有的放矢、应对自如，大大提升语文课堂的实效性。

小学低段课堂管理问题的成因及对策

金 敏

课堂管理是课堂教学中最具普遍意义的问题，而小学低段又是课堂管理问题多发的阶段。课堂管理应该持发展的眼光，由强调规定和控制转变为引导和激励，以促进学生全面发展。本文立足于国内外对教师课堂管理行为已有研究的基础上，将小学低段的学生和教师确定为研究对象，力图通过当前小学低段课堂管理行为的调查研究和分析，揭示教师在课堂管理中存在的诸多问题，继而在剖析其成因的基础上提出应对小学低段教师课堂管理问题的策略建议。

一、小学课堂管理导论

课堂是学校教育的细胞，学生在学校的大部分时间在课堂里度过。教师与学生的主要互动发生在课堂上，学校教育的教学目标也主要依赖课堂实现，可以说课堂是学校教育中最为常见、最为平常也是最为重要的基本组成单元。现代教育中讲到课堂，通常是与"课堂教学"或"班级"联系在一起的。17世纪，捷克教育家夸美纽斯从理论方面和实践方面论证了班级授课制存在的合理性，课堂教学逐渐发展成为世界各国的基本教学组织形式。同时，采用班级授课制的教师发现，课堂管理成为他们最关心和最感棘手的问题之一，如何进行有效的课堂管理？教师在课堂上采用何种管理方式？诸如此类的问题已成为课堂能否充满活力的决定性因素，也成为影响学生发展的重要因素之一。

二、影响小学课堂管理效果的主要因素

影响课堂的因素至少可以分为两大类型：课堂外因素和课堂内因素。课堂外的影响因素又可以分为社会环境因素、自然环境因素、家庭环境因素和

学校环境因素。构成课堂内因素的教师、学生、教学内容、教学手段都会影响课堂，课堂活动就是在这样多因素相互影响中进行的。而本文主要研究课堂内因素对课堂管理效果的影响。

（一）教师对课堂管理的影响

教师是课堂的重要构成要素，一般认为，教师对课堂起主导作用，课堂的运行及其教学效果，在很大程度上取决于教师对课堂的认识和把握。在课堂中，教师的角色是课堂决策者，必须知道特定的社会和学术情境对知识的选择和运用，必须持续不断地反思其课堂教学经验，使其教学适应所教的学生。教师也需要从研究中获得有关概念和观点的新信息，他们可以用来分析自己的教学方法，或者改进课程设计。其中，教师对课堂的观察和系统研究对教师的教学发挥关键作用。

（二）学生对课堂管理的影响

学生不仅是课堂的组成部分，而且是课堂中的主体，是影响课堂最主要的因素之一。同时，学生也是课堂目标的体现者，课堂目标主要是通过师生互动实现的。课堂里的教师需要同时对待众多的学生，不同学生之间也处于互动中，这就大大增加了课堂的复杂程度。

1. 不同学生在课堂互动中的地位

学生的学习成绩直接影响学生在课堂中的互动。研究表明，教师通常倾向于频繁地叫自己认为最能干的学生来回答问题。在一些情况下，教师与优等生和潜能生的互动机会相近，但有着完全不同的内涵。教师与优等生互动主要是表扬，而与潜能生的互动主要是批评，通常与学习成绩处于中等水平的学生交流最少。教师愿意花在优等生身上的时间通常是花在潜能生身上时间的两倍。在更多情况下，教师对潜能生形成比较低的期望，在回答问题时受到的对待完全不同，这往往导致一些羞怯的学生主动回避参与课堂讨论。

2. 同伴的影响

同伴的影响往往与课堂中存在的管理问题也有很大的关系。有的学生本来自己可以认真地学习，但是经不住同伴的诱惑，最终和他们一起搞小动作，扰乱课堂秩序。

3. 小学低段学生身心发展特点对课堂的影响

（1）生理方面。

小学低段儿童，身体发育存在较大差异性，有些孩子跟同龄人相比，不能长久保持专注，对课堂管理也会有一定的影响。

（2）心理方面。

与生理发育相比，低年段学生的心理发展则是处于一个重大的变化与转折时期，此时学生心理发展的特点主要表现在以下方面。

①情绪不够稳定，自我控制力也较弱，特别是刚上学的学生，容易因为学习、生活或人际交往等方面的不适应而产生情绪上的问题。

②注意力的稳定性不够，无意注意仍起重要作用。一般情况下，7~9岁学生能持续保持专注20分钟左右，且直观、形象、新异的教具、教学方式等更能引起其注意。

③思维从具体形象思维为主向初步的抽象逻辑思维（经验性逻辑思维）发展。不能理解的概念较多，往往需要应用"具体实例""直观特征"等形式来掌握概念。

三、应对小学低段课堂管理问题的对策

（一）创设良好的课堂情境

课堂教学情境是指影响课堂教学活动的多种外部条件的综合。教学过程中，各种教学设备和设施、教学规章制度、校风、班风等都属于课堂教学情境。课堂教学情境的重要意义在于它既影响教学活动的过程，也影响教学活动的结果。在实际教学中，不管我们是否意识到，教学目标的建立和达成，教学方法的选择和运用，教学手段的确定和教学组织形式的安排，课堂信息的交流和师生课堂的交往等，都直接或间接受到各种情境因素的影响。所以，创设良好的课堂情境，可以有效地提高课堂管理的效率，从根源上减少课堂管理问题的出现。

（二）在课堂教学中，提高对学生的人文关怀

美国著名教育心理学家皮尔逊曾说过："为了得到教师的爱，学生可以去做各种教师所喜爱的事情，甚至去学习他最不感兴趣的科目。"课堂中和谐、融洽的师生关系具有十分重要的教学功能，即所谓"亲其师，信其道"。

良好的课堂人际关系对学生的人格发展起着重要的作用。社会心理学的研究表明,融洽、和谐的课堂人际关系有助于学生人格的发展,并能调适或消除心理健康问题,而冷漠、紧张的课堂人际关系则不利于学生人格的发展,久而久之甚至可能造成人格障碍。

小学低年级的学生,都是刚刚入学的儿童,天真烂漫,爱说爱动,对自己的行为约束力差,注意力容易分散,在课堂上,有时要玩一会儿与学习无关的东西。在调查过程中,我也发现,很多教师都把开小差、玩与学习无关的东西等行为视为影响学生学习的缺点加以约束,限制学生"动",强制听课。有的学生还被认为是患了"多动症"。像这样的孩子上课不专心听讲,教师批评,家长责备,他们上课时像是被捆住了手脚,束缚了思维,完全处于被动地位,一堂课下来又苦又累,容易产生厌学情绪。而在与这些学生交流的过程中,我也发现,这些学生其实很渴望得到教师的肯定,希望能够引起教师的重视。如果教师能够多一点点的耐心,他们都非常愿意融入教师的课堂,也就不会经常出现一些课堂问题行为。所以如果给低段学生上课的教师能够让学生一上学就感受到学习的乐趣,从小培养起他们强烈的求知欲、良好的思维品质和学习习惯,学生将受益匪浅。

(三)提高低段教师的课堂管理艺术

课堂管理不仅是一门技术,更加是一门艺术。而一般说到课堂管理,许多教师往往只着眼于对学生的控制。事实上,课堂里的不少失控往往起因于教师本身的失控,这一点也应该引起我们的广泛关注。

1. 调整心态,控制自我

当教师面对一个新的课堂,或者再次面对一个曾经让自己非常棘手的课堂时,不少低年级教师,特别是新入职的教师,很容易焦虑过度,感到没有把握,内心里充满着紧张、不安和担心,唯恐出现课堂混乱和失控。避免焦虑过度必须对自己有足够的自信,要相信自己能管理好课堂。同时,自尊心的维护要适可而止,维护自尊心的愿望过于强烈,反而更容易受到伤害。在教师的课堂管理生涯中,出现管理失误也是在所难免的,关键在于要善于从失误中吸取教训,努力将教训转化为经验,这样就有可能不断减少失误而成为课堂管理的能手。

2. 控制情绪的注意点

为了更好地控制好自己的情绪,我们在课堂活动中尽量避免下列几种偏见所带来的消极因素。首先是第一印象偏见。由于与学生初次见面所留下的第一印象，会使教师以后对该学生的行为向着第一印象的方向去解释。若第一印象好，对其行为就会向好的方向去解释；若第一印象不好，就会向不好的方向解释，从而造成先入为主的偏见。然后是社会刻板印象。教师总是容易将过去接触过的学生在自己的头脑里分成各种类型，对某一类学生往往有一种固定的看法。当碰到一位学生时，教师容易将其纳入某一固定的类型而赋予他固定的特征从而造成偏见。为了避免偏见，教师必须全面而深入地了解和掌握学生的信息，避免以一叶之见而迅速得出结论。

事实证明，教师能否减少在课堂管理中出现的问题，能否有效地驾驭课堂，对课堂教学的成败至关重要。如果失去了有效的课堂管理，那么要有好的教学效果就成了空中楼阁。只有进行有效的课堂教学管理，才能构建出符合新课标理念下的新课堂。

四、小学低段课堂系统的期望

课堂是学生和教师生活、学习、交际的重要场所。学生们对于课堂充满了向往，他们希望在课堂上收获未来社会生活所必需的知识、技能，形成一定的情感态度和价值观，锻炼意志，发展个性；教师对于课堂也有着憧憬，他们渴望课堂能成为学生的理想乐园，让学生在乐园中活泼、健康、快乐地学习。但在我们经历过的各种各样的课堂上，理想与现实之间总是存在矛盾和冲突。尽管教师在理论上都能认识到进行课堂教学的目的是"教"而不是"管"，但是在实际工作中却更多地感觉到"课堂上要耗费许多教学时间来维持课堂秩序和纪律"。因此，很多教师"期待每天的教学活动都是快乐的"，可事实往往却是每天"神采奕奕到学校，精疲力竭回家去"。而学生兴高采烈地踏进课堂，面对教师无休止的讲授，他们同样感到无奈、失望和困惑。课堂包含了太多的因素和矛盾，需要教师进行周密的策划和组织，付出艰辛的劳动和努力。

本文通过调查研究，揭示了小学低段课堂中管理的现状，对存在的问题进行了分析，并结合课堂管理的实际情况，有针对性地提出了一些管理方法和策略，希望在此基础上构建出符合自身发展和低段学生发展特点的有效课堂管理系统。

汉字之美 美在风骨
——微课在小学语文识字教学中的应用

李崇芳

汉字，作为中华文明的独特载体，其美妙之处在于风骨，每个字都凝聚着深厚的历史文化内涵。在小学语文识字教学中，如何让学生感受到这种美，领略到汉字的风骨，是每位教师都应深思的问题。随着科技的进步，微课作为一种新型教学资源，为识字教学带来了无限可能。微课具有短小精悍、形象生动的特点，能够将汉字的演变、结构、文化内涵以直观、有趣的方式展现给学生，从而激发他们对汉字的兴趣。学生通过观看微课，不仅可掌握字的形音义，更能体会到汉字背后的风骨与神韵。这对于他们的人文素养和审美能力都将产生深远的影响。

一、运用微课资源开展好课前预习活动

微课资源具有短小精悍、生动有趣的特点，非常适合小学生的学习特点。通过选择适合学生年龄和认知特点的微课资源，教师可以将生字的笔画顺序、结构、意思等内容以直观、形象的方式呈现出来，从而激发学生的学习兴趣。同时，微课资源的灵活性也为学生提供了个性化的学习体验，使其能够根据自身需求进行有针对性的学习。在具体应用时，教师需要提前发布微课资源，引导学生进行有效预习；通过设置明确的观看任务，鼓励学生观察生字的书写过程、理解生字的含义，并在观看过程中进行记录，从而培养学生的自主学习能力和思维习惯。此外，微课中的互动环节能够激发学生的学习兴趣，促使他们主动思考和探索生字的相关知识，从而加深对生字的理解和记忆。例如，在学习部编版一年级上册识字单元"金木水火土"时，这五个字符合中国汉字美学的"对称性"。在课前预习中，教师可以运用微课资源，将美育与汉字相结合，丰富课前预习内容。此外，"金木水火土"还

象征着五行学说中的五种元素，代表了丰富的哲学思想和古人的宇宙观念。在学生的课前预习中，可以引导他们通过微课资源，从描绘笔画到解读字义，从美育赏析到文化体验，激发对中国传统文化的兴趣和理解。为了进一步拓展学生的视野和知识面，教师还可以设计互动任务，邀请学生探索"金木水火土"与中国传统节日、民间习俗之间的联系，开启一场跨越时空的文化之旅。这样的学习过程不仅可以增进学生对汉字的认识和理解，更能够培养其对传统文化的热爱与传承精神，使每一个学子都成为中华优秀文化的传承者和弘扬者。总的来说，微课资源在课前预习活动中的应用具有显著优势，不仅能够提升学生的学习兴趣，还能够培养他们的自主学习能力。

二、以微课视频生动展示文字演变

文字是抽象的符号，然而，汉字以"六书"（象形、指事、会意、形声、转注、假借）字理为基础形成了具有独特意蕴的"方块字"。因此，结合小学生的认知特点，教师可以利用汉字的象形特点，通过微课视频展示文字的演变过程，将微情境融入其中，加深学生对汉字字、形、意的理解。以部编版一年级下册识字单元中"姓氏歌"教学为例，在视频开始教师可以提出启发性的问题："'姓氏歌'的第一个姓为什么是'赵'呢？"这个问题能够很好地激发学生的好奇心。此时，教师可以用课前准备好的微课视频，向学生播放"姓氏歌"的起源。这是一个童谣，起源于宋代，而宋代的皇帝姓"赵"，在封建社会皇帝是"九五之尊"，自然姓氏也要排在第一位。在调动学生识字学习的积极性之后，教师可以运用拆字法帮助学生识字。如"王"姓，甲骨文为"王"，是古代一种叫"钺"的武器，同样也是祭祀的礼器；而中国古代认为"国之大事，在祀与戎"，所以祭祀就代表着王权。在微课视频中，随着教师的解说，屏幕可以展示甲骨文"王"字的动态演变过程。开始时，它是一个逼真的武器"钺"的形象，线条粗犷，形态威严。然后，随着时间的推进，这个"钺"的形状逐渐简化，线条变得圆润，最终形成了现在所熟悉的"王"字。这个过程能够让学生更加直观地感受到汉字的魅力。总的来说，通过微课视频展示文字的演变，可以有效激发小学生对汉字学习的兴趣，加深他们对汉字背后文化意蕴的理解。这种直观、生动的教学方式，可让学生感受到汉字的魅力。

三、运用微课资源表现汉字的文化内涵

汉字是中华文化的瑰宝，每一个汉字都蕴含着丰富的历史文化信息。传统的汉字教学方法往往注重字形、字义的传授，却忽略了背后的文化故事和历史脉络。而微课资源恰恰可以弥补这一不足。通过生动有趣的动画、图像、音频等多媒体形式，微课能够为学生呈现一个立体、多维的汉字世界。例如，在教授"善"字时，"善"的甲骨文为"羔"，到了金文时期下面的"目"演变为"二言"，即"譱"。所以，"善"从"羊"从"言"。美好、向上的事物是人们一直向往的，因此，《大学》说："止于至善。"这是人生的最高境界。而达到这个境界需要心善、念善、行善、言善。在小学识字教学中，教师可以通过微课将这一中国传统理念以具体的实例展示给学生。同时，为什么"善"字要和"羊"有关系呢？因为，中国人认为"羊有跪乳之恩"，而在中国文化中"孝"是儒学根本思想"仁"的具体外用："仁之实，事亲是也；义之实，从兄是也。"（《孟子·离娄上》）通过微课，教师可以将这些抽象的中国传统哲学思想与汉字紧密而形象地联系在一起，培养学生的文化自信。

综上所述，微课资源在小学识字教学中的运用具有重要意义。通过微课资源，教师可以生动展示汉字的演变过程，激发学生对汉字的兴趣和好奇心。同时，微课资源的丰富文化内涵能够拓展学生的视野，深化对汉字的理解。这种创新性的教学方式不仅有助于提升学生的识字能力，更能够培养学生的自主学习能力和思维习惯。因此，小学教师应充分利用微课资源，为识字教学注入新的活力，让学生在轻松愉快的氛围中感受汉字的魅力，传承中华优秀传统文化。

小学科学教学质量提升之我见

曾义军

由于工作的需要，我从一名数学教师转变成专职的小学科学教师，有幸在通江县第六小学的科学教学中度过了三个春秋。起初，我对小学科学教学没有信心，感到很难教好，然而在教师职业道德的驱动下，我明白既然接受了这项工作，就必须竭尽全力做好。我常常想：我期望我的子女能够遇到一位业务能力高、责任感强、充满关爱的教师，这样他们会非常幸运。因此，我将努力成为这样的教师作为自己的目标。我怀揣着领导对我的信任和自己不安的心情，努力用心上好每一节科学课。

一、亲其师，信其道，乐其学

做一个学生喜欢的教师，让学生喜欢上你的课程，这比什么都重要。因为学生喜欢你，他们在你的授课中会表现得特别积极。不管你要求他们做什么事情，他们都会很好地完成。教师和学生之间有了默契，课堂效率就会大大提高。教师对学生要有关怀，与他们建立友谊。

多赞美学生，多鼓励学生，这样能给学生带来出乎意料的良好效果。当我们赞扬学生的小成功时，他们会更有成就感，更有动力去学习，也会更自信。这样有助于他们的心理健康，也有助于师生关系的融洽，能让他们更喜欢学习。

二、充分做好课前准备，达到课堂知识不出错

要上好科学课，首先要备好课。备课时，我首先会全面阅读教材，仔细思考每句话和每个插图的意图。如果有难以理解的内容，我会通过互联网搜索或向同事请教。然后细读这一课的教师参考用书，查看本节课的教学目标和重难点是否与我总结的相符，然后修改和补充教案。新教材实施后，我们

要根据新教材的编排体系,明确要做什么和怎么做。在备课的过程中,由浅入深、层次分明地引导学生进行探究与发现,根据实际情况合理地安排研究实践活动,采用恰当的教学方法,突破重、难点,提高课堂教学效率。

做好课前实验用品的准备工作。实验课需要充分准备,除了实验室自有教具和学具,有时候我和学生一起搜集相关材料,自己制作教具和学具。为了确保实验装置的适用性和实验现象与数据的准确性,我提前组装实验装置,并进行检验,这样就能避免因为准备不足而影响实验的正常进行。

利用小学科学网和文轩资源中心等网站提前搜集、整理教学媒体,以便在课堂上辅助教学。有效利用多媒体的关键是找到信息技术与教学内容的最佳结合点,充分准备有助于顺利进行课堂授课,提高教学效能。

抓好课前预习是上好课的有力保障。课前,我要求学生像学语文一样,逐字逐句地读本课文字,理解其意思,提取关键信息,遇到困难之处做成"问题袋"和学生们一起研究。我有问题不太清楚,就向同事们请教。在课堂上,有些科学概念可以简要解释一下,但是一定要确保准确无误,不要过于夸大其词。

三、充分利用科学课开展实验教学,激发学习兴趣

科学课的实验教学大多要进行探究性的活动,而学生进行探索活动的地方不仅仅是教室,更应该是大自然。因此,我们要大力倡导科学课回归大自然,让课堂内外、室内外、校内外结合起来,让学生亲自去大自然中"获取"科学知识。如在教苏教版三年级下册"植物开花了"这一课时,我提前让学生收集自己喜欢的花,然后带到教室里,先认识花的名称,再通过解剖,认识一朵花的结构、不完全花和完全花的分类,最后画出喜欢的花,标注花的各部分名称和类别。学生喜欢这种独特的任务,每次都能给他们带来惊喜。期末测验时,有一道问题要求他们在一朵花的二维图上写出花的构造部分的名称,学生完成的情况非常优秀。学生主导地位的发挥使他们能够认识和掌握更多的学问,同时也培养了获取学问的能力和方法,获得成就感。

四、充分利用好课堂 40 分钟,向课堂要效果

课始 5 分钟。学生刚刚结束了课间活动,还没有平静下来,所以我会让他们静思一下,让他们的情绪和思维尽快平静下来,集中专注力。我一般会

回顾之前学过的内容，甚至是本单元的知识，使学生把学的知识串起来，温故而知新。

课中 25 分钟。这是学生开展科学探究活动的最佳时间。这一时间里学生比较有精神、注意力比较集中、思维比较敏捷，我会尽力充分利用这段宝贵的时间，引导学生进行实践探究。

课末 10 分钟。小部分学生可能开始进行小动作，他们的专注力开始不自觉地转变。在这段时期内，我们可以安排一些活动让学生活跃起来、思考起来、写作起来。比如利用希沃上的"森林运动会"游戏分组抢答，学生们玩得非常愉快，下课后还不愿意停止！

五、抓好零碎时间，化整为零巧检查，提质增效在平时

每一堂课我都会将知识点分门别类地做成思维导图，帮助学生记忆。

科学课开始前几分钟，我会随机检查学生的记忆情况，挑选不同水平的学生进行背诵。这样做的目的是激发那些不擅长记忆的学生，在他人背诵的时候，也能低声地跟随背诵。

小组长可以通过课后核查统计来了解整个小组的记忆状况。

记忆知识可以尝试一些新的方式。我们可以一起互相提问记忆内容，进行抢答比赛，或者按照节奏唱出来（比如把月相一课编成歌谣来记忆）。多样化的记忆形式可以激发学生的兴趣，避免他们产生抵触情绪。

在课堂上要给背诵不太积极的学生提供背诵的机会，提示巧记关键词降低难度的方法帮助背诵，在全班同学面前对他们提出表扬。得到表扬的学生自信心受到鼓舞，渐渐地进步越来越大。

理解记忆的基础上配合相应的测试题，对学生的做题情况进行及时反馈并做出应对策略。在填空题中需留意书写错误，简答题需使用规范的表达方式，实验题和探究题需按照规定格式填答。

六、抓住考前有效复习，做好培优辅差

整理复习。让学生以每单元主题为核心，将知识点、易混点、能力点做成思维导图，形成知识网络，熟记于心，融会贯通。

分类练习。整理复习后，通过基础题、连线题、易错题、实验题、探究题等巩固所学知识。

培优辅差是提高班级科学素养的重要方法。我在班级里组建了一个名为"学习互助小组"的团队，旨在让优秀的学生协助后进的学生一同提高。具体做法是：班上选拔成绩优秀、有责任感的学生当小老师，在帮助后进生学习中锻炼自己的思维；正所谓"温故而知新，可以为师矣"。为了让各位小老师更积极，我制定了一个评比机制，根据学习困难的学生在课堂上的表现和完成作业的情况来评选出"优秀小老师"和"进步之星"。然后，我会在期末给他们颁发奖状并给予奖励，以激发他们更大的学习热情，从而提高整个班级学生的科学素养。

三年里，通过教授科学这门有趣的学科，我领悟到了一个道理：无论从事何种活动，只要认真对待，虚心请教，专心研究，总会有出乎意料的收获。因为只有经过反复的磨砺，才能转变成为更出色的自己。

在小学语文教学中渗透德育的思考与实践

艾 梅

小学语文教学是学生接触汉语言的桥梁,也是培养学生语言文字运用能力、文化素养和审美情趣的摇篮。新课程改革更加强调学生品德的培养和价值观的塑造。语文是传承文化的重要载体。古代的诗歌、故事、寓言等文学作品蕴含了丰富的道德观念,是德育教育的宝贵资源。教师可以挑选具有深厚文化内涵和正面教育意义的文本,通过讲解和讨论,引导学生理解和吸收其中的道德理念,如诚信、勇敢、爱国等。因此,巧妙地将德育教育融入语文教学,使之与学科知识有机结合,是当前小学语文教学面临的新挑战。

一、小学语文教学中德育渗透的必要性

德育教育能够增强学生的语言文字运用能力。通过学习和模仿优秀的文学作品,学生可以学习到规范的语言表达方式,提高自己的写作和口语交际技巧。并且文章中往往蕴含着深刻的情感和美好的意境,在对这些作品的欣赏和分析中,学生可以提升审美能力,对美的感受和追求也会变得更加敏锐。德育教育通过引导学生思考人生价值和社会责任,促使学生形成正确的世界观、人生观和价值观。这种价值观的内化,不仅有助于学生个人品格的塑造,也是学生成为社会有用人才的基础。

二、小学语文教学中德育渗透的实施策略

(一)创设情境教学

新课程改革的核心理念在于促进学生的全面发展,包括身心健康、道德品质、社会责任感等多个方面。为了实现这一目标,小学语文教学必须积极适应新课程改革的要求,将德育教育贯穿始终。在小学语文教学中渗透德育

教育，意味着教师在传授知识的同时，也要注重培养学生的道德品质和社会责任感。教师可以通过情景模拟、角色扮演等方式，让学生身临其境，置身于特定的环境和情境之中。当学生置身于某个情境之中时，会更加容易产生共鸣和共情，更加愿意去帮助别人，承担起自己的责任。这种同情心和责任感的培养，增强了德育的实践性和感染力，同时也能够让学生更加深入地理解和掌握知识，促进学生的全面发展。

例如，在学习人教版六年级上册"七律·长征"一课时，教师首先可以讲述一个长征小故事或者播放一段长征的短片，让学生感受到当时红军所面临的艰难环境和巨大压力。故事或短片应该突出红军的勇敢、坚韧和不屈不挠的精神。其次，教师可以让学生分组，每组学生分别扮演红军战士、指挥员、当地居民等。每个小组需要根据自己的角色，模拟当时的情景，并尽可能地表现出角色的情感和行动。这个环节可以让学生更加深入地理解长征的历史背景和人物性格。在角色扮演之后，教师可以引导学生朗读《七律·长征》这首诗。在朗读之前，教师可以先解释诗中的一些生字词和历史背景，帮助学生更好地理解诗歌的内容。在朗读过程中，教师可以要求学生注意语音语调的把握和情感的表达，尽可能地表现出诗歌的韵律和意境。最后，教师可以组织学生进行讨论和分享。学生可以谈谈自己在角色扮演中的感受和体验，以及在朗读诗歌时的思考和感悟。通过讨论和分享，学生可以进一步加深对长征精神和诗歌内涵的理解。创设情境教学可以让学生更加深入地了解长征的历史背景和人物性格，感受红军的勇敢、坚韧和不屈不挠的精神，从而去激发学生的爱国情怀。同时，这也可以提高学生的阅读能力和语言表达能力。

（二）强化情感教育

通过诗歌朗诵、文学作品赏析、主题活动、历史人物故事讲述等丰富多彩的活动，可以引导学生感受文字背后的深刻情感，培养学生的爱国情感、集体荣誉感和社会责任感。教师要鼓励学生积极参与，表达自己的见解，让学生在思考和交流中不断成长。同时，教师也要以身作则，用自己的言行影响和感染学生，让学生在潜移默化中接受正确的价值观教育。只有情感得到滋养，价值观得到树立，学生才能成为有理想、有道德、有文化、有纪律的社会主义建设者和接班人。

例如，在讲授"草原"一课时，教师应提前收集关于草原的图片、视频和音频资料，包括草原风光、牧民生活、民族音乐和舞蹈。教师首先播放草原音乐，展示草原风光的视频，让学生沉浸在草原的自然环境中，激发学生对草原的兴趣和好奇心。其次，教师可以讲述草原民族的故事，让学生了解草原文化和牧民的日常生活，感受草原人民的热情和坚韧。教师在介绍草原的自然特征和生态环境时，穿插草原民族的传统习俗和文化特色，这让学生在了解知识的同时，感受到草原的独特魅力。教师也可组织学生进行草原主题的绘画、手工艺制作或写作，鼓励学生发挥创意，表达对草原的感受和理解；安排角色扮演或模拟活动，如模拟牧民的日常工作、草原上的节日庆祝等，让学生亲身体验草原生活；鼓励学生分享自己的创作和体验，通过讨论和交流，加深对草原文化的理解和情感体验。最后，在课堂结束时，教师引导学生反思自己的学习经历，讨论在这次学习中获得的情感体验和知识收获；强调草原生态保护的重要性，培养学生的环保意识和社会责任感。通过这样的课程设计，学生不仅能够获得有关草原的知识，还能在情感上与草原产生共鸣，达到强化情感教育的目的。

（三）强化实践环节

教师可以组织学生参加志愿服务活动、社区调查等，让学生在实践中践行道德规范，培养其社会责任感和公民意识。教师在教学中应注重实践环节的设计，让学生在实践中学习、体验和成长。

例如，在学习人教版六年级下册"春夜喜雨"一课时，可以组织一次以"绿化校园，美化环境"为主题的志愿服务活动。活动前，教师首先引导学生学习《春夜喜雨》，让学生了解到春天的美好和雨水的重要性。其次，教师向学生介绍即将进行的志愿服务活动，鼓励学生积极参与，为校园绿化贡献自己的一份力量。在活动中，学生可以分组合作，各自负责不同的任务，如种植树木、清理垃圾、浇水等。学生互相协作，共同完成了各项任务。在这个过程中，学生不仅可以体验到帮助他人的快乐和成就感，还可以培养自己的奉献精神和团队协作能力。此外，学生还需要遵守一定的道德规范，如尊重自然、爱护公物等。此次志愿服务活动不仅让学生在实践中学习了语文知识，更重要的是，学生在活动中学会了如何关心他人、尊重自然、爱护环境。通过这次志愿服务活动，学生的品德修养得到了显著提升，同时社会责任感和公民意识也增强了。

总之，教师应充分利用小学语文学科的特点，将德育教育融入课堂教学的各个环节。通过经典诗文的诵读，学生可感受中华文化的博大精深，领悟其中蕴含的道德理念。同时，教师要以身作则，用自己的言行影响和感染学生，为学生营造一个充满道德气息的学习环境，让学生在知识的海洋中健康成长，成为有道德、有理想、有文化、有纪律的社会主义建设者和接班人。

基于核心素养的小学高段语文写作教学研究

何亚琼

随着教育改革的深入,核心素养已成为当前教育领域的重要议题。核心素养是指学生在接受相应学段的教育过程中,逐步形成的适应个人终生发展和社会发展需要的必备品格与关键能力。在小学语文教学中,写作教学是培养学生核心素养的重要途径之一。因此,如何基于核心素养进行小学高段语文写作教学研究,具有重要的现实意义和理论价值。

一、小学高段语文写作教学的现状分析

目前,小学高段语文写作教学中的确存在一些问题。部分教师过于偏重于写作技巧的训练,却忽略了对学生写作兴趣和情感的培养,导致学生可能掌握了技巧,但缺乏写作的热情和深度。再者,教学内容的单一性,以及与实际生活的脱节,都限制了学生将所学融入真实写作的能力。此外,我们也需要打破对分数评价的过度依赖,因为这样的评价方式往往忽视了学生之间的个体差异和他们的创新能力。为了真正提升学生的核心素养,我们需要重新审视和调整教学方式。语文写作教学应当寻求技巧训练与兴趣情感培养的平衡,让教学内容更加丰富并与实际生活紧密相连。同时,我们还应引入多元化的评价方式,多角度、全方位地评估学生的写作能力和素养。只有这样,我们才能更有效地通过写作教学,培养学生的语言表达能力、逻辑思维能力、审美能力和文化素养,从而全面提升他们的核心素养。

二、基于核心素养的小学高段语文写作教学策略

（一）注重写作兴趣与情感的培养

在小学高段语文写作教学中，科幻作文能够以其独特的魅力，极大地激发学生的想象力和创造力。为了培养学生的写作兴趣与情感，教师需要运用丰富多样的教学手段，将科幻作文的写作与学生的生活紧密相连。首先，教师可以通过引入有趣的科幻元素，激发学生的写作兴趣。例如，教师可以组织观看科幻电影或阅读科幻故事，让学生在视觉和听觉上感受科幻世界的奇妙与神秘。其次，教师可以引导学生围绕这些科幻元素展开讨论，鼓励学生分享自己的想象和见解。这样的教学方式能够让学生在轻松愉快的氛围中进入科幻作文的写作状态。再次，教师在指导学生写作科幻作文时，应关注学生的情感体验。科幻作文虽然以想象为主，但也需要融入真实的情感。教师可以引导学生从自己的生活经验出发，思考未来世界可能的变化，以及这些变化对个人、家庭和社会的影响。通过引导学生关注自身情感，学生能够将真实感受融入科幻作文中，使作品更具感染力和可信度。此外，教师还可以组织学生进行科幻作文的创作比赛或分享会，让学生在展示自己作品的同时，也能欣赏到他人的创作。这样的活动不仅能够激发学生的写作热情，还能让他们在交流中相互学习、共同进步。最后，教师在评价学生的科幻作文时，应注重对学生想象力和创造力的肯定。即使学生的想象可能有些离奇或不符合现实，教师也应以鼓励为主，尊重学生的创作成果。同时，教师还应关注学生的情感表达，看学生是否能够将真实感受融入作品中，使科幻作文更加生动、有趣。

（二）加强与现实生活的联系

在小学高段语文写作教学中，散文诗是一种独特且富有表现力的文学形式。为了使学生能够更好地掌握散文诗的写作技巧，教师需要加强教学与现实生活的联系，引导学生从生活中汲取灵感，将真实情感融入作品之中。首先，教师应引导学生关注社会热点和校园生活。社会热点能够为学生提供广阔的写作素材，而校园生活则是学生最为熟悉的领域。教师可以定期组织学生讨论当前的社会事件或校园趣事，让学生在交流中碰撞思想，激发写作灵感。教师还可以鼓励学生关注身边的人和事，通过观察与体验，发现生活中

的美好与感悟。其次，在散文诗的教学中，教师需要帮助学生拓展思维，丰富写作内容。散文诗的特点在于形式自由、情感真挚。教师可以通过分析优秀的散文诗作品，引导学生理解其结构、语言特点和情感表达。教师还可以组织学生进行仿写、创作等活动，让学生在实践中掌握散文诗的写作技巧。此外，教师还可以利用网络资源，为学生提供更广阔的写作平台。例如，教师可以推荐一些优秀的散文诗网站或论坛，让学生在其中欣赏和学习他人的作品。同时，教师还可以鼓励学生将自己的作品发布到网络上，接受更多人的评价和反馈。这样不仅能够提升学生的写作能力，还能够培养学生的自信心和表达能力。最后，教师在评价学生的散文诗作品时，应关注学生的真实情感和独特视角。散文诗的价值就在于其真挚的情感和独特的审美体验。

综上所述，基于素养的小学高段语文写作教学策略有助于提升学生的写作兴趣和水平，培养学生的核心素养。然而，实施这些教学策略还需要教师在教学实践中不断探索和完善。未来研究可以进一步关注如何将核心素养更好地融入写作教学中，以及如何利用现代技术手段提高写作教学的效果。

绘本教学在小学作文中的创新应用研究

吕俊英

小学作文教学一直是语文教育的关键环节，然而传统教学方法在激发学生写作兴趣和提升创意表达方面存在不足。本文致力于探讨绘本教学在小学作文中的创新应用，通过对理论基础和实践策略的深入分析，旨在为小学语文教育提供新的教学思路和方法。

一、绘本教学的理论基础与实践意义

绘本教学的理论基础主要根植于构建意义的阅读理论、多元智能理论，以及学生中心的教育理念。构建意义的阅读理论强调通过与文字和图像的互动，学生可以在有趣的情境中理解和建构知识，进而激发创意思维。绘本作为一种融合图文的阅读形式，可为学生提供更广阔的认知领域，使他们能够在情感体验中更好地理解和表达自己的思想。

多元智能理论则认为每个学生都具备多种智能类型，而绘本教学正是通过图像、声音、文字的综合运用，满足不同智能类型的学生的学习需求。这种多元化的教学手段有助于激发学生在作文中的多元表达方式，促使其更全面地展现个体特长。

下面以一位小学教师在教学中的案例为例。教师通过引入绘本《小王子》进行作文教学。绘本通过精致的图文呈现，为学生创造了一个充满奇幻和想象的世界。小王子在星球上的冒险、与狐狸的深厚友谊以及与玫瑰的情感交流，都是富有情感和哲理的情节，为学生提供了丰富的内在体验。这样的情境设计不仅仅是简单的阅读，更是一次跨越文学和视觉艺术的融合体验，为学生创造了一个引人入胜的学习场景。在这个充满奇思妙想的绘本世界中，学生们沉浸其中，汲取了丰富的写作灵感。他们从小王子的冒险中汲取勇气，从狐狸的教诲中领悟友谊的真谛，从玫瑰的情感中汲取对爱情的理解。这样的写作灵感不仅仅局限于故事情节，更涉及学生对人生、情感和价值观的深刻思考，使得他们的作文呈现出更为独特、丰富的内涵。在阅读和分析绘本的过程中，学生不仅通过文字理解故事情节，还从图画中汲取灵感，拓宽了写作中的意象表达。在作文展示环节，学生们的作品呈现出更为丰富和独特的个性，体现了绘本教学在激发创意思维和拓展表达方式方面的实际成效。

因此，绘本教学作为一种理论基础坚实、实践意义深远的教学手段，不仅有助于提升学生的文学素养，更能够在小学作文教学中发挥独特的优势，为学生创意写作提供更为广阔的空间。

二、绘本教学在小学作文中的应用策略

为了更好地将绘本教学融入小学作文教学，教师可以采用一系列灵活而创新的策略。例如，在课堂中，教师可以通过引导学生欣赏、分析和讨论绘本中的图文结合，激发他们的观察力和思考力。

以绘本《大卫，不可以！》为例，教师首先可以设计一个互动环节，引发学生对行为规范的深入思考。在课堂开始前，教师悬挂大卫的图片，提出问题："大卫在故事中做了哪些事情是不可以的？"通过这样的引导，学生对绘本内容产生好奇心。

其次，教师将学生分成小组，每组分析绘本中的一幕或一个行为场景。通过小组合作，学生们深入挖掘大卫的行为，理解其中蕴含的道德标准和行为规范。例如，一组学生可能关注大卫在图书馆说话太大声，而另一组可能关注他在午餐桌上的举止。通过这样的细致观察和分析，学生们更全面地理解故事中的道德教育元素。

再次，教师组织角色扮演活动，要求学生扮演大卫和其他故事中的角色。通过模拟故事情节，让学生感知和理解适当的行为举止。这互动式的学习方式有助于将绘本中的抽象道德准则转化为学生日常生活中的实际行为，培养他们对于行为规范的自觉性。

最后，教师引导学生用自己的语言书写对于大卫行为的评价，并鼓励他们从中汲取启示，将所学的道德理念融入自己的写作中。通过这个过程，学生不再是被动地接受道德教育，更是在亲身参与中培养了自我表达和写作的能力。

互动式绘本教学策略旨在使学生在轻松愉悦的氛围中更好地理解和应用道德规范，同时提升他们在写作中的表达能力。这样的教学策略使学生在绘

本中感受到道德教育的力量,通过实际操作锻炼了他们的写作技能,将抽象的概念融入到具体的生活体验中。

通过本文的探讨,我们得以了解绘本教学在小学作文中的理论基础和实践意义,以及可行的应用策略。绘本教学不仅能够激发学生的创意思维,而且能够通过多元智能理论的支持,满足不同学生的学习需求,引入绘本阅读,通过情境设计使学生在轻松愉悦中提升写作兴趣。教师在小组分析和角色扮演中的引导,使学生更好地理解道德规范,并将其融入写作实践。绘本教学为小学作文教学提供了新的路径,可以有效提升学生全面的语文素养。

浅谈如何转化小学后进生

苟泽国

在教学中，那些学习能力比其他小朋友弱一些，运动和接受新鲜事物的能力也弱一些的学生，就是大部分老师心里所谓的后进生。总结我十几年的教学经验，得出后进生形成的主要原因有以下几点：①学习兴趣的欠缺，导致学习态度不端正，课堂听讲不认真，专注力不集中。②家庭因素的影响，如单亲家庭、留守儿童家庭、父母亲智力问题等，对孩子言行产生潜移默化的影响。③心智没有成熟。④社会因素的影响。⑤同学之间的晕染效应。这些问题导致了后进生的形成，我们教师该怎样做才能转化他们呢？下面我就来结合自己的实际案例谈谈。

一、培养学生的兴趣

苏霍姆林斯基曾说："请记住，成功的乐趣是一种内在的情绪力量，它可以促进人的学习愿望。请你记住，无论如何不要使这种内在力量消失，缺乏这种力量，教育上的任何巧妙措施都是无济于事的。"一个人只要有了兴趣，就会主动去学习、求知、探索、实践，在这一过程中产生愉快的情绪和体验。因此，教师在教学中要通过各种教育教学方法来激发学生的兴趣，这也是打造高效课堂的方法之一，二者是同步进行的。

首先，通过各种方式激发学生的好奇心。在平时的语文教学中我便经常通过不同的方式来激发学生的兴趣，如遇到晦涩难懂的现代诗歌时，我会把诗歌编成朗朗上口的童谣和学生一起唱，一起玩；当遇到情境性强烈的习作教学时，我会带学生到户外细致地观察美丽的大自然，并教会他们用不同的方式（绘画、采集标本、制作手工、编故事、记录卡）记录下来，然后再坐在草地上围成一个圈，指导他们现场即兴创作文章；在教学难懂的古诗词时，我会采用吟唱吟诵与绘画、音乐、游戏、讲故事、猜谜语等方式结合教学，让他们在不同的媒介下感受诗词的魅力。我始终相信语文的教学是立体的教学，不只是单独的语言文字的教学。语文是工具性和人文性相统一的学科，在多学科融合的作用下更利于学生语文素养的形成。这些多种多样的教学方式在外人看来是那么的"特别"，但是学生告诉我，多年后他们还是对我的课堂记忆犹新。

其次，引导学生对学习进行进一步的深入研究。一个人对某一方面进行深入研究，在这个方面就理解得深刻。我们可以引导学生设定学习目标，让学生在学习过程中不断发现问题并进行深入的研究。正所谓"三百六十行，行行出状元"，学生研究得越深入，就会越对学习感兴趣，也能让这项本领成为学生的闪光点，从而增强学生学习的自信心。

二、单独对学生进行专注力训练，培养学生良好的学习习惯

首先，给学生营造良好的学习环境。比如，当学生在家写作业的时候，有些家长却在旁边看电视，电视的声音会干扰学生进行自主性的学习和思考。还有些家长会在学生做作业的时候给学生送水果等，这些都是直接影响学生学习的因素。所以，为了培养和训练学生的专注力，家长们应该尽力为学生创造一个独立的学习空间（学习的空间应尽量选择比较安静且光线较好的地方）。

其次，培养学生养成良好的习惯还可以从学生自己入手。我们可以采用一些方法，如完成目标积分奖励"小礼品"、玩专注力训练小游戏、学习优秀的学生扮演"小老师"帮扶后进生、同桌之间相互监督养成好习惯、保持优秀可以免做作业等，从而引导学生养成课前认真预习、课上认真听讲、课后及时复习的学习习惯。比如下面这个专注力训练小游戏就是我们班学生经常玩的游戏之一：我提前把买来的一些黄豆和绿豆混合，然后让专注力较差的一些学生把它们按颜色分出来。这个游戏虽然简单，但是却能很好地锻炼学生的专注力，我在这几届教的学生中试过很多次，效果都是很不错的。诸如此类的游戏还有很多，在此就不一一举例了。

最后，为了训练学生的专注力，我还针对不同学生的特点采用不同的方式让学生静下心来认真做事。书法训练便是我每天必用的静心专注力训练方式之一，而多年的教学实践也切实证明了书法练习是提高一个人专注力的非常有效的方式。尤其是那些之前学习一直很一般的学生，只要听从我的安排坚持练一段时间书法后，那些坚持到形成练字习惯的学生的成绩都会突飞猛进，证明静心训练对学生专注力的提高是有很明显的效果的。

三、关爱学生、持之以恒

对教师来说，做事情不冲动、不盲目，冷静思考，针对学生的问题进行有效的教育才能标本兼治。改变一个学生不是一时半会儿的工夫，需要长期的坚持，只有量变到一定程度才能引起质变。

首先，把学生看作自己的孩子。学生都会犯错误，不要因为犯错误就不喜欢他。关键是发生错误后要因势利导，让他明白自己错了并改正。当然爱并不是要纵容学生、溺爱学生。纵容会让学生对自己的错误行为不加制止而任其发展。

我们班的小明同学经常回家没有完成作业，我很生气，想会是什么原因呢？于是一个周末我到了他家进行家访。在家访中我了解到他的父亲因病去世了，现在是他妈妈在带他。他的妈妈再婚后又生了一个弟弟，妈妈每天要上晚班，他放学回家后就是一个人，有时候吃饭都成问题。了解到这些后我便给他做思想工作，有时候我给他买一些礼品，把他当作自己的孩子一样对待。这之后孩子像变了一个人一样，成绩也有了很大的提升。只要真心对待每个学生，学生也会真心对待老师。

其次，爱心和耐心是关键。在语文教学中，我们班有几个学生老是记不住生字，老是写错字，怎么办呢？在每天每节课的开始五分钟，我都会听写一些容易错的词语，坚持一学期后，这几个学生都基本上过了识字写字关，如果没有坚持是不能成功的。在转化他们时既不能操之过急，也不能轻言放弃。

总之，后进生需要老师、家长、社会共同去呵护他们，在转化他们时要因人而异，做到有的放矢。只有我们共同努力，科学教育，这些后进生才能从内心深处开出渴求知识的学习兴趣之花。

第四篇 科研实践

小学足球特色学校建设策略

高怀阳　王　欢　李　艳　张进华　向　鹏　向　东

一、成果解决的主要问题

　　足球特色学校，是指在国家教育和体育改革发展的政策引导下，以立德树人的教育思想为基础，深化学校体育改革，把校园足球作为扩大足球人口规模、夯实足球人才根基、提高学生综合素质、促进青少年健康成长的基础性工程，增强家长、社会的认同和支持，让更多青少年学生热爱足球、享受足球，使参与足球运动成为体验、适应社会规则和道德规范的有效途径。

　　2015年，中央全面深化改革领导小组第十次会议审议通过了《中国足球改革发展总体方案》，助推校园足球的普及和足球进校园，同时也为足球特色学校建设起到了十分重要的推动作用。

　　我校是一所新建的城乡接合部小学，2014年秋首次招生。办学伊始，学校就以"雅慧文化"为核心，以足球为载体，提出了"彰足球特色，塑雅慧文化"的目标，引领学校特色发展。学校先后引进足球本科专业教师3名，重新规划建设适合足球运动的运动场8000余平方米，并在2015年申报了四川省普教科研资助金一般课题"小学足球特色学校建设的实践研究"，以期通过足球特色学校的建设促进学生强体益智，普及校园足球，培养足球后备人才。但在足球特色学校建设中，我们发现存在以下问题。

　　（1）课程资源还不完善。人民教育出版社组织足球教育专家、中小学教研员和一线体育教师共同编写了《中小学校园足球学生用书》，但小学阶段仅有三至六年级内容，缺少一、二年级匹配内容，课程资源的不完善与特色学校全员参与、人人都在足球中获得成长的需求相悖。

　　（2）已有的条件难以满足学生的需求。足球在中小学校园刚兴起，学校在课程设置和科学训练、安全训练中可参考的成功经验少，现有的校园足球竞赛等活动难以满足学生对既有趣又富竞争性的足球活动的需求。"我们把每周的体育课，拿出一节课上足球，对于训练，就是参加比赛前，抓紧时间训练一下，就能取得不错的成绩""训练嘛，就是按照比赛要求训练一下，就可以了""学校活动那么多，哪有时间训练"……校园足球活动规范、有序、科学、安全地开展成为一种奢望。

（3）足球文化还未深入人心。校内精心布置的足球文化墙等更多的是满足校园环境建设的需要，未根植于师生心中。通江县第六小学将足球技战术知识、足球明星等内容做成宣传画环绕球场四周，以班级联赛为代表的竞赛活动和以足球主题征文、摄影、绘画等为代表的文艺活动只是作为活动形式存在，而没有深入价值观念的层面让全体师生形成内在的文化认同感。

（4）保障措施还不能支撑。学校足球教师数量不足、待遇不高，学生训练中的安全问题等还不能支撑足球特色学校的建设。通江县第六小学有学生2539人，共计41个教学班，体育老师师生比1∶500，体育教师数量严重不足。教师带队进行训练和比赛无法计入工作量，也没有足额补贴。学生训练穿着随意，有穿皮鞋的、有穿紧身牛仔裤的、还有光着腿的，没有适合足球运动的训练服、足球鞋、护腿板，学生安全得不到保障。

（5）家长社会认可度还不高。"天天踢足球，学习跟不上，影响大""足球踢得好，考试又不考，升学无望，还是不踢的好""李明的孩子踢足球受伤了，有一周没上学""孩子要去参加踢球比赛，老师让买比赛服，最近钱用得紧！"……这种声音在家长中不是个别现象，有一定的代表性，包括个别教师也因为自己的学生参加训练或比赛耽搁了学习而心生怨意。

针对上述问题，课题组通过近4年的实践探索，探索出了以活动为载体，保证体育时间，开发足球课程资源，营造校园足球文化的"普及＋提升＋竞技＋精英"的校园足球特色发展模式，解决了偏远山区学校无法有效地开展校园足球活动的尴尬现状，推进了校园足球的普及，增强了家长、社会的认同和支持，让孩子在参与体验足球运动中热爱足球、享受足球，适应着社会的规则和道德的规范。

二、成果形成过程

（一）研究目标

本课题基于一般小学实际，探索足球特色学校建设的内容、途径和方法，揭示足球特色学校建设的一般规律，从而构建足球特色学校建设的理论框架，为足球特色学校的建设做出一点贡献；通过小学足球特色学校建设的实践，培养小学生对足球的感知和热爱，促进小学生强身健体、全面发展，全面落实素质教育的各项要求。

（二）研究思路与方法

本课题以校园足球特色学校建设为目标，通过问卷调查、访谈摸清学校管理者、教师、学生、家长对足球进校园活动的认知及开展校园足球活动现状；通过文献检索，收集国内外关于"校园足球特色学校建设"的实践得失，并做深度剖析；采用行动研究法，结合我校自身优势，采用"建制度、抓比赛、搞活动"的工作策略，从课堂延伸到课外、从课外延伸到校外，积累活动经验，探索足球特色学校创建的原则、目标、内容、机制、运作模式，通过建构适合我校的足球特色学校建设策略，然后将策略应用到活动中进行验证，再将其成果推广应用。

2015年6月，在经过前期信息收集、问卷调查、师生访谈的基础上，"小学足球特色学校建设的实践研究"课题立项为四川省普教科研资助金一般课题。本课题历经四年多的研究，于2019年12完成研究任务，2020年9月经市专家组现场检测。市专家组同意结题，并指出，该项研究具有较高的理论价值与实践意义，希望进一步推广应用。

三、成果主要内容

（一）认识成果

1. 足球特色学校的内涵与实质

足球特色学校是在国家教育和体育改革发展的政策引导下，以立德树人的教育思想为基础，深化学校体育改革，把校园足球作为扩大足球人口规模、夯实足球人才根基、提高学生综合素质、促进青少年健康成长的基础性工程，增强家长、社会的认同和支持，让更多青少年学生热爱足球、享受足球，使参与足球运动成为体验、适应社会规则和道德规范的有效途径。

足球特色学校是在遵循体育教学规律基础上，以足球为载体，适当增加足球课时，丰富大课间活动，丰富课外体育活动，弘扬阳光向上的体育精神，促进学生身心健康、体魄强健、全面发展。

2. 足球特色学校建设是全面落实素质教育的有效途径

足球是一项集体项目，在不断的练习当中能树立学生的集体观念，培养学生严密的组织性、纪律性，培养勇敢、顽强、机智、果断、善于适应、勇于进取、坚忍不拔的意志。青少年坚持参加足球训练本身就是一种意志品质的磨炼。

3. 足球特色学校建设是促进学校体育工作整体发展的有力措施

足球工作、足球活动都是学校教育视野下的教育教学工作和教育教学活动。全面深入挖掘足球特色学校的课程建设，了解影响足球特色学校建设的若干因素，将促进一般小学，尤其是农村学校体育工作的整体发展。

4. 足球特色学校创建应遵循的原则

科学性原则：足球特色学校建设的内容应适合各学校的特点，开展的形式和途径应多样化，使其更好地达成目标；必须严格遵循教育教学理念，符合当前校园足球发展的需要，不能随心所欲、我行我素；要科学地安排内容和形式，使其与学科发展要求、教师发展需要和学校的具体需要相适应。

差异性原则：足球特色学校建设注重在学生原有水平上的发展，尊重学生已有的足球经验和富有个性的表现方式，关注每一个学生的成长。

活动性原则：源自杜威的"做中学"、苏联心理学家的"活动主导论"和皮亚杰的儿童认知发展理论，足球特色学校的建设是通过一个个活动实现的，以活动贯穿整个小学足球特色学校的建设过程，以活动促进小学足球特色学校的建设。

（二）操作成果

1. 足球特色学校建设目标

坚持立德树人，把发展校园足球作为推进素质教育、深化教育改革、培育和践行社会主义核心价值观的重要载体。坚持"以足球为载体，以活动为主线，推进足球普及，达到育德促智健体启美"为目标，明确足球特色学校建设的第一要务是综合育人，其次是推进学校体育改革，最后才是培养足球后备人才。其建设目标如图1。

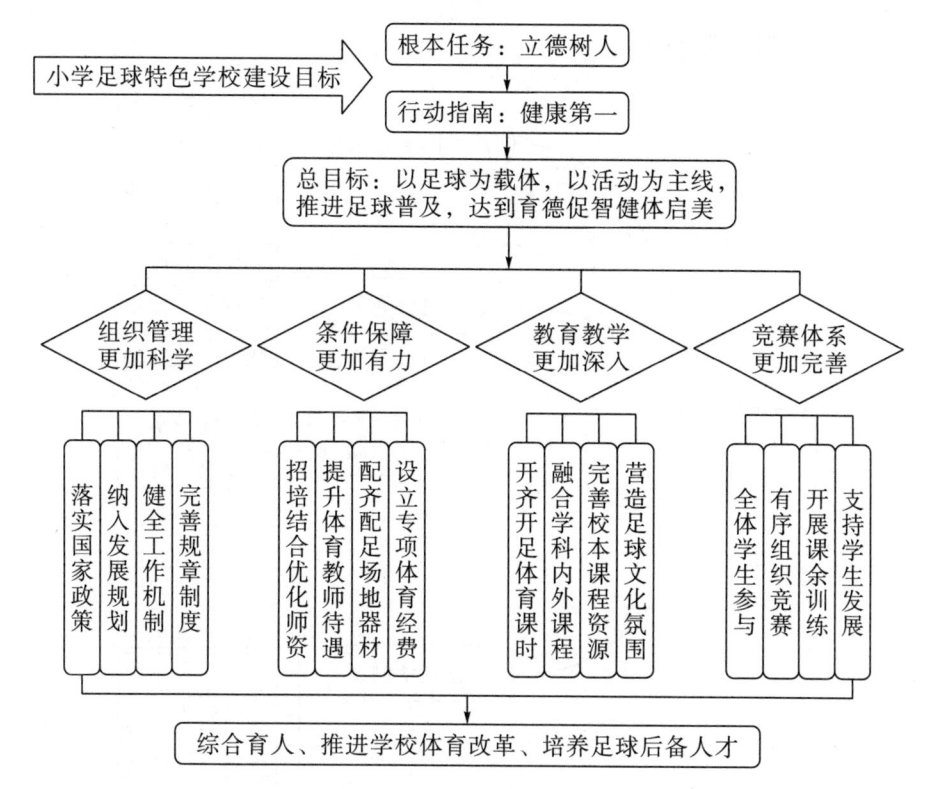

图1 建设目标

2. 足球特色学校建设内容

足球特色学校建设办公室领导并指导体育教师、教练员、班主任及其他教师开展相关活动,通过资源共享、专业引领、成果分享等形式,有效开展足球特色学校建设的实践研究。

(1) 组织管理（图2）。

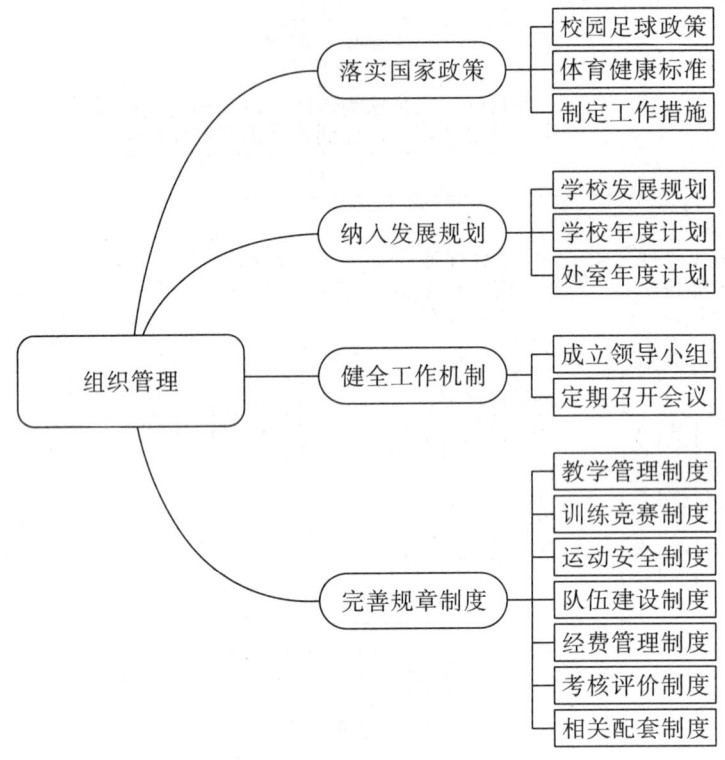

```
                    ┌── 落实国家政策 ──┬── 校园足球政策
                    │                  ├── 体育健康标准
                    │                  └── 制定工作措施
                    │
                    ├── 纳入发展规划 ──┬── 学校发展规划
                    │                  ├── 学校年度计划
                    │                  └── 处室年度计划
     组织管理 ──────┤
                    ├── 健全工作机制 ──┬── 成立领导小组
                    │                  └── 定期召开会议
                    │
                    └── 完善规章制度 ──┬── 教学管理制度
                                       ├── 训练竞赛制度
                                       ├── 运动安全制度
                                       ├── 队伍建设制度
                                       ├── 经费管理制度
                                       ├── 考核评价制度
                                       └── 相关配套制度
```

图2　组织管理

①落实国家政策。学校在学习国家相关政策的基础上，高度重视体育和学生体质健康工作，按照体育与健康课程标准及有关规定开展体育教学和校园足球工作，把开展校园足球作为增强学生体质健康的重要举措。

②纳入发展规划。将校园足球纳入学校发展规划和年度工作计划，结合校情，制定校园足球发展目标、规划和具体工作措施，坚持校园足球立德树人、综合育人宗旨。

③健全工作机制。学校成立了足球工作领导小组，成员分工明确，责任落实到位，并定期召开会议研究部署足球工作。

学校在建校初就成立足球工作领导小组，统筹规划学校足球教育发展思路，制定相关评价、管理制度，统筹安排经费投入，为学校足球教育创设良好的发展氛围。领导小组分工明确，责任落实。体卫艺处，负责足球活动策划，营造校园足球氛围，组织班级、年级、校级足球队对抗赛，指导体育教师开展足球训练，协调足球活动有关事宜，协调体育教师编排、组织大课间足球团体操，并负责大课间活动考核。教务处，指导足球教学，保证足球课教学质量。体育组，落实校园足球活动，上好体育课，组建班级、年级足球队并带队训练，按照体卫艺处要求编排、训练大课间足球团体操。总务处，添置与维护足球器材，保证足球活动的开展。安保处，加强足球运动的安全监督与指导，保证训练安全。办公室，及时收集足球运动资料，总结校园足球运动经验，做好宣传。教科室，组织体育教师培训，指导体育教师开展足球教学与训练研究，改进课堂教学与训练，提高教学效果。

④完善规章制度。学校制定并完善了足球教学管理、训练竞赛、运动安全、师资培训、经费管理、考核评价及其他相关制度。

在《足球训练安全管理制度》中，坚持"学生为本""健康发展""安全第一"的原则，从学校、教师、学生等多方面考虑，对训练比赛前、中、后都做了具体要求，配备校医。

（2）条件保障（图3）。

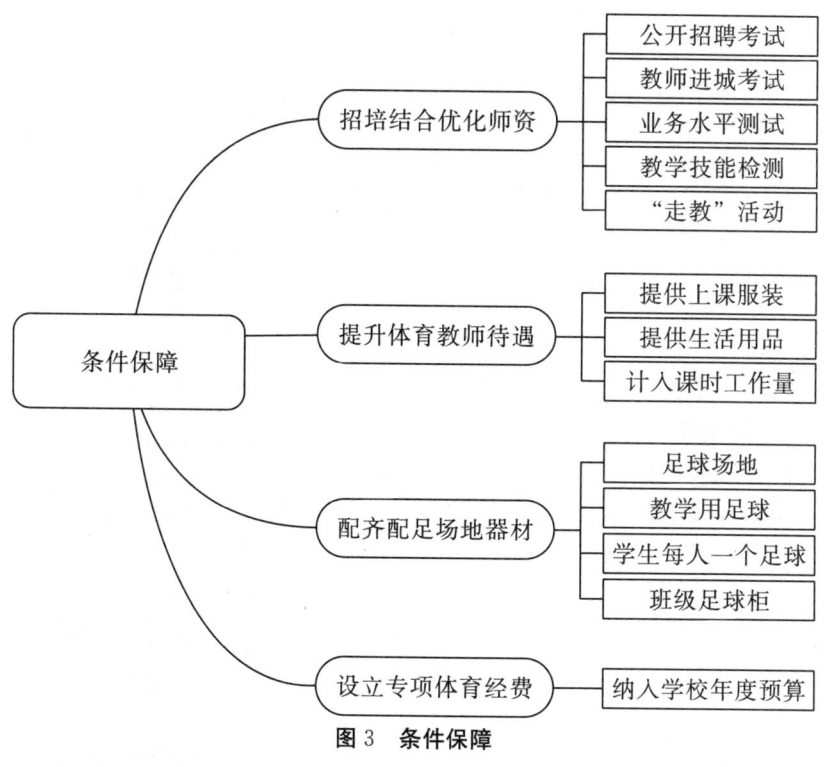

图3 条件保障

条件保障：
- 招培结合优化师资
  - 公开招聘考试
  - 教师进城考试
  - 业务水平测试
  - 教学技能检测
  - "走教"活动
- 提升体育教师待遇
  - 提供上课服装
  - 提供生活用品
  - 计入课时工作量
- 配齐配足场地器材
  - 足球场地
  - 教学用足球
  - 学生每人一个足球
  - 班级足球柜
- 设立专项体育经费
  - 纳入学校年度预算

①招培结合优化师资。学校目前共有体育专业教师10人，其中足球专业教师有4人，且每年安排他们外出培训2次及以上。一是每年举行体育教师业务水平考试和教学技能测试，通过建立健全考核激励机制，加大考核力度，增

强了体育教师工作积极性和责任感;二是坚持每年选派体育教师参加国家级、省级、市级的培训;三是结合足球发展实际情况,实施足球教师"走教"活动。

②提升体育教师待遇。每年提供应有的服装、生活用品,将体育教师课外开展的体育教学活动、组织大课间活动和足球训练活动均纳入课时工作量考核。

③积极配备场地器材。按照《中小学体育器材和场地标准》,我校逐步完善了体育硬件设施建设。截至2020年,建有五人制足球场2个,篮球场1个,羽毛球场1个,乒乓球台11张,体育器材数量完全达到器材配备的要求。学生平均每人1个足球,学校为学生制作了专门的足球柜,教学用足球有500个。

④设立专项体育经费。学校设有专项体育经费,将其纳入学校年度预算,按公用经费的一定比例用于体育日常工作,统筹规划,保证体育教学和校园足球活动的开展。截至2020年,学校在足球方面的投入共计超100万元。

一流的体育场地,齐全的体育器材,充分满足了师生锻炼身体的需求及不同体质学生锻炼的多样性需求,保证了校园足球活动的有序开展。

(3)教育教学(图4)。

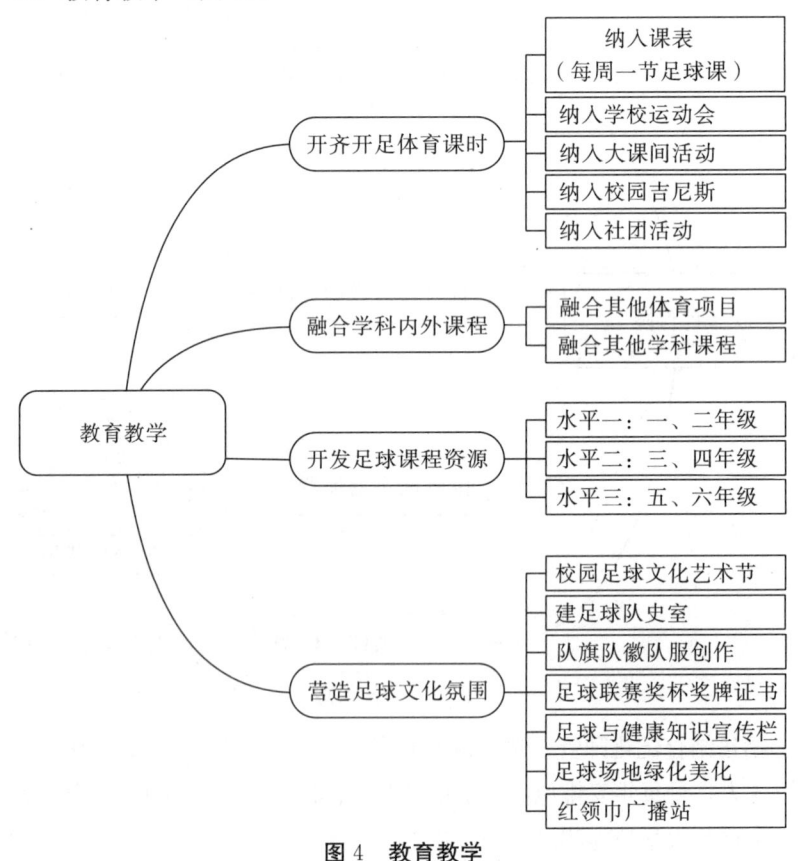

教育教学
- 开齐开足体育课时
  - 纳入课表(每周一节足球课)
  - 纳入学校运动会
  - 纳入大课间活动
  - 纳入校园吉尼斯
  - 纳入社团活动
- 融合学科内外课程
  - 融合其他体育项目
  - 融合其他学科课程
- 开发足球课程资源
  - 水平一:一、二年级
  - 水平二:三、四年级
  - 水平三:五、六年级
- 营造足球文化氛围
  - 校园足球文化艺术节
  - 建足球队史室
  - 队旗队徽队服创作
  - 足球联赛奖杯奖牌证书
  - 足球与健康知识宣传栏
  - 足球场地绿化美化
  - 红领巾广播站

图4 教育教学

①开齐开足体育课时。学校构建了足球课程体系，将足球课的开设纳入学校课程，即"四纳入"：一是将足球纳入课表，小学一、二年级每周4节体育课，三至六年级每周3节课，并确保每周一节足球课教学；二是将足球纳入学校运动会等体育活动和大课间活动中；三是将足球纳入学校每期的"校园吉尼斯"等活动中；四是将足球纳入学校每天的课外活动和社团活动中。通过这一系列的措施，让校园足球贴近学生，让学生走进足球。

②融合学科内外课程。我校深化学校体育改革，坚持健康第一，把足球作为立德树人的载体，坚持以球尚德为导向，积极推进素质教育，促进学生全面发展，健康发展。

一是在足球学科内，融合其他体育项目。我校教师张小兵在教学"学习足球颠球技能"一课时，结合重点突出、各学习内容相互融合的方式，首先借助多媒体技术，课前制作对应的微课课件，以视频的形式让学生了解颠球动作，并由教师进行示范教学；然后让学生根据微课及教师的示范，独立进行练习。教师进行现场理论指导，单独提炼出颠球的动作技巧，如手脚如何并用、身体协调性怎么控制、球感怎么锻炼等。通过简单的理论讲解，让学生充分地认识到：颠球不仅是足球学习的基本功，也是熟悉球感最直接的方法；颠球的技巧是可以模仿的，同时在颠球的过程中，最为重要的是身体的平衡性。此时，教师可以结合乒乓球体育运动中的颠球动作，与足球颠球形成对比，总结出两个运动项目的颠球最为关键的是身体的平衡性、四肢的协调性。这样通过引申足球技能教学，提炼出在实际的运动过程中可以借助小碎步的移动形式，能够在最短的时间内充分地感知球的运动方向，进而做出第一反应，掌控球的弹起或落地的节奏。

二是把足球课程与学科课程融合（表1），以足球推动学生学科知识的学习，让学生不仅仅局限于足球单项运动，从不同学科领略足球的美。

表1 足球课程与学科课程内容融合

课程活动	活动内容	部门（学科组）
练足球	足球队（男女）的训练	体育
赛足球	校内赛、校际邀请赛、对抗赛、市县赛、运动会中设足球比赛项目	体育
认足球	足球进课堂、普及足球知识、举办足球知识竞赛	语文、体育
说足球	主题班队会、国旗下讲话、红领巾广播站	班主任、德育处、少总部

续表

课程活动	活动内容	部门（学科组）
写足球	"我与足球"征文	语文
演足球	唱足球歌曲、编排足球节目、啦啦队舞蹈、足球操等	音乐、体育
画足球	制作手抄报、足球画、设计班级队徽队旗	美术
摄足球	拍摄有关足球队训练、比赛图片	体育、信息
赏足球	赛事观看、精彩点评、规则讨论等	语文、数学、体育
算足球	足球及场地等数学问题	数学
研足球	开展小学足球特色学校建设的实践研究课题	全体老师

如在数学教学中，我们设计了这样的题目：小米同学买到足球后十分开心，就仔细研究足球上的黑白块，结果发现，黑块是正五边形，白块是正六边形，黑白相间在球体上，每块黑块的五条边和五块白皮的一条边重合，每块白皮的三条边分别于三块黑皮缝在一起。其中黑块共有15块，问白块有多少块？

③开发足球课程资源。人民教育出版社组织由足球教育专家、中小学教研员、一线体育教师共同编写了《中小学校园足球学生用书》。此学生用书共4本，包括三至四年级一册、五至六年级一册、初中一册、高中一册。我校在使用这套教材时，一是增加了一至二年级的教学内容，主要以游戏为主；二是在使用三至四年级、五至六年级教材时，结合校情学情，有适当的调整、改进。

④营造足球文化氛围。一是定期开展校园足球文化艺术节，主要包括足球摄影、摄像、征文、手抄报、足球之星等文化主题活动；二是专门建有足球队史室，有校史、队史等荣誉展示；三是开展足球相关设计创作和评选，有特色鲜明的队旗、队徽、队服、交换旗、班队旗（图5）等；四是班级足球联赛有一贯的奖杯、奖牌和证书；五是建设有足球与健康知识宣传栏；六是注重校园足球文化氛围营造，加强足球场周边美化绿化。

图 5　班队旗设计

六（2）班学生袁杰，参加了三届校园足球文化艺术节，连续三届都获得足球摄影一等奖、最佳摄影者。在毕业典礼上，他说："喜欢自己的学校，尤其喜欢摄影，希望自己将来可以成为一名摄影家……"

让学生耳濡目染、潜移默化地感知足球、参与足球，充分享受足球运动带来的健康和快乐，使学生在校园内能时刻感受到足球文化的熏陶，充分发挥、延伸足球的育人功能。

（4）训练与竞赛（图6）。

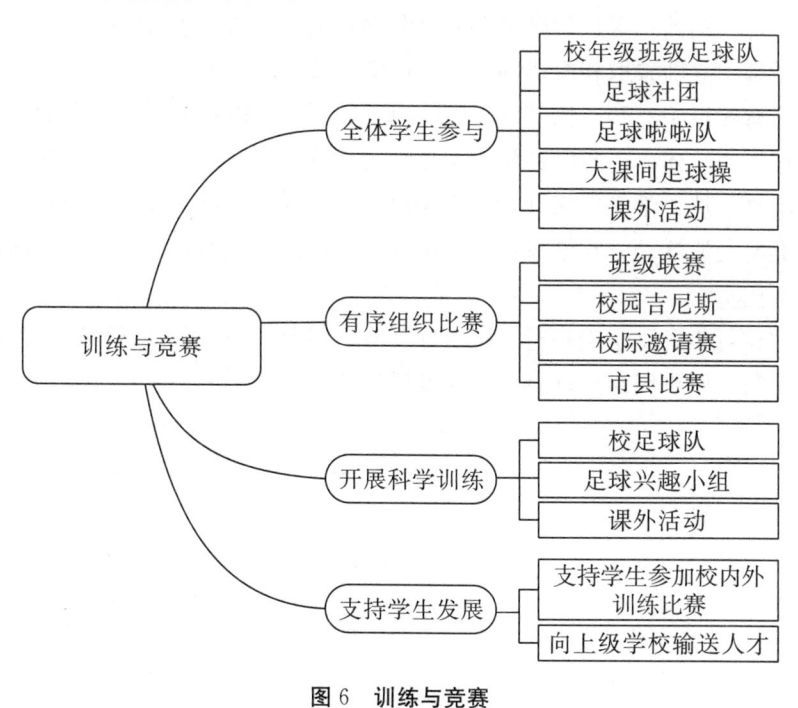

训练与竞赛
- 全体学生参与
  - 校年级班级足球队
  - 足球社团
  - 足球啦啦队
  - 大课间足球操
  - 课外活动
- 有序组织比赛
  - 班级联赛
  - 校园吉尼斯
  - 校际邀请赛
  - 市县比赛
- 开展科学训练
  - 校足球队
  - 足球兴趣小组
  - 课外活动
- 支持学生发展
  - 支持学生参加校内外训练比赛
  - 向上级学校输送人才

图 6　训练与竞赛

①全体学生参与。一是建立校、年级、班级三级足球队伍，形成校足球队引领年级足球队，年级足球队带动班级足球队，班级足球队辐射班级全体学生的自上而下、自下而上，相互补充、互相促进的三级足球队模式；二是建有四个足球社团，两个啦啦队社团，每天下午开展社团活动；三是把足球纳入大课间活动，每周三大课间做足球操；四是为了确保每天锻炼一小时，当天没有体育课的班级，学校在下午的课外活动时间安排体育老师和各班班主任组织学生进行足球训练。

每年春学期，举行班级联赛。2019年春学期，我校举办了第四届班级足球联赛并圆满落幕。本次联赛分高、低段进行，共有来自38个班级的76支球队参赛。其中，低段以绕杆射门的形式开展比赛，以趣味为主，旨在提高孩子们对足球运动的兴趣。高段以对抗赛的形式开展比赛，旨在培养孩子们的团队协作能力和集体荣誉感。

全校每天9：55至10：35为大课间活动时间，13：00至14：00为课外体育活动时间。班级当日无体育课的，课后服务内容为足球，其余时间为羽毛球、篮球、乒乓球、跳绳、跑步等活动。各班学生在指定区域活动，责任教师须认真组织，确保活动效率。活动期间，责任教师不得离开活动场地和学生。活动前，责任教师做好安全预案；遇有偶发事件或发生安全事故，责任教师须立即采取相应措施，及时向学校值班领导汇报。

②有序组织竞赛。以赛促发展、以赛促提高、以赛促氛围。我们狠抓各类足球比赛，建立了班级、年级和校级足球队，组织低年级学生参加趣味性足球活动。从小学三年级开始，组织班级足球联赛，以及校际邀请赛、对抗赛等竞赛交流活动，在学校运动会中开设足球比赛项目，同时积极参加市县级足球比赛。

学校每年春季学期举行班级足球联赛，截至2020年已经连续举行五届。表2是第三届班级足球联赛秩序册及成绩统计。

表2 通江县第六小学第三届班级足球联赛成绩统计

(男足)

	年级组	第一名	第二名	第三名	第四名	第五名	第六名	第七名	第八名
男足	一年级	2017级8班	2017级7班	2017级6班	2017级4班	2017级3班	2017级5班	2017级1班	2017级2班
	二年级	2016级7班	2016级1班	2016级2班	2016级3班	2016级6班	2016级4班	2016级5班	
	三年级	2015级7班	2015级5班	2015级2班	2015级3班	2015级1班	2015级4班	2015级6班	
	四年级	2014级5班	2014级2班	2014级1班	2014级3班	2014级4班			
	五年级	2013级3班	2013级1班	2013级4班	2013级2班				
	六年级	2012级1班	2012级2班	2012级3班					
女足	年级组	第一名	第二名	第三名	第四名	第五名	第六名	第七名	第八名
	一年级	2017级1班	2017级5班	2017级8班	2017级4班	2017级3班	2017级2班	2017级7班	2017级6班
	二年级	2016级3班	2016级6班	2016级5班	2016级7班	2016级1班	2016级2班	2016级4班	
	三年级	2015级6班	2015级7班	2015级3班	2015级5班	2015级4班	2015级1班	2015级2班	
	四年级	2014级5班	2014级4班	2014级3班	2014级2班	2014级1班			
	五年级	2013级3班	2013级2班	2013级1班	2013级4班				
	六年级	2012级2班	2012级1班	2012级3班					

③开展科学训练。自建校以来，学校就创建了足球兴趣小组，长期开展课余足球训练，由张辉、李铭、杨林老师执教，吸纳有兴趣的学生参与，日常训练时间不少于1个小时。在初始训练阶段，着重抓好基础的技术训练。这一阶段主要让队员对足球技术有进一步的认识和掌握，到综合训练阶段，注入简单战术配合的训练，并在此期间传授足球裁判规则，使队员们掌握一定的战术和规则并加以运用。

④支持学生发展。鼓励有天赋、有潜力的学生参与校外足球训练、培训和比赛，并积极向上级特色学校及各级各类足球优秀运动队输送人才，为学

生提高足球竞技水平和运动能力创造条件。

3. 足球校本课程开发

（1）足球校本课程开发目标。

足球课程的目标是通过课堂、活动、竞赛，让学生了解足球知识，引发学生参与足球运动的兴趣，获得基本的足球技能，培养学生主动参与足球运动的习惯。

（2）足球校本课程开发原则。

①立德树人原则。教育的根本任务是立德树人。我们的足球课程开发以社会主义核心价值观为行动指南，充分体现了学校的"尔雅尔慧"特色教育理念，在足球课程实施过程中，学校要求教师不仅要培养学生的足球运动技能，还要对学生进行足球运动规则和足球相关知识的教育。足球课程的开发要紧紧围绕"立德树人"的要求和学校的办学理念。我们要在足球课程中渗透规则、纪律等要求，布置相应的任务，促进学生规则意识的形成。

②顺应天性原则。孩子的天性是在玩中学，在玩中成长。因此足球课程开发更要以激发兴趣为主，充分考虑如何增强学生的学习兴趣，就如莎士比亚说的"学习必须合乎自己的兴趣，方可得益"一样。

③循序渐进原则。根据小学生身体发展特点，不同年龄段学生身体生长情况不同，要遵循循序渐进的原则，在内容安排上由易到难。

（3）足球校本课程内容。

①编写足球校本教材读本。

读本从学生不同的学段、身心发展特征出发，整体规划足球的基本技术训练以及战术的运用等方面的教学内容。我们的足球校本教材读本是按照小学1~6年级全一册来设计，以《全国青少年校园足球教学指南（试行）》为依据，分成水平一、水平二和水平三三个阶段。其中一、二年级为水平一，三、四年级为水平二，五、六年级为水平三。三个水平阶段，教学内容体例一致，分为教学目标、教学内容和教学评价三个部分。

在教学目标上，读本突出了体育促进学生全面发展的功能。为了让教师更加明确足球课的意义和价值，在每个阶段的教学目标上我们进行了细分，分成运动参与目标、运动技能目标、身体健康目标、心理健康与社会适应目标（表3）。每个目标达成对象直指学生，语言描述简单明确。

表3 校园足球教学总目标

总目标	阶段	教学目标	描述	说明
健康第一	水平一（一、二年级）	运动参与	在游戏和各种比赛中对学生进行足球技术动作和足球意识的启蒙教育教学	例如：在一年级的身体素质与游戏活动中，目标确定为通过脚底踩球练习提高学生身体素质，提升学生反应灵敏能力，提升学生能够体会下肢的发力；通过踩球练习提高学生学习热情，让学生积极主动地投入学习中来，发展学生下肢力量及反应能力；培养学生团队荣誉感、积极向上的乐观精神和勇于拼搏的精神
		运动技能	初步掌握足球脚底踩球技术动作，培养学生球感、球性	
		身体健康	发展以柔韧性、反应、灵敏性和协调能力为主的身体活动能力	
		心理健康与社会适应	学会在足球活动中能够遵守秩序，尊重他人	
	水平二（三、四年级）	运动参与	在练习与游戏活动中，提高足球传、停的能力，发展学生的身体素质和体育精神	例如：在三年级教学"脚内侧传球"时，目标确定为通过尝试练习，传球、停球练习，使学生积极主动地学习和练习，并能在学练过程中掌握技术和改进技术，同时能积极主动参与进来，让其身心得到锻炼，通过教与学，学生能在和谐、愉快的气氛中，互帮互学，充分发扬协作精神
		运动技能	了解足球的基本规则，会做简单传、停的足球技术动作，初步具备控制球的能力	
		身体健康	发展以柔韧性、协调性和平衡能力为主的身体活动能力	
		心理健康与社会适应	具有展示自我的愿望和行为，能够与同伴合作完成足球活动	
	水平三（五、六年级）	运动参与	能够主动参与足球技术动作的学习，通过运球能力提高跑动、耐力的一些辅助练习	例如：在五年级教学"足球运球"时，目标确定为通过初步参与学会运球的基本方法，并能正确运用到比赛上；学生能够顺利地完成在传接球的过程中运用假动作的连贯性；运用假动作时，身体协调，动作熟练，能够在传接球的过程中进行交流，让学生更进一步加强团队意识
		运动技能	了解足球的基本战术和素养，初步掌握足球的基本技术和基础战术，发展运、控球的能力	
		身体健康	发展以协调性、灵敏性、平衡能力和速度素质为主的身体活动能力，学会自我保护	
		心理健康与社会适应	体验和正确对待足球活动中的心理感受，能够在足球获得感中尊重与关爱同伴	

在教学内容上，我们采用图文并茂的方式来呈现。首先提出技术动作的概念及动作方法，其次提出该技术教学的重点和难点，再次以图的形式呈现

标准动作,最后罗列易错动作并提供纠正方法。这样的设计让授课教师,特别是非足球专业的老师更易掌握教学的要点,规范学生的动作,事半功倍。

②丰富中小学校园足球教材学习内容。

立足中小学校园足球教材。一是增加了一至二年级的教学内容(表4),主要以游戏为主;二是在使用三至四年级、五至六年级教材时,结合校情学情,内容有适当的增加(表5、表6)。

表4 一至二年级学习内容

学习目标	名称	游戏目的	游戏准备	游戏过程	注意事项
1. 学习足球运动的基础知识,通过多种多样的游戏形式,基本掌握足球的几项基本技术和简单战术,并能在比赛中运用所学的技战术; 2. 通过足球活动发展学生的奔跑、速度、力量、耐力等身体素质,发展学生的体能;	穿越隧道	提高学生运球、带球和传球的能力	足球、标志桶	准备活动:分成两路纵队绕足球场边线慢跑2圈,然后原地做下肢牵拉练习; 活动过程:两组同学纵向站立,下肢分开,每组排头同学持球,听到口令后,迅速运带球到排尾,多面手将球从所有同学胯下传出至排头,然后第二名同学再持球运带至排尾传球,以此类推最先结束的一组获胜	在运球的过程中学生要掌握运球的距离,不能让球离自己的身体太远,从而造成我们去追赶球
	坚守阵地	让学生更好地运用身体保护自己脚下的足球	足球若干个,标志桶若干个	准备活动:10米、30米、60米快速跑,学生成圆形站立,教师示范准备活动; 活动过程:在一个规定的区域内,8名同学每人在区域内自由运球,4名同学徒手在区域内破坏其他8名同学的球,把球踢出区域或造成对方失误球出区域,但不能抢夺	在护球的时候老师要讲清楚学生一定要利用好自己身体的宽度来挡住抢球的队员,要合理利用自己的身体
	渔夫网鱼	让学生掌握基本的运球技术	足球若干个,标志桶若干个	准备活动:各姿势的起动跑、正面站立、侧面站立、背向站立。一人一球,在足球场上进行进间的自由运球; 活动过程:在一块规定的场地范围内,由2~3名球员手拉手组成渔网去抓在场地范围内自由跑动的其他同学,被抓住的同学便加入渔网,直到最后一名同学被抓住结束	在这个游戏中,学生手拉手,因跑动范围很大,学生容易连续摔跤,老师一定要讲清楚安全要领,学生也要注意自身的安全
	网兜颠球	熟悉球性,练习多角度颠球	足球若干个,网兜若干个,标志桶若干个	准备活动:学生做20米小步跑练习,集体做下肢的牵引练习; 活动过程:让学生把球用网兜兜起来,用脚的不同部位触球,然后左右脚交替进行	适当进行2人或多人比赛,提高学生兴趣

续表

学习目标	名称	游戏目的	游戏准备	游戏过程	注意事项
3. 通过足球游戏、教学比赛等形式，在活动中培养学生主动与同伴合作，具有较强的合作与竞争意识、良好的心理素质和社会适应能力，培养学生对足球运动的兴趣和爱好，使每个人都能参与其中	攻占堡垒	锻炼学生踢球的准确性	足球若干个，标志桶若干个。	准备活动：学生围绕小足球场慢跑两圈，然后原地做小步跑2组；活动过程：在场地上面画一个直径为15米圆圈，将学生分为人数相等的2组，一组站在圈内，一组站在圈外面向圈内站立。圆圈上的学生用脚互相传球，寻找踢射圈内人，被击中者出圈，在圈外做俯卧撑10次，直至把圈内中的人全部击中。然后与两组人交换位置，全部轮流一遍后结束游戏	在游戏中要注意的是：击球的学生要掌握好足球的高度，不能击中胸部以上位置以免受伤，而相反圈内的人要保护好自己，要有快速的反应能力
	前呼后应	让学生体验团队协助的力量，增强集体的荣誉感	足球若干个，标志桶若干个	准备活动：集体排成两队围绕足球场慢跑两圈；活动过程：以40人为例，分成8个小组每5名学生成一条直线排列，排头手持球。每名学生两腿分开站立，排头学生从两腿之间用手将球传递给下一名学生，依次传递直到队尾，球不可以落地，队尾学生拿球后跑到排头再次进行传递	在游戏过程中，学生一定要发扬团队协作的精神，要相互鼓励

表5 三至四年级增加学习内容

学习目标	中小学校园足球	增加内容	动作方法及要点	教学建议
1. 认识足球运动，初步了解足球基本规则；2. 初步学习运球和踢球的方法，并在游戏和比赛中运用；3. 体验参与足球活动与游戏的乐趣，培养合作意识，服从裁判，尊重对手和同伴	接球技术	脚内侧接地滚球	支撑脚脚尖正对来球，膝关节微屈，接球脚提膝大腿外展，脚尖微翘，脚底基本与地面平行，脚内侧正对来球并前迎，当脚内侧与球接触的瞬间迅速后撤，把球接在脚下	1. 利用一看、二迎、三接球的口诀，培养学生观察、迎球、接球的意识和习惯。2. 接球练习最好结合传球练习同步进行，例如把脚内侧传球和脚内侧接球结合起来同时进行练习。3. 为了更好地完成接球的连接动作，就要培养接球后重心随球跟进的意识和习惯
	接球技术	前脚掌接球	身体正对来球方向，移动前迎，支撑脚站在球的侧面（或前或后都可以），脚尖正对来球方向，膝关节微屈，使脚底与地面约小于45度角（且脚跟离升地面）一般以前脚掌接触球的上部为宜。在接球瞬间接球脚前脚掌下点，将球停住	1. 在接球练习时快速、准确找到球的落点，培养观察、敏捷能力；2. 触球部位要准确，以便接球后完成传球或者射门动作

表6 五至六年级增加学习内容

学习目标	中小学校园足球	增加内容	动作方法及要点	教学建议
1. 学习足球的基础知识，通过多种多样的游戏形式，初步掌握几项基本技术，知道二过一配合的方法，并能初步运用； 2. 通过足球活动发展速度、力量、耐力等身体素质，提高体能； 3. 在足球游戏和比赛活动中，主动与同伴交流、合作，关心和帮助他人，具有团队意识	接球技术	脚内侧接地滚球	支撑脚脚尖正对来球，膝关节微屈，身体正对来球。接球脚提膝大腿外展，脚尖微翘，脚底基本与地面平行，脚内侧正对来球并前迎，当脚内侧与球接触的瞬间迅速后撤，把球接在脚下	1. 利用一看、二迎、三接球的口诀，培养学生观察、迎球、接球的意识和习惯； 2. 接球练习最好结合传球练习同步进行，例如把脚内侧传球和脚内侧接球结合起来同时进行练习； 3. 为了更好地完成接球的连接动作，就要培养接球后重心随球跟进的意识和习惯
	接球技术	脚背正面接空中球	准确判断来球方向，选好接球位置。接球时支撑脚膝关节微屈，控制好身体平衡，接球时适度提膝抬腿，以脚背正面稍前部位对准来球。当脚触球刹那顺势向下引撤，缓冲来球力量，将球控制在需要的位置上	1. 接球在比赛中的运用，一是缓冲来球力量，二是改变来球的方向，要根据实际需要，选择不同的接球方式； 2. 脚背正面接球技术教学，要从准确判断来球速度、落点，选择合理接球位置、合理接球时机，抬腿引撤动作要连贯，熟悉空中球的球性等环节抓起。多做脚背正面颠球练习，提高学生对空中球的控制能力； 3. 采用游戏的方法组织练习，如比谁接得稳、比谁接球的成功率高等，增强学生竞争意识和练习兴趣

（4）足球校本课程评价。

在教学评价上，教师要从两个方面来进行：一是课堂表现，二是课堂实践。我们开设足球课的目的是普及，是激发兴趣，因此要转变评价的作用，以评价激励发展。首先我们以等级评价激发学生的学习动力。其次关注了男女生差距，在课堂实践评价中，根据男女学生的身体发展差异来设置相应的达标要求。这样既发挥了男生的优势，也保护了女生的积极性。同时，我们改变了"一考定终身"的方式，给学生提供多次测试的机会，让他们选择最好的一次成绩作为最终成绩。

（5）足球校本课程教学实施建议。

①全学科融合，丰富足球内涵。

体育学科，同其他学科一样，各体育项目之间都有一个知识体系，在学习过程中，都有共性可循。在校园足球教学过程中，教师要对其他体育项目有所了解，并将其他学科的基础知识与足球教学联系起来，同其他学科融合，使学生在学习的过程中获得更大的快乐，激发学习足球的兴趣，体会足球精神。

②参与校外活动，营造足球氛围。

校园足球校本课程的开发应充分结合校外教学资源，借助校外活动渲染足球教学氛围，不断提高学生的学习兴趣。

亲子足球比赛活动：周五时，由教师主动联系家长，统计参与人数，并要求家长带着孩子在双休日上午固定时间集合。场地可以选择学校附近社区的足球场，也可以选择学校自己的足球场。大家按时集中以后，家长和学生分别换好装备，由学生和家长分别参赛的方式进行，并将所有的家长和学生分成两队，分别为红队和蓝队，由抽签的方式分组，每个队伍中都要有学生和家长共同参与。分组以后，首先由学生进行比赛，比赛时间设置为全场30分钟（上半场15分钟，下半场15分钟）。比赛过程中，由教师做技战术和个人足球技能的统计工作，做好校本课程开发的数据和资源，学生家长主要承担啦啦队的作用，营造活跃的比赛氛围。其次，待学生组比赛完成后，由家长组进行比赛，比赛时间可以按照实际的需求进行延长。比赛结束后，由教师公布2队的成绩。活动既增加了学生与家长的沟通，又培养了学生的合作意识和团队协作能力。从另一个层面来讲，也锻炼了教师组织课外足球活动的能力，从而更好地促进学生的全面发展。

③搭建比赛平台，提供展示机会。

教师在构建校本课程的过程中，要紧紧把握"比赛"这一活动，不仅要让学生学习足球技巧、理论等，还要让他们通过比赛实践，了解足球比赛判罚规则，形成良好的足球教学氛围，引导学生投入更多的精力到足球学习中。一是在课堂教学及训练中，教师要带领班级队员进行系统的训练，包括颠球、运动、传球、射门等基础的足球技能，并进行分组对抗，加强对比赛的关注度和认知度；二是组建班级、年级、校级足球队，并搭建校园足球联赛平台，帮助学生在实际比赛中感受足球魅力，巩固足球技能；三是组建啦啦队，在比赛和训练过程中，做好后勤保障工作，给每一个班级内的参赛队员进行鼓励助威。

4. 足球特色学校建设机制

（1）动力机制。

动力来源于压力和需要，来源于兴趣。有效的校园足球活动，离不开强有力的动力机制作推动。在制度层面，我们通过制定自上而下的管理、评比、考核措施，来规范和促进活动的开展；在规划设计活动方案时，我们根据学生、学校教育教学之所需，有效安排足球活动内容。活动中，尽可能让所有学生参与、体验、互动，让他们成为活动主角，而不是一个看客。在社会层面，通过"小手拉大手"系列活动，如学生带宣传画册回家、家长到校观看学生比赛等，提升家长对校园足球的认知；做好校园足球赛事活动宣传，积极组织参加社会各类足球比赛。其动力机制示意图如图7。

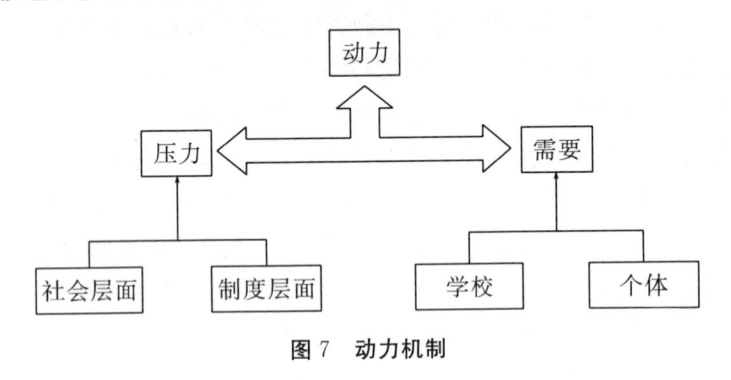

图7 动力机制

（2）运行机制。

建立校、年级、班级三级足球队，形成校足球队引领年级足球队，年级足球队带动班级足球队，班级足球队辐射班级全体学生的自上而下、自下而上，相互补充、互相促进的三级足球队模式，实现校园足球全覆盖，学生全参与。其运行机制示意图如图8。

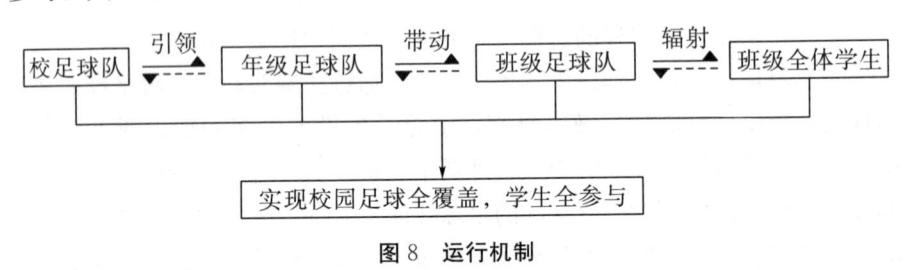

图8 运行机制

（3）保障机制。

为保障足球特色学校建设的有效推进，在借鉴他人经验的基础上，成立了以校长为组长、分管副校长为副组长、校级班子成员为组员、体育老师和班主任为责任人的校园足球领导小组，确保足球运动安全、科学、有序开展。建立了"校长督察，年级组内评比，学校考核"的保障机制，通过定期或不定期的督察评比、量化考核，采取"足球办公室负责人制定活动方案，班主任和体育老师组织，全体学生参与"的方式，有效推进了足球活动的开展。其保障机制示意图如图9。

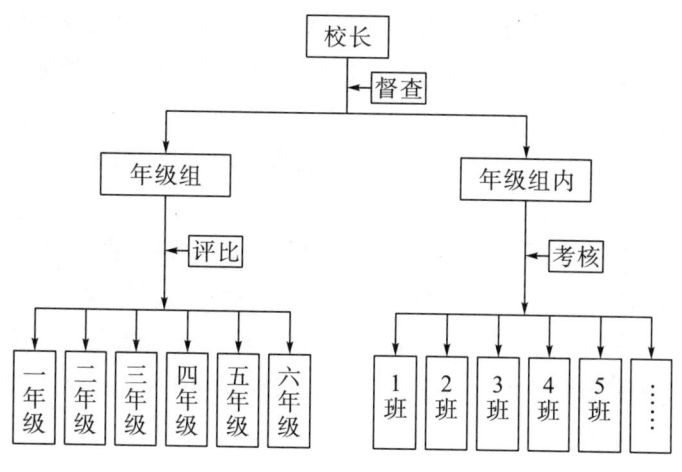

图 9　保障机制

(4) 安全机制。

安全是保证学校一切工作正常化的重要前提，为提高全体教职工和广大学生的安全意识，尤其是体育课活动安全意识，学校加强安全管理，责任到人。其安全机制示意图如图 10。

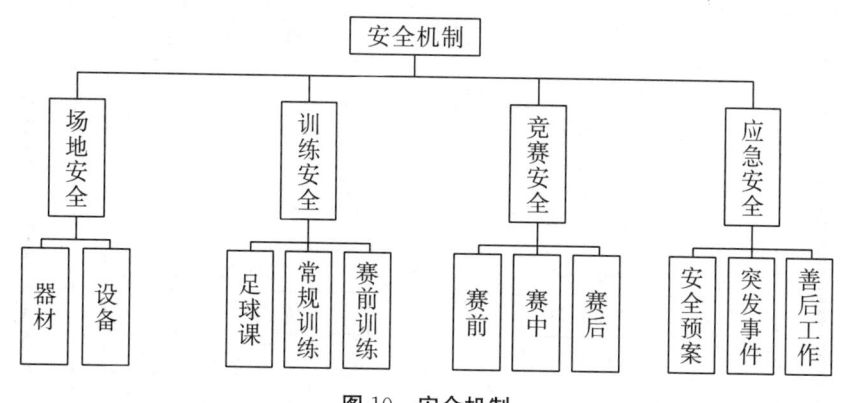

图 10　安全机制

足球场地、器材的安全与保护。增强学生对足球器材的保护意识，消除各种不安全因素；在体育器材室配置足够的消防设施；定期检查足球场地、器材、器械等是否符合安全要求，对发现的安全隐患及时解决；做到足球场地专人专管，保证场地、场馆、器材等安全。足球训练的安全与保护。学校组织学生参加校园足球训练必须坚持学生为本、健康发展、安全第一的原则，要充分考虑天气、场地、设备、器材等方面的安全因素，尽量避免意外伤害事故的发生；学生在校内进行训练时，要有教练、体育教师和校医等在场；学生到校外参加足球比赛或其他足球活动，须有校级领导带队，安排足球教练、体育教师、校医等随队，以保障安全；体育教练（教师）上足球课应该严格按照足球课课堂相关要求，如果在比赛或足球课时，发生学生呕吐、晕倒、受伤等突发情况应立即采取合理科学的处置措施。

（5）激励机制（图11）。

学生：制定《最美雅慧学生评选方案》，创建"最美雅慧学生"光荣榜，确立"雅慧学生评选月"（每学年的6月份）；通过校园足球文化艺术节、综合能力检测、校园吉尼斯、班级联赛、运动会、亲子竞赛等一系列活动，对单项取得优异成绩的班级或学生分别进行精神和物质奖励，激发学生学习足球的兴趣，养成踢足球的习惯。

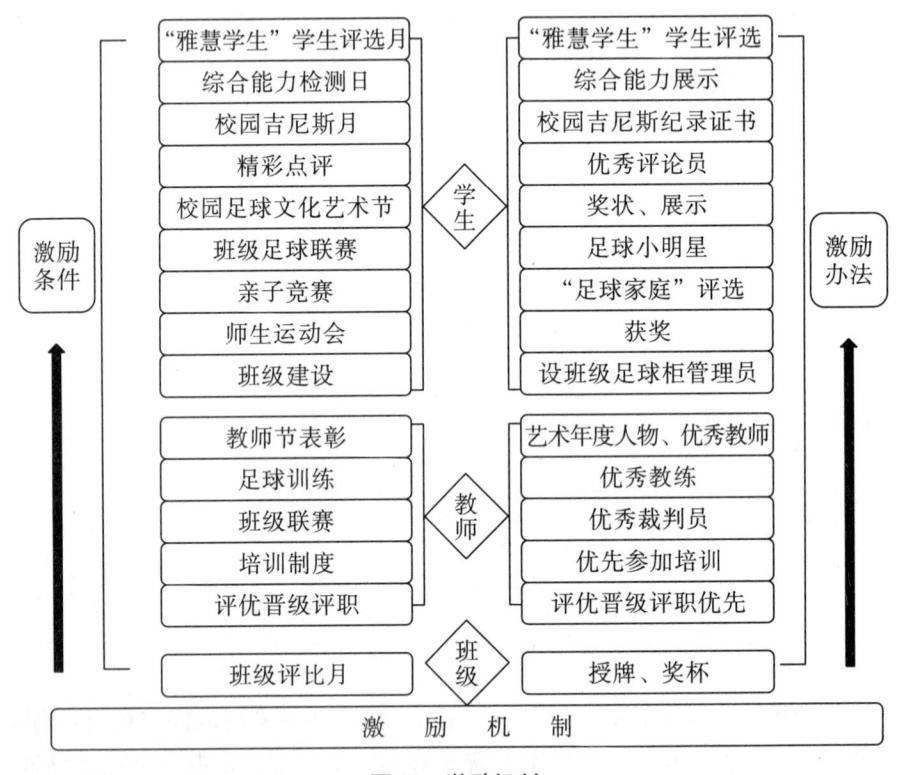

图11 激励机制

教师：通过教师节表彰、训练、培训、评优晋级评职等一系列举措，及时对成绩优异的足球教师作出表彰和奖励，对整个足球教师队伍的发展和进步产生重大的激励作用。

班级：对在班级足球联赛中取得优异成绩的班级授牌和发奖杯，同时将班级在足球活动中取得的各项成绩，纳入班主任和学科教师学期末的绩效考核。

四、成果应用及效果

在实践研究中，我们探索了有效推进足球特色学校建设的运行机制，丰富了足球特色学校建设的内容，促进了师生发展，提升了学校的教育教学质量。

（一）学生综合素质稳步提升

（1）以 2015—2019 年我校六年级毕业学生体质健康检测成绩统计分析为例（表 7），学生身体素质稳步提升。

表 7　六年级学生体质健康测试情况统计

年份	学生数	优秀 百分比	优秀 人数	良好 百分比	良好 人数	合格 百分比	合格 人数	合格及以上 百分比	合格及以上 人数
2015 年	139	8	5.80	30	21.60	90	64.70	128	92.10
2016 年	181	12	6.60	39	21.50	119	65.70	170	94.00
2017 年	150	13	8.70	35	23.30	97	64.70	146	96.70
2018 年	188	25	13.30	50	26.60	107	56.91	182	96.81
2019 年	217	40	18.43	68	31.34	104	47.93	212	97.70

（2）学生的足球技能水平显著提高。我校认真贯彻《全国青少年足球教学指南（试行）》，按年级科学设置足球课程内容：一、二年级——足球基本功，包括个人颠球、踩球、盘球。三、四年级——基本功＋传球，包括个人颠球、踩球、盘球，二人、三人和多人传球。五、六年级——足球基本功＋比赛中各项技能＋体能储备，包括个人颠球、踩球、盘球、运球等基本功，一对一、二对一、三对二对抗赛，绕杆射门，教学比赛等。

（3）校园足球的育人功能充分彰显。足球教学活动中充分尊重学生的身心特点，教学内容丰富多彩。差异发展、个性发展、选择发展，丰富着学生的成长故事，学生身体健康、心理健康和社会适应能力明显提高。各种形式的比赛活动精彩纷呈，有效吸引学生参与竞赛活动，学生的规则意识、竞争意识、公平意识、公正意识，以及抗挫能力明显增强。

通过跟踪调查发现，我校喜欢踢足球、玩足球的学生人数大幅增加（图12）。

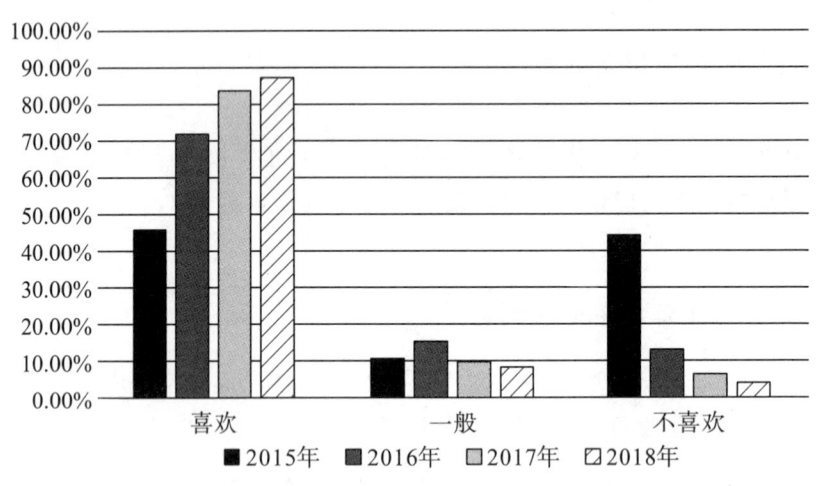

图 12　喜欢踢足球、玩足球的学生人数

学生在各级足球比赛中取得了优异的成绩。曾连续三次获县足球联赛第一名，在市足球联赛中也取得了第四名的成绩，有 12 人次被评为优秀运动员；在四届班级足球联赛中，有 200 余人次荣获"足球小明星"称号；在四届足球艺术节中，有 100 余人次获一、二等奖；在四届校园吉尼斯活动中，有 50 余人次为校吉尼斯颠足球、定点射门纪录获得者。

（4）培养了一批足球后备人才。建校六年以来，通江中学在我校选入的足球特长生多达 20 人，但一部分运动员因通江中学不设住校，而选择了通江三中。

（二）教师专业素养大幅提高

学校高度重视师资队伍建设，注重教师的专业成长，学校搭平台，创造条件鼓励教师，特别是体育教师外出学习，提高业务水平。

（1）教师对校园足球活动的认识提高。校园足球活动的有效开展，除了学校领导重视和家长支持外，班主任和体育教师起着十分关键的作用。要想让学生喜欢足球，教师得先喜欢足球，才会积极引导学生参与足球活动，让足球在学校的地位逐渐提高。

通过跟踪调查发现，我校班主任、体育教师对开展校园足球活动的支持（图 13、图 14），在持续不断地提升，基本上达到 100%。

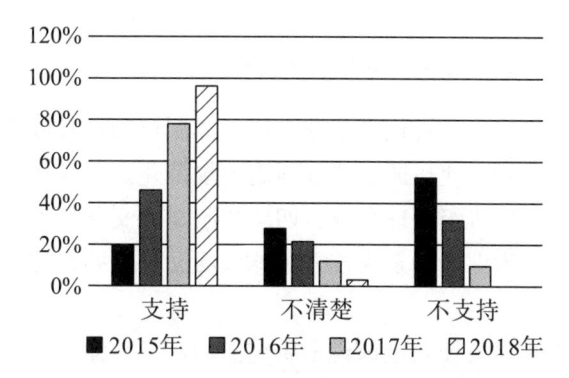

图 13　班主任对开展校园足球的支持情况

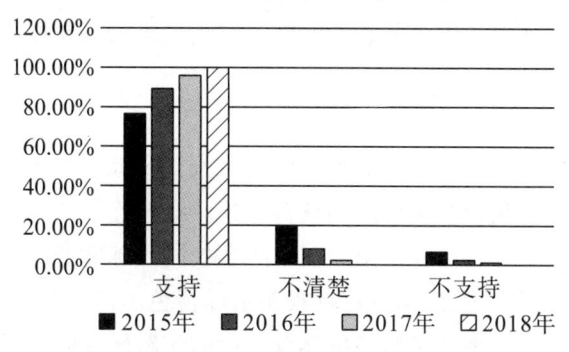

图 14　体育老师对开展校园足球的支持情况

(2) 教师专业知识大幅提升。教师业务培训近四年来达到 100 余人次，其中体育教师业务培训达到 20 余人次。体育教师张辉、杨林在绵阳师范学院参加了省级骨干教师培训；李铭在泸州参加了 2015 年足球青年教师裁判员培训，在巴中参加了校园足球骨干教师专项培训，在电子科技大学参加了青少年骨干教师足球专项培训；张辉参加了重庆西南大学组织的国家级校园足球骨干教师培训；张超、杨丽丽参加了四川省青少年校园足球工作现场推进会等。

(3) 教师教科研能力提高。教师在参加市级微型课题成果评比，近四年来获得市级一等奖 11 人次、二等奖 15 人次、三等奖 5 人次，县级一等奖 6 人次、二等奖 12 人次，其中《通江第六小学校园足球活动开展现状调查报告》获巴中市第六届微型课题成果二等奖。另外有张斌撰写的《小学如何开展校园足球活动》、陈敏撰写的《德育在小学生足球活动中的渗透》、李伦撰写的《小学校园足球活动模式的探索》等论文公开发表并获奖。

（三）助推了校园足球活动自觉开展

足球特色学校高度重视校园足球工作，体制机制比较健全，有详细可操作的工作方案和计划，使校园足球逐渐走上规范化、科学化发展道路。四年来，我校举办了四届班级足球联赛、四届校园足球文化艺术节、四届校园吉尼斯活动，每周三大课间确定为校园足球操活动。校园足球活动融入学校的各项活动中。

学校教师积极参与校园足球科学研究活动，学生懂足球、爱足球、会足球人数明显增加，体育课堂教学环境得到优化、学生体质健康水平得到改善，开展校园足球活动成为常态，助推了校园足球活动开展成为一种自觉。

（四）获得了较高的社会认可

足球特色学校建设得到上级组织、广大家长及社会各界的充分肯定和广泛的认同，提升了我校在县域内的教育形象。我校连续四届在县小学生校园足球联赛中荣获第一名，在市第二届中小学校园足球联赛中获小学男子组第四名，并于2018年入选四川省首批校园足球特色示范学校。

（1）成果获奖。小学足球特色学校建设的实践研究阶段成果《小学足球特色学校建设策略》获四川省教育科研资助金项目课题研究阶段成果三等奖，《彰足球特色，塑雅慧文化》在四川省校园足球教育教学资源优秀案例征集活动中获省级二等奖。

（2）成果被推广。小学足球特色学校建设成果在通江县教育科研成果中得以展示和推广，深受兄弟县区好评，多有观摩借鉴之意。

五、成果的创新点

（1）探索出了足球特色学校建设的一般规律。小足球，大教育。本成果基于一般小学，探索足球特色学校建设的内容、途径和方法，揭示足球特色学校建设的一般规律，从而构建足球特色学校建设的理论框架，为足球特色教育的建设作出一点贡献。通过小学足球特色学校建设的实践，培养小学生对足球的感知和热爱，促进小学生强身健体、全面发展，全面落实素质教育的各项要求；为足球进一般小学，尤其是农村小学提供一定的可借鉴经验。

（2）构建了足球特色学校建设内容。本成果从组织管理、条件保障、教育教学、训练与竞赛四个方面入手，构建了足球特色学校建设内容体系，在实践层面进一步验证了足球特色学校创建指标的科学性。

（3）开发了足球校本特色课程。人民教育出版社组织足球教育专家、中小学教研员和一线体育教师共同编写了《中小学校园足球学生用书》，但仅适用三至六年级，缺少一、二年级匹配内容。我校在使用这套教材时，一是开发了一至二年级的足球教学内容，主要以游戏为主；二是在使用三至四年级、五至六年级教材时，结合校情学情，有适当的调整、改进。课程资源的不断完善与特色学校的建设需要的是全员参与，人人都在足球中获得成长。

（该成果获巴中市人民政府第六届教学成果奖三等奖）

传统文化理念下的小学生"勤、礼、孝、信"品格培育体系的建构与实践

王　欢　高怀阳　李　艳　熊柳欣

"传统文化理念下的小学生'勤、礼、孝、信'品格培育体系的建构与实践"是2020年12月四川省教育厅立项的教育科研资助金项目"基于文化传承的小学生'勤、礼、孝、信'品格培育的实践研究"的阶段研究成果。

一、课题总的研究目标和内容

通过本课题的实践研究，积极探索适应小学生"勤、礼、孝、信"品格培养的原则、目标体系、实施路径、保障机制、评价体系，实现"文化与思想并重，传承与育人双赢"的目标。

（1）本课题总的研究目标：
①明确"勤、礼、孝、信"品格培育的原则；
②促进学生对"勤、礼、孝、信"文化的传承与发扬；
③探索"勤、礼、孝、信"品格培育的目标体系；
④探索"勤、礼、孝、信"品格培育的实施路径；
⑤制定"勤、礼、孝、信"品格培育的保障机制；
⑥建立"勤、礼、孝、信"品格培育的评价体系。

（2）本课题总的研究内容：
①关于小学生"勤、礼、孝、信"品格培育目标体系构建的研究；
②关于小学生"勤、礼、孝、信"品格培育实施路径的研究；
③关于小学生"勤、礼、孝、信"品格培育保障机制的研究；
④关于小学生"勤、礼、孝、信"品格培育评价体系的研究。

二、阶段研究目标和内容

该成果是在历经了近两年实践研究的基础上总结提炼而成的。它从学校德育工作入手，着力解决因家庭教育参差不齐、学生个人认知不全、约束力不强等因素而导致的德育观念淡薄这一突出问题，提出了以落实立德树人为根本任务，以国学文化为切入点，以培育小学生"勤、礼、孝、信"品格为目的，开展一系列"勤、礼、孝、信"学生品格培育活动，促进学生养成良好的行为习惯。本成果逐步创建了小学生"勤、礼、孝、信"品格培育的培育原则、目标体系、培育体系、实施体系、机制体系等，形成了一套小学生品格培育的完整体系，为增强德育观念、提高德育实效，提供了一套完整的培养策略。

（1）本课题达成的阶段研究目标：
①明确"勤、礼、孝、信"品格培育的原则；
②促进学生对"勤、礼、孝、信"文化的传承与发扬；
③探索"勤、礼、孝、信"品格培育的目标体系；
④探索"勤、礼、孝、信"品格培育的实施路径；
⑤制定"勤、礼、孝、信"品格培育的保障机制。
（2）本阶段主要研究内容：
①关于小学生"勤、礼、孝、信"品格培育目标体系构建的研究；
②关于小学生"勤、礼、孝、信"品格培育实施路径的研究；
③关于小学生"勤、礼、孝、信"品格培育保障机制的研究。

三、阶段研究工作情况

根据课题研究总体目标和实施具体安排，预计研究周期为三年。本阶段研究工作如下：

（1）撰写了调查报告。2020年10月11日对课题组成员进行分组，深入调查学生对"勤、礼、孝、信"文化的认知，李小言老师设计调查问卷，随机抽取5所小学进行问卷调查。李丽老师完成调查报告的撰写。

（2）开题。2020年10月25日邀请市县专家、教研能手集体会诊，做好开题工作。李小言老师对"勤、礼、孝、信"文化，进行系统整理分析，细化研究目标和内容，设计出具有较强操作性的具体实施方案，创新形成一套与课题相匹配的活动体系，进而分层实施，撰写开题报告。

（3）确定了"勤、礼、孝、信"培育目标体系。2020年12月，课题组成员通过讨论，最终确定"勤、礼、孝、信"目标体系。

（4）制定了"勤、礼、孝、信"品格培育实施路径。2021年3月，课题组成员讨论关于"勤、礼、孝、信"品格培育实施路径并最终确定，随后安排相关处室、部门做好对应工作，如环境文化、班级文化、网络文化、办公室文化的营造，国家课程、校本课程、社团课程、实践课程的开展，"勤、礼、孝、信"系列主题教育活动的开展，人文环境的创设。

（5）建立了保障机制。自课题立项以来，我校全力支持各项活动的开展、经费的报销，建立了长效机制和激励机制。通过建制度、上课表、进课堂、进家庭、创条件等长效机制规范学生的行为。开展校园吉尼斯竞赛、足球联赛、书香学子、雅慧学生、最美升旗手、"新时代好少年"等各项竞赛、评比活动，对学生进行奖励和表彰，进而促进学生对"勤、礼、孝、信"文化的传承和发扬。

四、阶段研究取得的成果

（一）认识成果

1."勤、礼、孝、信"品格培育是推动"双减"落地的有力措施

"勤、礼、孝、信"教育实际上融合德育、智育、体育、美育、劳动教育于一体，是对传统文化的继承和发扬，小学生"勤、礼、孝、信"总体上指勤学奋进、克己复礼、孝悌忠信。具体指：勤——勤学、勤劳、勤俭；礼——讲规则、讲礼仪、讲友善；孝——爱生命、爱父母、爱国家；信——树诚信、树自信、树信仰。勤学：勤奋学习、学有所成。勤劳：勤劳勇敢、劳有所获。勤俭：勤俭节约、俭有所得。讲规则：遵守规矩、顺道而行。讲礼仪：克己复礼、崇德力行。讲友善：和睦相处、团结友善。爱生命：珍爱生命、强身健体。爱父母：知恩感恩、孝亲敬亲。爱国家：遵纪守法、练就本领。树诚信：讲究信誉、信守承诺。树自信：自我信任、乐观向上。树信仰：坚定信仰、凝心铸魂。这体现了德智体美劳"五育融合"的教育理念，是推动"双减"落地的有力措施。

2. 多元活动是"勤、礼、孝、信"品格培育的有效手段

主题教育活动与"勤、礼、孝、信"品格培育有着密切的联系，也是培养学生优良品德的主要手段。比如在学生中开展"一盆水闭气"体验活动，教育学生不下河、下塘游泳、远离溺水、珍爱生命；在学生中开展"双耳种植""农作物种植""樱桃诗会"等劳动实践活动，让学生体验生命的春华秋实、粮食的来之不易、爱惜粮食；在学生中开展"学雷锋、树先锋""走进敬老院""缅怀先烈"等活动，让学生传承关爱他人、孝敬老人的传统美德。每年举行的"千人书写大赛"增强学生的文化自信。每年举行的"雅慧之声"校园卡拉OK红歌大赛、"不忘初心、立德树人"主题演讲比赛、"时刻听党话，永远跟党走"爱国主义读书教育活动讲故事和演讲比赛，培养爱国主义情怀。

3."勤、礼、孝、信"品格培育是弘扬传统美德的坚定基石

中华优秀传统文化蕴含着丰富的道德理念和规范，体现着评判是非曲直的价值标准，潜移默化地影响着中国人的行为方式。小学生"勤、礼、孝、信"品格培养，正是在学生心中播下一颗中华文化的种子，为学生一生成长奠定坚实的思想基础。它不仅丰富拓展了校园文化内涵，更让中华优秀传统文化得到了继承和发扬。

（二）操作成果

1."勤、礼、孝、信"品格培育的培育原则

（1）科学性原则：①培育内容适合小学生年龄特点；②形式和途径应多样化；③严格遵循教育教学理念及规律，符合学生和学校的发展需要。

（2）目标性原则：①理解了"勤、礼、孝、信"品格内涵；②反思"勤、礼、孝、信"的价值，树立信念；③帮助学生道德实践，长期坚持，形成习惯。

（3）过程性原则：①有意识地、主动地强调品格培育；②融入教学内容和教学全过程；③开展教学和班级管理时优先考虑品格教育；④贯穿学生校内外所有时间。

（4）活动性原则：①提供了活动的机会和环境；②鼓励参与的主动性、积极性；③活动内容、形式多样化；④活动安全有效。

2."勤、礼、孝、信"品格培育的目标体系（图1）

以目标体系为中心，确定培养目标体系。实施体系重过程，机制体系重

保障，根据培养体系确定实施体系，在实施的过程中需要机制体系作为保障。同时，机制体系又能成为实施体系的动力，让实施过程更顺畅，实施体系和机制体系都是为培养体系服务，最终达成目标。

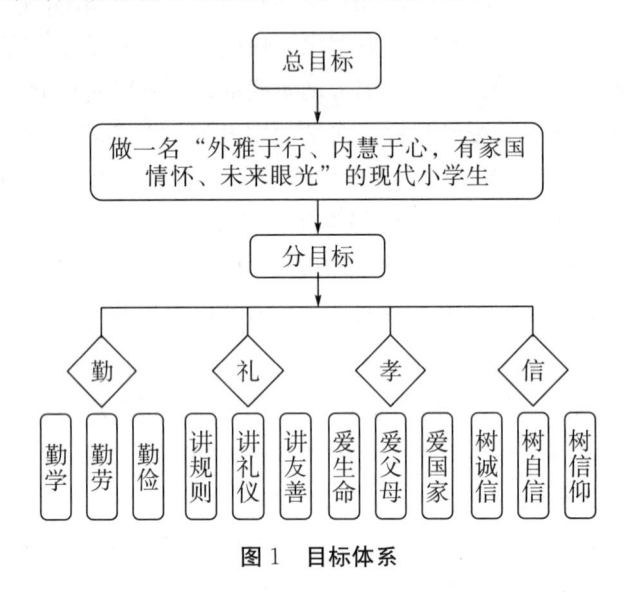

图1 目标体系

立足国学经典，根据小学生的身心特点，我校确定学生的培养总目标为"做一名'外雅于形、内慧于心，有家国情怀、未来眼光'的现代小学生"。勤要做到勤奋学习、学有所成；勤劳勇敢、劳有所获；勤俭节约、俭有所得。礼要做到遵守规矩、顺道而行；克己复礼、崇德力行；和睦相处、团结友善。孝要做到珍爱生命、强身健体；知恩感恩、孝亲敬亲；遵纪守法、练就本领。信要做到讲究信誉、信守承诺；自我信任、乐观向上；坚定信仰、凝心塑魂。

3. "勤、礼、孝、信"品格培育的实施路径

（1）厚植国学经典，树立文化信仰（图2）。

文化是一所学校的灵魂，直接影响着学校的发展方向和育人目标。校园是师生学习和生活的场所，对师生的心理状态、行为习惯、品格形成等方面具有潜移默化的影响作用。我校十分重视校园文化在育人中的作用，以"国学经典浸润"为途径，搭建精神文化框架，使校园内一草一木、一砖一石都体现教育的引导和熏陶，让校园处处成为育人场所，帮助学生树立文化信仰。

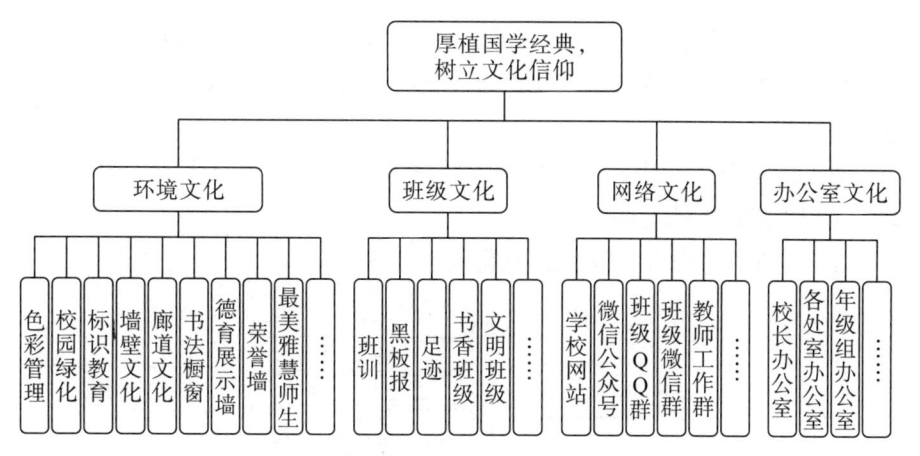

图 2　厚植国学经典，树立文化信仰

①环境文化。一是校园建筑、设施、布置、景色，乃至整个色彩搭配，都以安全健康、温馨舒适为主。二是注重标识教育。自校门入口走来，设立有"杏坛讲学"浮雕，是孔子兴教的象征，昭示着我们沿着孔子"因材施教"的思想做教育；校训墙"尔雅尔慧"，"尔"在此就是希望教师和学生近于正、近于慧，体现着我们的育人目标；编钟、编磬、围棋、古琴等，再次体现我们的校园文化融入了中国传统文化的元素。三是让学校的每一面墙都会说话，每一棵树都会育人。把《三字经》《弟子规》《论语》《道德经》等传统文化典籍以新型教育形式体现。四是充分利用楼道的角落，建有静雅轩、雅学苑等四个开放书吧。其中雅学苑，主要陈列的是传统文化方面的书籍。五是建立师生硬笔书法橱窗，每个月更换一次。教师每学期交一本硬笔书法作品，学生每天下午都有 20 分钟书法课。六是注重廊道文化建设。我校每个班、每个年级组都有一个"足迹"，主要展示班级学生、年级组教师的风采。

②班级文化。一是各班级以国学经典为班训，加以引领，增强班级凝聚力。二是各班充分利用黑板报、教室墙壁、"足迹"等进行班级文化建设，展示学生自己创作的作品或进行主题创作。三是推进书香班级建设。教师分年级向学生推荐阅读书目，同时各班均配有图书柜，图书主要由学生自愿分享、借阅。四是以"专注、有序"为起点，加强学生的品格教育与培养。

③网络文化。一是学校建立官网、微信公众号，着力宣传我校办学特色、各类重大活动，同时利用网络开展文明礼仪、安全知识、中华文化等宣传活动。二是各班级建有QQ群、微信群，及时宣传、沟通交流，远离有害信息。

④办公室文化。学校校长办公室、各处室、年级组办公室均由其使用者合力打造独具特色的办公室文化。每位教师都有专属的座位签,并引国学经典为座右铭。

通过传承中华文化,构建校园文化体系,努力实现育人于一草一木之中,立德于潜移默化之间。

(2)立足课堂教学,实现课堂育人(图3)。

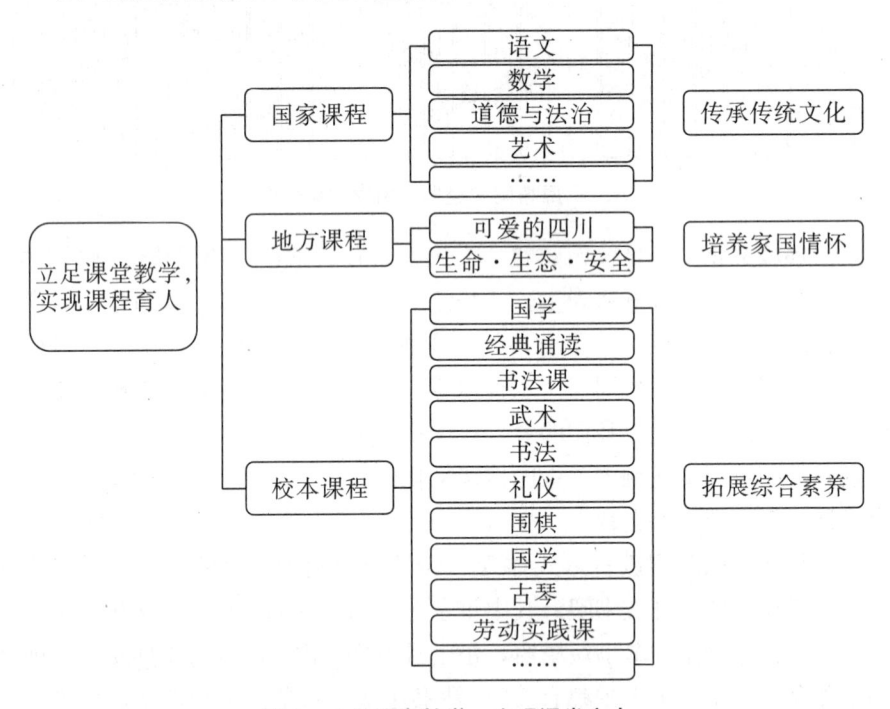

```
                        ┌─ 语文
                        ├─ 数学
            ┌─ 国家课程 ─┼─ 道德与法治 ─── 传承传统文化
            │           ├─ 艺术
            │           └─ ……
立足课堂教学,│           ┌─ 可爱的四川
实现课程育人─┼─ 地方课程 ─┤              ─── 培养家国情怀
            │           └─ 生命·生态·安全
            │           ┌─ 国学
            │           ├─ 经典诵读
            │           ├─ 书法课
            │           ├─ 武术
            │           ├─ 书法
            └─ 校本课程 ─┼─ 礼仪         ─── 拓展综合素养
                        ├─ 围棋
                        ├─ 国学
                        ├─ 古琴
                        ├─ 劳动实践课
                        └─ ……
```

图3 立足课堂教学,实现课堂育人

课程既是学校发展的核心,也是教师育人的基石,更是学生成长的沃土。课堂教学是教育学生的主阵地,学校根据办学理念和校园文化设计,大胆进行课程设置改革,将品格培育内容细化落实到各学科课程的教学目标之中,融入渗透到教育教学全过程。

①严格落实国家课程。

按照课程方案和标准,上好语文、数学、道德与法治、艺术等课程。语文课,主要依托与中华优秀传统文化、革命文化、社会主义先进文化等相关的学习内容,潜移默化地对学生进行世界观、人生观和价值观的引导,帮助学生形成孝亲爱国的优良品质。数学课,主要利用数学文化、综合与实践等内容,培养学生的科学素养和勤学思辨的能力。道德与法治课,主要以道德教育、生命安全与健康教育、法制教育、国情教育等学习内容为载体，培养孩子遵纪守法，做合格公民。艺术类课，根据学科特点，对学生进行审美教育、情操教育、心灵教育，培养学生的想象力、意志力、审美力和创新思维。

通过落实国家课程，实现"文化与思想并重，传承与育人双赢"。

在开设的国家课程中，课堂上，教师不仅要落实教书的责任，更要发挥育人的作用。自建校以来，我校每学年春学期举行校内数学学科竞赛，每学年秋学期举行语文学科竞赛，每两年举行一次道德与法治学科竞赛，每学年都会举行艺术类学科竞赛。教师在教学展评中不仅要让孩子们获得知识，还得渗透"勤、礼、孝、信"等方面的育人要素。其中2019年，我校向小芳老师执教的道德与法治课"和家人一起承担"，整堂课都体现了"勤、礼、孝、信"的内容，倡导学生随时为家人分担家务劳动、孝敬家人，和家人之间要做到言而有信。本堂课在四川省道德与法治课优质课展评中获得二等奖。

②积极上好地方课程。一是上好"可爱的四川"。该课重点突出了四川的"三九大"旅游特点，以巍峨的高原，雄伟的雪山、富饶的平原、珍奇的动植物为主线，介绍了四川的"自然之美"；以古蜀文明、三国遗址、文学巨匠、民居民俗特色为主线，介绍了四川的"人文之美"；以伟人将帅故里、红军长征足迹、革命英烈纪念馆为主线，介绍了四川的"红色之美"；以"两弹一星"摇篮、航天科技、乡村振兴、产业升级为主线，介绍了四川的"发展之美"，旨在培养学生热爱四川、热爱家乡的情感，增强振兴四川、建设家乡的责任感。二是上好"生命·生态·安全"。这门课程以儿童的社会生活为基础，帮助儿童建立生命与自我、生命与自然、生命与社会的和谐关系，学会关心自我、关心他人、关心自然、关心社会，旨在培养学生积极的人生态度和健全的人格，提高自我生存和自我保护的素养和能力。

上好地方课程，让学生更了解家乡，更珍爱生命，培养学生的家国情怀。

③适时开发校本课程。一是每天早上20分钟经典诵读。低段以蒙学为主，如《三字经》《声律启蒙》《笠翁对韵》等，中段诵读《论语》《诗歌》等，高段诵读《道德经》《大学》等。二是每天下午20分钟全员书写练习，师生一起练习书法。三是每周一节国学课。国学课主要以国学启蒙丛书为主要教学内容，让师生同享经典带来的文化大餐。四是开设了以"走班制"为形式的书法、刺绣、剪纸、中国象棋、围棋、武术、银耳种植、足球、舞

蹈、绘画等 30 多个社团。每周一、中国周三下午开放课程超市。孩子们打破年级、年龄界限，完全以兴趣、爱好为主，择课上课。五是开展劳动实践体验课程。学校把犄角旮旯的空地和楼顶打造成师生的实践体验基地，各班充分利用班（队）会、劳动课、课外活动等时间，到基地种菜、插秧、植树育苗、培植椴木银耳和木耳等，让学生参与劳动，体验生活，乐教乐学，幸福成长。

开发校本课程，培养了孩子们的传统美德，陶冶了他们的心灵，形成了顽强拼搏、坚韧不拔的意志品质，拓展了学生的综合素养。

每年冬至过后，学校就会采购 3000～4000 公斤一米左右的椴木耳棒，德育处组织学生将耳棒码垛。第二年春学期开学后，组织四、五年级的学生开始给码垛的耳棒钻孔、栽种、发菌。5 月底，耳棒入耳堂，通过喷水来调节耳堂的温度和湿度。待银耳成熟后，四、五年级的学生就开始采摘、淘洗、晾晒。学校食堂把银耳熬成银耳羹，分给每一位师生，让全校师生分享劳动成果。

每天 20 分钟写字课，师生一起练习书法，每位老师每学期交一本练字本，每月交一篇高质量的书写作品入橱展览。每班选出 5～10 篇学生的作品入橱展览，每年春学期举行千人书写大赛。每年秋学期，师生参加四川省教育考试院组织的书法过级考试。

（3）开展主题教育，实现活动育人（图 4）。

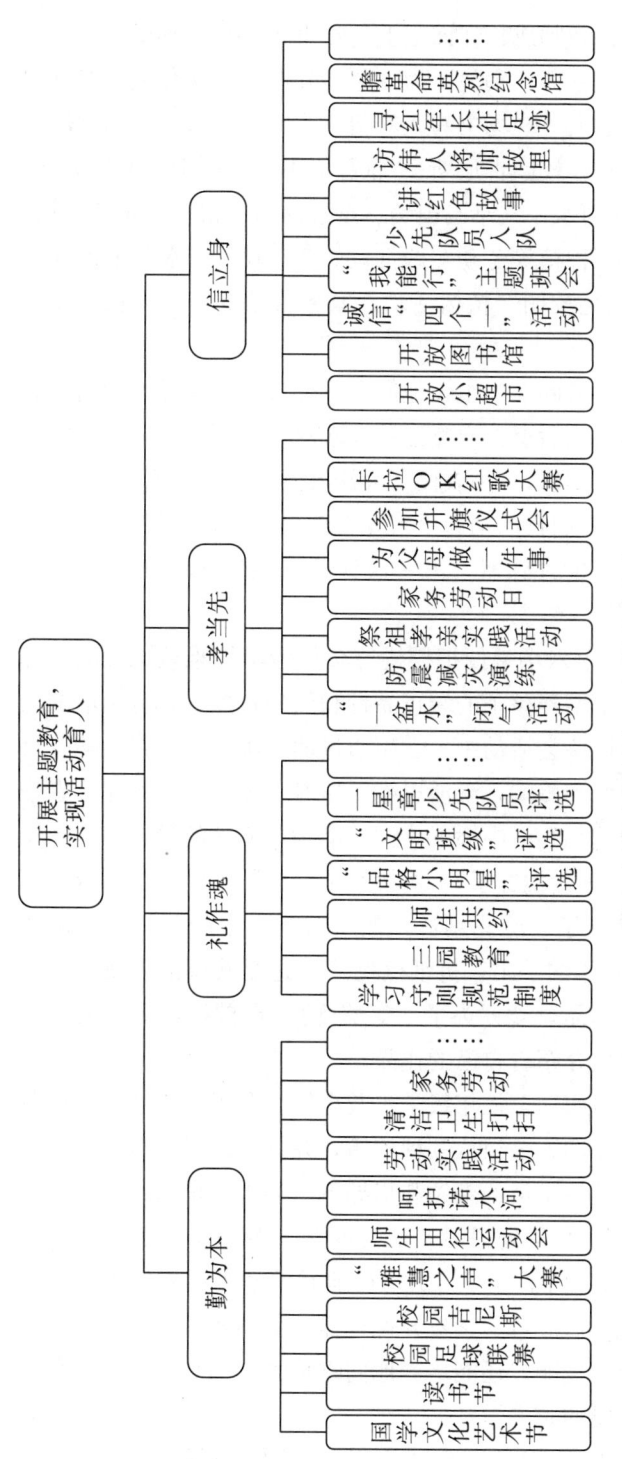

```
                                            ┌─ 瞻革命英烈纪念馆
                                            ├─ 寻红军长征足迹
                                            ├─ 访伟人将帅故里
                                            ├─ 讲红色故事
                            ┌─ 信立身 ──────┼─ 少先队员入队
                            │               ├─ "我能行"主题班会
                            │               ├─ 诚信"四个一"活动
                            │               ├─ 开放图书馆
                            │               ├─ 开放小超市
                            │               └─ ……
                            │
                            │               ┌─ 卡拉OK红歌大赛
                            │               ├─ 参加升旗仪式会
                            │               ├─ 为父母做一件事
                            ├─ 孝当先 ──────┼─ 家务劳动日
                            │               ├─ 祭祖孝亲实践活动
                            │               ├─ 防震减灾演练
                            │               ├─ "一盆水"闭气活动
 开展主题教育,                               └─ ……
 实现活动育人 ──┤
                            │               ┌─ 一星章少先队员评选
                            │               ├─ "文明班级"评选
                            │               ├─ "品格小明星"评选
                            ├─ 礼作魂 ──────┼─ 师生共约
                            │               ├─ 三园教育
                            │               ├─ 学习守则规范制度
                            │               └─ ……
                            │
                            │               ┌─ 家务劳动
                            │               ├─ 清洁卫生打扫
                            │               ├─ 劳动实践活动
                            │               ├─ 呵护诺水河
                            └─ 勤为本 ──────┼─ 师生田径运动会
                                            ├─ "雅慧之声"大赛
                                            ├─ 校园吉尼斯
                                            ├─ 校园足球联赛
                                            ├─ 读书节
                                            ├─ 国学文化艺术节
                                            └─ ……
```

图4 开展主题教育,实现活动育人

著名教育家顾明远说：教师成长在课堂上，学生成长在活动中。

①勤为本。以"勤学、勤劳、勤俭"为主题，开展国学文化艺术节（主要包括经典诵读、记忆小达人、现场书写大赛等）；"共读、共享、共成长"读书节活动；校园足球联赛；校园吉尼斯；"雅慧之声"校园卡拉OK大赛；师生田径运动会；"同护江河水，共享巴山美"走进河道，银耳、木耳种植，花木种植，粮食种植，蔬菜种植等劳动实践活动；"三节（节水节电节粮）"活动；保护环境活动；"绿化校园"植树活动；家务劳动等。学生在活动中磨炼意志品质。

在插秧体验课里，每两名同学一组，他们左手握着一把嫩绿的秧苗，右手将秧苗插在泥土里，边栽边后退，衣裳已被汗水浸透。不一会儿，秧苗站立在水田里，绿油油地迎风招展，"小农民"大汗淋漓，露出了喜悦的笑容。"在烈日下插秧看着简单，我们自己动起手来才发现太累了，在田里站不稳，腰酸背痛。"五年级学生毛星月感慨，第一次体验插秧，虽辛苦，也很有乐趣。

自2016以来，通江县第六小学便把樱桃诗会作为学校雅慧课程的一部分，在对樱桃的养护过程中培养孩子的端正品行和热爱自然、热爱生活的人文素养。在樱桃采摘暨樱桃诗会活动中，学生通过诵、画、书、赏、摘等活动，在深度体验中受到教育和熏陶，激活思维，培养兴趣。让学生体会春华秋实的生命过程，在他们幼小心灵中播下诗词、书画、文学的种子。

"哇！这是我写的诗歌《樱桃红了》：樱桃红了，珠圆玉润，像一位羞涩的少女，娇艳欲滴。樱桃红了，玲珑剔透，似一盏盏心中的明灯，璀璨耀眼……""你看，这是我制作的手工，折纸樱桃。""这是我画的樱桃，又大又红。""这里是我的书法作品，被评为了一等奖呢！"在樱桃诗会优秀艺术作品展前，小作者们自豪地介绍着自己的作品。

每年十一月，学校会组织四至六年级学生及全体教职工参加油菜种植劳动教育活动。以班为单位，四人一组认领种植箱，并标上班级记号。种植油菜时，孩子们在教师和种植技术员的带领和指导下，运土、填箱、培苗、浇水、施肥，整个过程学生们都争先恐后，认真参与。劳动结束后，六（5）班金菊说道："我深切地体会到了爷爷、奶奶种地时的辛苦，懂得了劳动成果的来之不易。"教师王华也说道："学校开设这样的劳动教育课程，既锻炼了学生的身体又培养了劳动技能，还能培养他们吃苦耐劳的意志品质，我觉得不仅有意义而且是有必要的。"

②礼作魂。以"讲规则、讲礼仪、讲友善"为主题，开展《中小学生守

则》《中小学日常行为规范》和自编《一日常规》学习活动,"三园教育"(学校设有桃园、李园、樱桃园),"品格小明星"评选,"文明班级"评选,"一星章"少年评选等。学生在活动中明礼懂规则。

③孝当先。以"爱生命、爱父母、爱国家"为主题,利用清明、春节、端午、中秋等传统节日为重点,开展"一盆水"闭气活动;防震减灾演练活动;祭祖、孝亲等道德实践活动;家务劳动、"为父母做一件事"活动;升旗仪式;卡拉OK红歌大赛等活动,增强传统节日的体验感和文化感;利用妇女节、重阳节,开展"敬老"道德实践活动,学生在实践中端正态度;利用升旗仪式、入队仪式、毕业仪式,学生在仪式中增进身份认同感。

④信立身。以"诚信、自信、信仰"为主题,开展"开放小超市""开放式书吧""诚信四个一""我能行主题班会""少先队员入队""讲红色故事""访伟人将帅故里""寻红色长征足迹""瞻革命英烈纪念馆"等主题班队活动,让诚信教育落地生根。

以上活动,寓教于做,内化于心,培养了孩子的家国情怀、动手能力、尊老爱幼的良好品质和未来眼光。

(4) 创设人文环境,实现环境育人(图5)。

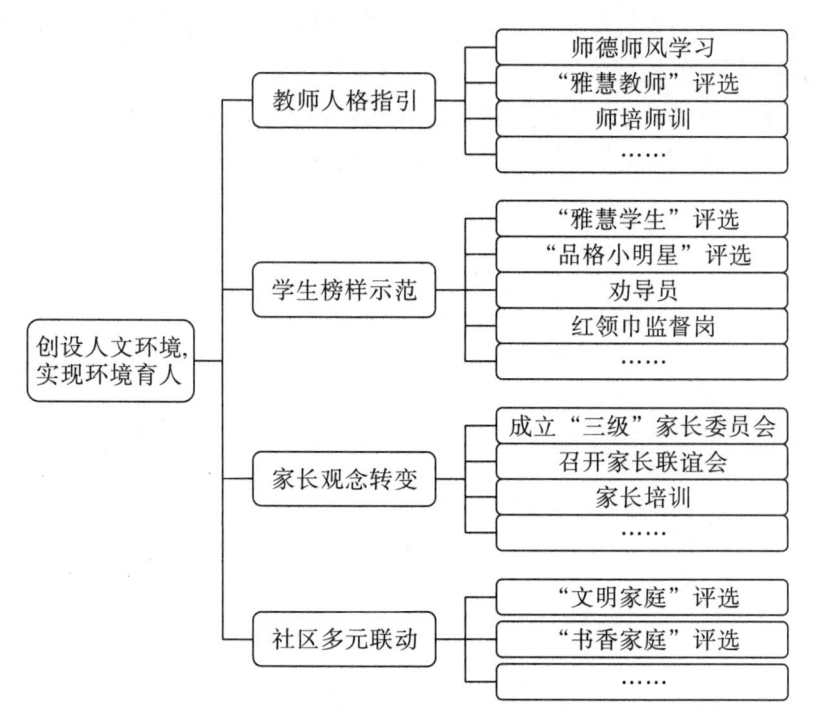

图5 创设人文环境,实现环境育人

品格教育，奠基于家庭、启动于学校、实践于社会。我校以学校为龙头、家庭为基础、社区为平台，把学校、家庭、社区三个方面力量有机组合起来，注重教师引导、家庭熏陶、参与实践，形成"学校、家庭、社区"共育合力的人文环境。

　　①教师人格指引。教师的育人意识是制约学生品格培育的关键因素。教师先是示范者，才是合格的培育者。学校把品格培育的教育学习与"师德师风"教育学习相结合，贯穿始终。通过开展"不忘初心，正己树人"等主题培训，集中研讨"品格培育与师德师风的关系"，将认识问题上升到师德问题。

　　②学生榜样示范。学校通过评选"雅慧学生"、"品格小明星"、楼道劝导员、红领巾监督岗等形式，树立榜样，让其他学生在他们身上得到启迪、受到教育。

　　③家长观念转变。家庭是孩子成长的重要场域，家庭教育的好坏直接影响着学校德育工作的成效。我们成立了学校、年级、班级三级家长委员会，强化家校结合，加强对家长的培训和沟通，邀请省内外专家对家长进行培训，每学期以年级组为单位召开家长会议，向家长传授家庭教育的理念、方法和技巧，真正形成家校一体的教育网络，同时产生大手牵小手、小手拉大手的相互影响的教育效果。

　　④社区联动共建。发挥社区联动作用，营造统一的品格培育文化氛围。联谊开展"文明家庭""书香家庭"等创建活动，升华培育成果。

4. "勤、礼、孝、信"品格培育的保障机制

（1）长效机制（图6）。

```
                    ┌─ ……
                    ├─ "保护诺水河"活动
            ┌─ 进社区 ─┼─ "送温暖重晚情"活动
            │        ├─ "宣党史跟党走"活动
            │        ├─ "楼道清洁"活动
            │        └─ "垃圾分类"活动
            │
            │        ┌─ ……
            │        ├─ 户外体验
            ├─ 进家庭 ─┼─ 生活习惯
            │        ├─ 生存技能
            │        ├─ 家务劳动
            │        └─ 亲子阅读
            │
            │        ┌─ ……
            │        ├─ 班队会课全面落实
  长效机制 ─┼─ 进课堂 ─┼─ 生命生态与安全规范
            │        ├─ 书法国学课传承弘扬
            │        ├─ 语文课奠基
            │        └─ 道德与法治课立魂
            │
            │        ┌─ ……
            │        ├─ 每周一、三下午社团活动
            ├─ 上课表 ─┼─ 每周一节书法练习
            │        ├─ 每周一节国学学习
            │        ├─ 每天20分钟书法练习
            │        └─ 每天20分钟经典诵读
            │
            │        ┌─ ……
            │        ├─ 班级组织机构选举办法
            │        ├─ 升国旗制度
            └─ 建制度 ─┼─ 雅慧师生评选方案
                     ├─ 班级量化考核方案
                     ├─ 德育工作机构及工作职责
                     └─ 德育工作管理制度
```

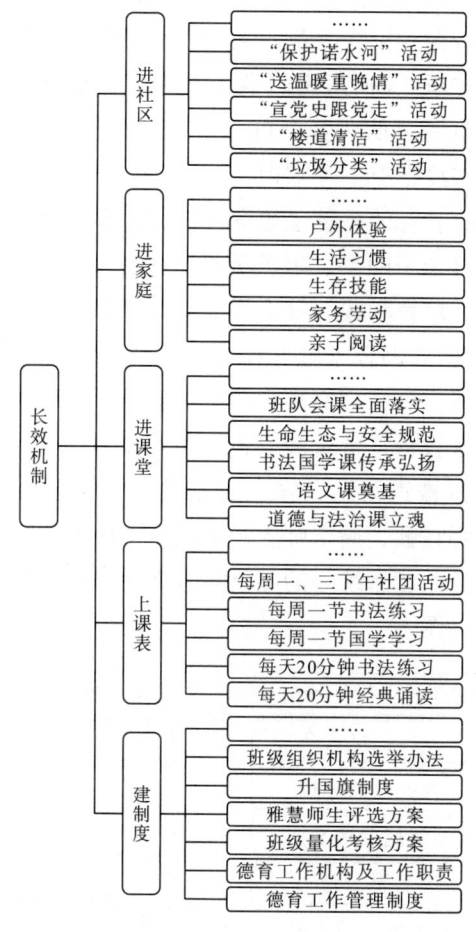

图6 长效机制

①建制度：我校根据学校章程，设立各部门、各岗位职责，并依托《中小学生日常行为规范》和《中小学生守则（2015年修订）》，完善了《学生手册》《德育工作管理制度》《德育工作机构及工作职责》《班级量化考核方案》《文明班级、雅慧教师、雅慧学生等评比标准》《升国旗制度》《班队组织机构选举办法》等20多个规章制度，对学生各项行为要求实行日查周结月评比制度。

②上课表：每天20分钟经典诵读，每天20分钟书写练习，每周一节国学学习，采取多种形式来展开，如朗诵、吟诵、歌诀体诵等。每周一节书法练

习，课余时间开放书法室，培养师生的书法兴趣。每周一、三下午开展社团活动，社团活动丰富多彩，学生根据自己的兴趣选择社团，学有所获，学有所乐。

③进课堂：采用多学科渗透思想，不仅对教材中德育素材进行深度挖掘和利用，还大胆进行课程设置改革，采用"长短课"结合。道德与法治课立魂，语文课奠基，传承弘扬书法国学课，规范生命生态与安全课，全面落实班队会课。每学期邀请一批在各个行业工作的家长走进课堂为学生讲解安全、法治、德育、防疫、卫生等知识。

④进家庭：家庭教育的关键是德育，核心内容是培养学生的好思想、好品格、好习惯，通过亲子阅读、家务劳动、生存技能指导、生活习惯培养、户外体验实践活动，培育和践行社会主义核心价值观，通过"小手牵大手"移风易俗进校园活动、"书香家庭"评选等活动，勉励家长传承文明从自身做起，坚持把立德树人贯穿家庭教育的全过程。

⑤进社区：社区教育是常规教育的延续，是社会发展的一个基本单位。通过垃圾分类、社区楼道清洁、宣党史跟党走、送温暖重晚情、保护诺水河、师生走进社区唱红歌、周末师生走进社区彻底大扫除、社区趣味运动会等活动，与社区联合，营造统一的品格培育文化氛围，升华培育成果。

（2）激励机制（图7）。

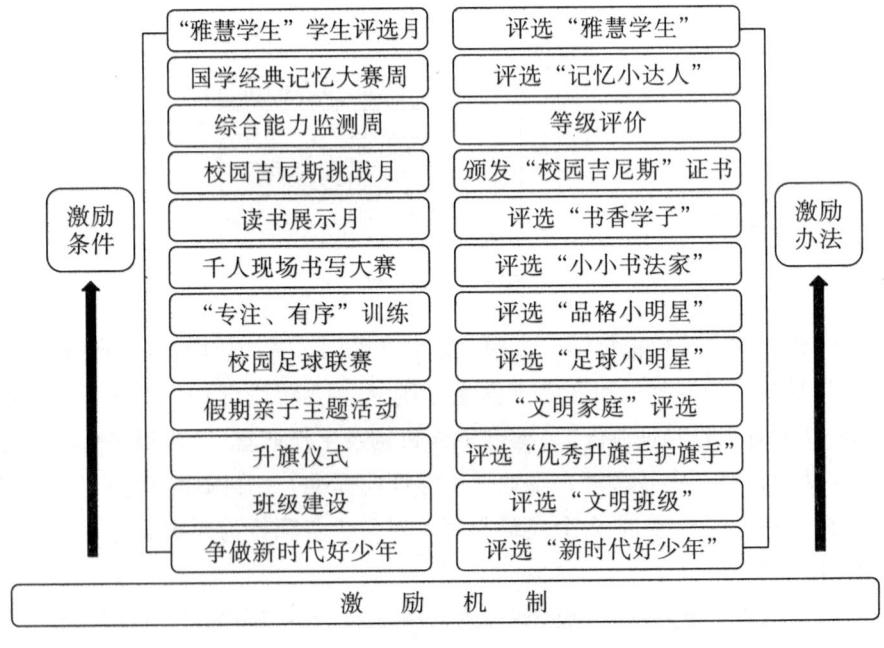

激励条件	激励办法
"雅慧学生"学生评选月	评选"雅慧学生"
国学经典记忆大赛周	评选"记忆小达人"
综合能力监测周	等级评价
校园吉尼斯挑战月	颁发"校园吉尼斯"证书
读书展示月	评选"书香学子"
千人现场书写大赛	评选"小小书法家"
"专注、有序"训练	评选"品格小明星"
校园足球联赛	评选"足球小明星"
假期亲子主题活动	"文明家庭"评选
升旗仪式	评选"优秀升旗手护旗手"
班级建设	评选"文明班级"
争做新时代好少年	评选"新时代好少年"

激励机制

图7　激励机制

①制定《最美雅慧学生评选方案》。创建"最美雅慧学生"光荣榜，确立"雅慧学生评选月"（每学年的6月份），通过相关制度评选出"雅慧学生"。

②利用假期开展综合实践主题教育亲子活动。内容涵盖文明、孝道、环保等，活动结束举办成果展，表彰优秀家庭。

2021年假期，请家长朋友参与并悉心指导学生开展"争做新时代好少年"活动。一是了解党的十九大精神，认识新时代，关注家乡的发展，寻访身边的新成就、新目标。二是开展"情暖童心"大手牵小手帮扶活动，给留守孩子、贫困家庭儿童送温暖，帮助他们实现新年微心愿。三是开展红领巾"创未来"创新创造创意活动，开展好小发明、小创造活动，积极践行社会主义核心价值观。四是开展好"我是小小气象员"活动，让学生和爸爸妈妈一起，走向社区，走进大自然，关注气候变化，向家人、向邻居、向相关单位了解关于家乡气候变化的相关资料，通过书籍、网络搜集气候变化对人们生活、经济建设的影响。

③开展校园竞赛活动。设有教师节表彰，国学经典记忆大赛周，综合实践活动能力检测日，校园吉尼斯周，读书展示月，千人书写大赛，专注、有序训练，校园足球联赛等竞赛活动，对单项取得优异成绩的班级或学生分别进行精神和物质奖励。

④每月对班级开展的培育实践活动进行全面测评，测评结果纳入班主任和学科教师的绩效考核。如"文明班级"评选，采用在同年级组评比、流动的形式，各年级一个名额，每周由值周领导统领，所有值周教师根据学生在清洁卫生、大课间活动、就餐秩序、路队放学等方面做出综合量化得分考核，得分最高者为"文明班级"。

五、阶段研究取得的效果

（一）学生"勤、礼、孝、信"品格素养大提升

1. 树立了"勤、礼、孝、信"文化意识

开展课题实践后，问卷调查显示：90％以上的学生认为拥有"勤、礼、孝、信"的优秀品格是个人追求幸福生活的基本条件，是作为小学生必备的基本素质，应将"勤、礼、孝、信"文化意识根植于心，并付诸行动之中。在巴中市2021年中华经典诵写讲演系列活动中，邵怡同学的作品《长

相思》在杜婧老师的指导下获"讲经典"类市级一等奖,杜玲玲同学的作品《五星红旗一抹希望》获"讲经典"类市级一等奖,陈博等十二位同学的作品《诗经·秦风·蒹葭》在杜敏老师的指导下获"诵经典"类市级二等奖,李霞同学的作品《新中华哪儿来》获"诵经典"类市级二等奖。

2. 提升了学生的品格素养

开展课题研究以来,学生"勤、礼、孝、信"的个人道德素养不断提升。课题组再次对1~6年级学生观察测试,绝大部分学生养成了爱学习、爱劳动、不浪费、自主自立、意志坚强的生活态度,形成了讲文明、讲礼仪、孝敬父母、诚实守信、友爱宽容、自尊自律、乐观向上等良好品质(表1)。

表1 课题组观测记录

观测对象	一年级	二年级	三年级		四年级		五年级	六年级
观测时间	上学时段	卫生打扫	放学时段	体育课	课间	就餐		午休
观测地点	校门口	教室	公交站台	运动场	活动区	食堂		雅慧广场
总人数(人)	100	100	100	100	100	100	100	100
观测事件	教师迎接学生	家长离开	教师不在教室指导	家长带孩子乘公交	在运动区随意丢下若干5元、1元的人民币,共100元	在活动区随意丢下若干垃圾	没有教师监管下就餐	一老人想看望孙子,求助寻找
观测目标	主动问好	主动说再见	主动打扫	自觉排队	主动交还	自觉捡拾	自觉排队	主动光盘	主动帮助
所占百分比	93%	94%	100%	100%	100%	97%	100%	95%	100%

3. 增强了学生对传统文化的体验感

通过举办国学艺术节、读书节等经典传承活动,开展"祭祖、敬老、孝亲"等道德实践活动,利用春节、元宵、清明、端午、中秋等传统节日及二十四节气,开展介绍节日历史渊源、精神内涵、文化习俗等校园活动,使学生在活动中获得了对传统文化极大的认同感、体验感。

在四川省第十届中小学生艺术节展演活动中,我校四年级学生李芹毛笔书法《百载九洲》对联成为巴中市唯一入选省展的小学组书画作品,并荣获省级二等奖。在巴中市2021年中华经典诵写讲演系列(写经典)活动中,6名学生的毛笔书法作品获奖,其中杜玲玲、李星月、李晓梅三名同学获一等奖，李霞、郑文文同学获二等奖，魏轩同学获三等奖。在通江县第八届中小学生艺术节师生书画展中，陈宇萱、何博、王娅霖、李芹、郑文文、何洁、张萱七名学生的毛笔作品成功入展，并获优秀奖。在巴中市中小学生书法大赛活动中，我校周强老师、蒲敏老师获得书法类成人组一等奖。在通江县教科体系统庆祝建党100周年暨第八届中小学生艺术节师生书画展中，周强老师、冯梅老师获一等奖。我校自2019年起，学校每年组织师生参加四川省书法水平测试。截至2020年，共有1600多人次通过各等级测试，其中一人通过毛笔高段九级。

4. 唤醒了学生的集体荣誉感意识

各班积极开展各种道德实践活动，创优争先，极大地提高了学生学习、生活的兴趣和能力，唤醒了学生的集体荣誉意识，进而推动形成了"博识约取，知书达理"的学风。

自我校建校以来，每学年春学期开展足球联赛等集体活动，培养孩子的集体意识，在竞争中合作，在合作中竞争。低段以绕杆射门的形式开展比赛，高段以对抗赛的形式开展比赛，旨在培养孩子们的团队意识，增强集体荣誉感。2017年通江县第三届中小学生校园足球联赛中，我校男子足球代表队继首届小学生足球联赛夺冠之后再次夺冠。其中运动员付楷珉进球6个，获得"优秀运动员"称号。2018年，我校被评为"四川省首批足球示范学校"。2021年，张辉老师获得巴中市青少年校园足球特色学校足球教师基本技能大赛一等奖。每学年秋学期，开展师生运动会，在赛场上师生都积极进取、努力拼搏，为班级争光。我校自开辟劳动实践园以来，便将劳动区域、任务划分到各个班级，并根据农作物的长势评选出"劳动模范班级"。我校农作物种植多种多样，包括双耳、油菜、水稻、小麦、红薯、土豆等。在劳动实践中，学生从播种、浇水、施肥等一系列过程中感受到了劳动的艰辛、粮食来之不易，更体会到了班级共同努力才能换来农作物的健康成长，进一步增强了学生的集体荣誉感。

（二）教师专业素养再提高

1. 转变了教师的育人观念

在整个学生"勤、礼、孝、信"品格培育过程中，教师树立了"品格培育"优先的育人观念，自觉将其融入各学科教学，潜移默化地影响着学生。

2. 提高了教师的专业水平

课题的实践，构筑了一支有爱心、敢担当、勇创新、能干事、会干事、具有通江县第六小学特色的教师队伍。在建校短短几年中,教师个人获得各类奖项,国家级达13人次,省级达63人次,市级达212人次,县级达371人次;省级教育骨干教师1名,省级名师1名,市级优秀教育工作者2名,教育教学名师1名,教育科研工作者1名,市级最美教师1名,市级师德标兵1名,市级优秀教师3名。

教师获奖情况统计见表2。

表2 教师获奖情况统计

年度	等次	国家/人次	省/人次	市/人次	县/人次	总数/人次	合计/人次
2017—2018	一等	0	0	5	20	25	51
	二等	0	0	5	17	22	
	三等	0	0	4	0	4	
2018—2019	一等	0	0	3	17	20	41
	二等	0	1	3	11	15	
	三等	2	3	1	0	6	
2019—2020	一等	0	2	11	15	28	72
	二等	1	8	4	7	20	
	三等	1	5	2	16	24	
2020—2021	一等	0	7	20	50	77	202
	二等	1	3	26	64	94	
	三等	2	1	15	13	31	
2021—2022	一等	1	8	54	89	152	293
	二等	3	15	40	35	93	
	三等	2	10	19	17	48	

(三)学校办学品位上层次

1. 完善了校园文化体系

课题的实践,成就了校园浓厚的"雅慧"文化环境,形成了"求真务实,尔雅尔慧"的优良校风,完善了校园文化体系建设。

2. 丰富了学校课程

课题的实践,开发了以传统文化、校园足球为主要内容的校本课程,开设了以"走班制"为形式的吟诵、书法、中国象棋、围棋、阅读、银耳种植、刺绣等30多个社团，打破年级、年龄界限，完全以兴趣、爱好自由选择，形成了较为系统的经典教育、礼仪、诚信、劳动教育课程。

3. 提升了学校知名度

我校成功举办县2021年德育工作交流培训会，迎来了县域内外200多名嘉宾、教育同仁参加会议，得到了上级领导的高度认可。

学校办学规模，由当初的招生困难到现在的生源爆满，学生人数已达到学校承载规模之最。我校从建校时的17个教学班，学生857人，教师40人的师生队伍，在七八年的时间里，壮大到2020年的42个教学班，学生2000多人，教师130人。

我校劳动教育实践活动被"学习强国""今日头条"等媒体推送报道。连续六年教学质量名列全县前茅，连续五年被县委、县政府和教育主管部门表彰为"教育教学质量先进单位"，连续六年在教育系统综合目标考核中获一等奖。《四川教育》《教育导报》等新闻媒体对学校办学成果专题报道。学校先后被县委、县政府及有关部门评为"先进基层党组织"等县级表彰13次，被授予"全国校园足球特色学校"国家级荣誉1次，"四川省优秀传统文化传承学校""四川省青少年校园足球示范学校""四川省优秀少先队集体"等省级荣誉7次，"巴中市文明校园""巴中市阳光体育示范学校"等市级荣誉5次。

六、不足与思考

（1）教师育人观念的不成熟制约着"勤、礼、孝、信"品格培育的深入开展。

（2）评价制度的不完善制约着"勤、礼、孝、信"品格培育的有效开展。

（3）经费的不充足制约着"勤、礼、孝、信"品格培育持续开展。

七、参考文献

（1）李季、梁刚慧、贾高见：《小活动　大德育》，暨南大学出版社，2012年。

（2）窦桂梅：《清华附小的德育细节》，华东师范大学出版社，2013年。

（3）张万祥：《今天怎样做德育》，教育科学出版社，2014年。

(4) 周凤林:《学校德育》,华东师范大学出版社,2018年。

(5) 班建武:《德育原理》,高等教育出版社,2018年。

(6) 李亚南、王群:《一本三跨:飞翔的历史德育》,上海社会科学院出版社,2018年。

(7) 李岗、陶礼华:《学科融合德育的研究与实践》,上海社会科学院出版社,2018年。

(该成果获四川省教育科研课题2022年度阶段研究成果奖三等奖)

基于激发教师内驱力的星级教师动态评价策略

王　欢　高怀阳　熊柳欣　李　艳　朱　霞　谢晓琼

一、成果解决的主要问题

我国基础教育改革的重点已转向全面实施素质教育。素质教育实施的保障主要有两个方面：一是素质教育的课程体系，二是素质教育的评价体系。这两个方面缺一不可。而在教育评价体系中，有关教师的评价是素质教育实施中的关键。

（一）教师队伍现状堪忧

由于我校是新建学校，教师队伍参差不齐，有代课教师，有实习教师，有经验不足的新进教师，有部分教师是从我县各乡镇调入的，专业水平也是高低不一，导致很多家长不放心把孩子送进我校。教师的专业水平和家长及社会对我校的认知矛盾突出，要想提高学校的办学水平，不能改变客观条件，就只能从教师专业这块来做改变。要提高教师队伍建设，亟需一套健全的评价机制做支撑。

【典型案例】

我校2014年建校，从通江四小分过来的教师32名，从各乡镇调入12名，公招新进教师5名，实习教师5名。其中45岁以上的教师25名，25岁以下的教师18名，从此数据来看，我校的青年骨干教师偏少。

（二）教师工作积极性不高

由于教育观念、业务能力及对课改的疑虑，加上我校是一所新建学校，设施设备不齐全、环境未完善、学校管理制度不健全，导致教师目标不明确、工作信心不强、工作态度懒散、积极性不高。教师认为干好干坏都一样，工作以评职称为目标，评了职称的教师更是得过且过，缺乏评价机制激发教师工作的积极性。建校之初，我校教师上完课就走人，未实行坐班制，学生见到教师的时间大大减少，学业水平测试成绩不佳。教师离开学校后基本未研读教材教法，干各自喜欢的事情，心思未完全放在教育教学上。

（三）教师评价机制太过单一

目前，教师职称评定是对教师的主要评价机制。大多数教师的奋斗目标就是想尽办法评职称，评上职称就意味着工资上涨，待遇提高。而评上高级职称，就代表了"一劳永逸"，不再努力。评职称有一定的工作年限要求，更多的青年教师觉得评职称对自己很遥远，工作也就得过且过。这种职称评定机制太过于单一，亟需一项新的评价机制来调动教师的工作积极性。

综上所述，学生的成长、学校的发展关键在于教师队伍的建设。结合我校的实际情况，要提高学校教学质量，提高学校办学质量，建设一支强有力的教师队伍迫在眉睫。

针对上述问题，急需细化一套能调动教师工作积极性的管理办法，我们提出了《小学星级教师评价策略的实践研究》。

研究中，我们通过问卷、访谈话摸清了学校教师的专业素养、工作动态、专业发展需求，采用文献检索，搜集国内外"星级教师"的管理得失，并做深度分析，采用了行动研究法探索了星级教师评价的制度、原则、成长路径、评价指标，构建了适合我校的星级教师评价策略，然后将策略应用到活动中进行验证，再将其成果推广运用。经过几年的探索，我们形成了《基于激发教师内驱力的星级教师动态评价策略》。

二、成果形成的过程

（一）课题准备阶段（2014年10月—2015年6月）：前期调查论证，制定课题研究方案，申报立项

1. 提出研究课题

星级教师的评价制度符合全面实施素质教育的基本要求。实施素质教育，就是为了全面贯彻党的教育方针，全面提高国民素质，而贯彻素质教育的最终目的是使每个学生的个性、特长等个人的潜能得到充分发挥，做到全面发展。星级教师评价制度是职称评审制度的补充，更能调动各个年龄段教

师的工作积极性，从而培养出德智体美劳全面发展的学生。

我校是按现代标准新建的一所城乡接合部的小学，2014年秋首届招生。新学校的发展面临着诸多实际困难，怎样才能在先进理念引领下，形成独特性、先进性、稳定性的办学特色，成为校长、教师、学生和家长的共同诉求。2015年2月，我们决定选择"小学星级教师评价方法与策略的研究"作为课题申请立项，并对与此问题有关的国内外相关研究展开全面的梳理与归类，初步提出研究问题。

2. 进行课题论证

我们迅速组成课题研究领导小组，并根据学校教师研究基础，组建了新的课题研究组。课题组根据前期收集到的国内外研究资料，以及前期研究成果，撰写立项申请方案，反复推敲、数度易稿。

3. 通过课题立项

课题组成员争取一切可能的机会向县、市专家请教，请他们对课题进行论证。在听取专家的意见基础上我们不断调整、完善，最终形成了较成熟的申请方案，并最终申报成功，于2015年9月批准立项为巴中市2015年度普教科研立项课题。

（二）课题组织实施阶段（2015年6月—2019年6月）

1. 完善研究制度

2015年6月，召开课题主研人员和协研人员会议，课题组全体成员讨论制定课题管理制度，进一步明确课题组成员分工，明确研究职责。

2. 制定研究步骤

2015年6月到7月，课题组多次召开课题研究专题工作会议，讨论、细化研究方案，把目光聚焦在研究的总体规划上。课题组反复论证，多方请教，听取意见，精益求精。在多方调查分析、座谈讨论的基础上，课题组经过缜密思考，采用"探路径、建制度、强考核"的工作策略，借鉴经验，探索星级教师成长路径；确定星级教师评价指标，优化星级教师激励机制，并通过实践检验其可行性。

3. 实施研究方案

2015年6月到2019年6月，课题组边实践边总结，由点到面，循序渐进地扩大研究范围，丰富星级教师评价制度的内涵和外延，专题研讨，实践检验，进一步整理、提炼和完善，形成了小学星级教师评价法及策略研究。

（1）小学教师评价制度现状调查。2015年6月到12月，课题组设计了问卷调查，在城区同类学校中抽取了3所学校对教师评价制度开展现状调查，共计发放调查问卷420份，深入了解了学校教师对现有的教师评价制度的概况，形成调查报告，进一步明确了研究方向。问卷数据显示：评上高级职称的教师只占15％，评上中级职称的占38％，还有47％的教师处于初级职称；从教龄来看，有教龄30年以上的教师还没有评上高级职称的占30％，教龄15年以上的没有评上中级职称的占42％；对现在职称评审制度满意的人数占5％，基本满意的占15％，不满意的占80％；有75％的人认为职称评审制度不能激发对工作的热情，6％的人认为职称评审制度能激发对工作的热情，19％的人认为职称评审制度不完全能激发对工作的热情；88％的教师希望有一种新的评价制度来作为职称评审制度的补充，8％的教师不期待有一种新的评价制度作为职称评审制度的补充，4％的教师无所谓。

（2）星级教师申报条件及考核标准。2016年1月到3月，在校长办公室召开了3次针对建设内容的主题研讨。课题组主研人员在前期所做的工作基础上，针对星级教师申报条件及考核标准，一致认为从德、能、勤、绩、责五个方面来确定星级教师的考核条件。

（3）学校星级教师评价制度三年规划。2016年9月，课题组拟定，经校长办公会商讨研究决定，成立了星级教师领导小组，设立了组织机构，并进行了明确分工，确立了星级教师评价制度建设发展目标及具体的工作措施，保障课题研究有序推进。

（4）成立星级教师考核领导小组。2016年9月，课题组成立了关于星级教师考核领导小组，由课题负责人校长任组长，主研分管教学副校长任副组长，主研教研室主任负责星级教师评审的具体事宜，全体教师参研，为星级教师评价制度的开发营造了浓厚的研究氛围。

（5）环境营造。2015年10月到2017年10月，全体参研人员在课题负责人的带领下，营造学校环境：建立年级组工作室、建立学科组工作室、开设雅慧讲堂、建立"教师专业成长互助共同体"、实施"12345"工程、塑雅慧教师、修雅慧课程。

（三）总结阶段（2019年7月—2019年12月）：收集、整理课题相关材料，准备结题

1. 资料整编

2019年7月以来，课题组对开展的实践研究资料进行整理和汇编，课题组对课题资料进行了进一步收集、整理与完善，并提出了对该课题的问题讨论及建议。

2. 成果推广

研究中，我们高度重视课题成果的推广和运用，通过现场推广、媒体推广和媒介推广等方式推介成果，让参研的老师获得研究后的成功喜悦，让他人分享研究的成果，并进行验证性研究，从而自觉地加入教育科研的行列。①现场推广：筛选成果→片（校）内展示→成果运用。②媒体推广：现场录制→媒体报道。③媒介推广：收集成果→形成文本→编印发放等成果推广形式。

三、成果主要内容

（一）认识成果

1. 星级教师评价是激发教师内驱力的有力保障

在教师评价中，由于教师个体之间存在着起点与教学水平的不一致，也就不应确定一个统一的标准，而应将教师的阶段性表现与其原有水平比较，对不同发展阶段的教师，有针对性地提出不同的发展目标，跨小步、跃大步，增强成就感，从而让教师在成功的体验中不断进步。学校根据教师队伍结构和实际水平，制定了星级教师评审条件、年审条件，意在依托星级教师评定制度，配合星级年审制度和奖励制度，不断促进教师自觉提高专业素质，使星级教师的发展落到实处，并在评优晋级、职称评审中优先考虑。星级教师评价机制，以物质奖励和精神奖励促进了学校教师专业水平的提升，教师队伍整体水平得以提高。一批又一批的骨干教师、名师脱颖而出，对彰显学校的雅慧文化，提高学校的办学质量又更近了一步。课题组认为"星级教师"评价制度是一种新型的评价制度，是教师职称评审制度的补充，是一种以业绩评价为主导、反映教师综合素质，并能吸引全体教师积极参与的教师激励制度，实现了对教师进行全员、全域、全程评价。

2. 星级教师评价原则

对象广泛性原则：只要符合"星级教师"制相应条件的在职在岗教师，都有资格参加"星级教师"评选活动，没有年龄、学科、性别限制。

能力综合性原则："星级教师"在教育、教学、管理、特长等综合能力方面有良好的表现，体现了从学历达标向综合能力持续发展转化的现代教师形象。

管理动态性原则："星级教师"不实行终身制，也不只设一个星级，参评者可按一星级、二星级、三星级逐级上升，也可能因在某一星级考核未达标而降级，直至取消星级。

使用权威性原则：评上"星级教师"的教师在其工作、学习上有一定的福利和保障，在评优、晋级、职称评审等方面优先考虑。

3. 星级教师评价是促进教师专业成长的有效途径

目前以教师学历达标的教师职称评定的激励制度已经不能有效地提高全体教师的工作积极性，职称评定无法承担起有效引导教师持续发展的重任，而且各种条款限制又严重约束了教师的主观能动性。因此，建立一种以业绩评价为主导、反映教师综合素质，并能吸引全体教师积极参与的教师激励制度就成为现实的迫切需要。建立健全星级教师评价机制，重视把精神激励和物质激励有机地结合起来，发挥激励作用。通过评选后的物质激励和精神激励，是对教师能力的一种认同。这种激励足以满足教师生理、心理和社会需求方式，从而激发起动机，使其本身内在驱力而不是来自外部压力的积极从事实现目标活动。

不同的星级角色，从不同的目标出发，指向对应的目标和任务，从而达到成功（图1）。学校基于不同的激励，使教师向更高星级去努力，星级教师在评职晋级中加分，各种培训也依星级教师的等级来作为参考依据，不同的星级给予相应的现金奖励。这样可以满足教师的合理需求，从而提高教师的内驱力，促使教师在教育教学中取得更好的成绩。

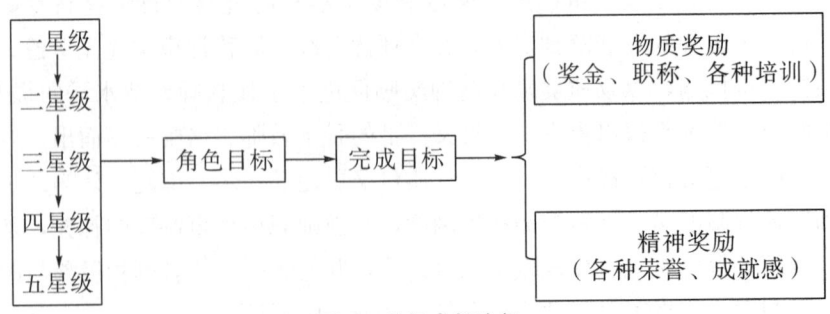

图1 教师成长途径

（二）操作成果

1. 建立了星级教师专业成长评价制度

星级教师评价制度是教师职称评审制度的补充（图2）。一种以业绩评价为主导、反映教师综合素质，并能吸引全体教师积极参与的教师激励制度很好地优化了传统评价制度的弊端。

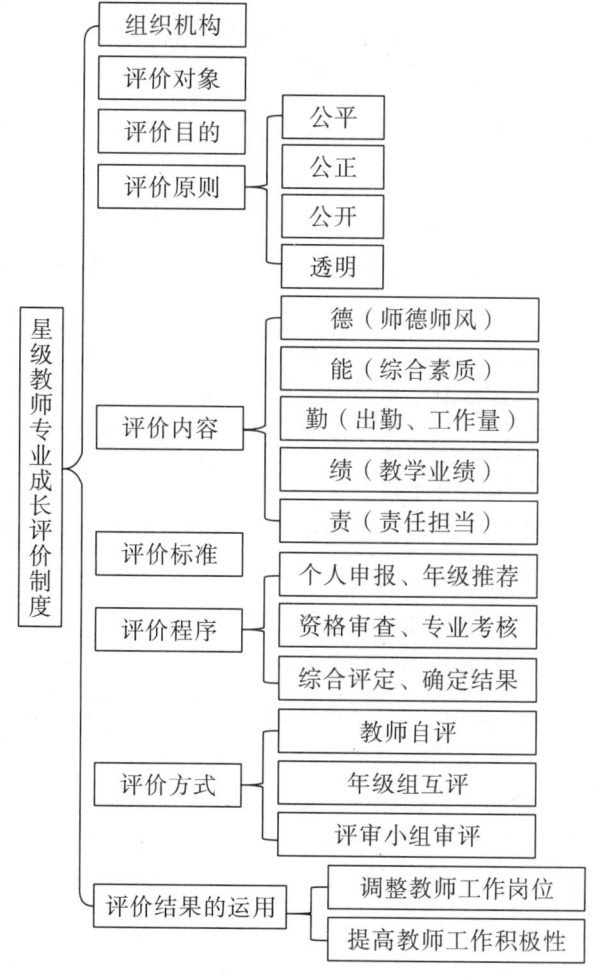

```
                    ┌── 组织机构
                    ├── 评价对象
                    ├── 评价目的
                    │              ┌── 公平
                    ├── 评价原则 ──┼── 公正
                    │              ├── 公开
                    │              └── 透明
                    │              ┌── 德（师德师风）
星级教师专业        │              ├── 能（综合素质）
成长评价制度 ──────┼── 评价内容 ──┼── 勤（出勤、工作量）
                    │              ├── 绩（教学业绩）
                    │              └── 责（责任担当）
                    ├── 评价标准
                    │              ┌── 个人申报、年级推荐
                    ├── 评价程序 ──┼── 资格审查、专业考核
                    │              └── 综合评定、确定结果
                    │              ┌── 教师自评
                    ├── 评价方式 ──┼── 年级组互评
                    │              └── 评审小组审评
                    │                  ┌── 调整教师工作岗位
                    └── 评价结果的运用─┴── 提高教师工作积极性
```

图2　星级教师专业成长评价制度

（1）组织机构。教务处负责学校星级教师的评选和管理工作，按照"认真遴选、合理分布、悉心培养、严格评定、动态管理"的原则，制定学校教师培养规划，建立星级教师培养、评选和激励机制。星级教师评定机构分两

级。一是考核机构：由教务处聘请班子成员、年级主任、教研组长对星级教师量化考核。二是评审机构：由校领导班子组成，召开校务会议，听取考核机构对星级教师的考核报告，讨论认定星级教师。

（2）评价对象。星级教师评选的范围和对象是学校在职在岗的教师。

（3）评价目的。适用新型教育评价理念，建立符合素质教育思想的、有利于发挥教师主动性和创造性的多元发展性教师评价体系，充分发挥评价的导向、激励、反思等促进评价主客体发展的功能，帮助全校教师不断提升专业水平，促使学生健康发展，不断提升学校办学品位。

（4）评价原则。

公平性原则：学校所有在职在岗的教师，都有资格参加星级教师的评选。

公正性原则：星级教师机制对任何教师的要求一致，对不同性别、年龄、学历、个性、相貌做到一视同仁，同等对待，不以个人的私利和好恶做标准。

公开性原则：每年9月申报星级教师时，学校统一发群公告告知全体教师，然后教师根据自身情况申报星级教师的等级。次年9月，申报星级教师的教师上交相应的材料，然后星级教师评审小组根据星级教师的标准评选出该年度合格的星级教师，并予以公示。

透明性原则：在整个申报、评选星级教师的过程都是透明的，以星级教师标准为依据，符合条件的就入选，不符合条件的就会落选。

（5）评价内容。星级教师评价制度是教师职称评审制度的补充。在考核中，注重考核教师的个人的德（师德师风）、能（个人综合素质）、勤（出勤及工作量）、绩（教学业绩）、责（责任担当）及所在团队的业绩。坚持"多劳多得、优劳优得、奖勤罚懒、责重酬丰"和"效率优先、兼顾公平"的原则，大大激发了教师的教学积极性，促进了教师业务水平的提高。

（6）评价标准。从满意度、教学常规、教学业绩、校本教研、个人业绩五个方面进行评价。

（7）评定程序。

一是个人申报，年级推荐。在个人申报的基础上，年级对照条件，充分考虑，广泛听取意见，经过述职、评课、满意度测评、考核教学业绩，提出候选人名单，无异议后上报教务处。

二是资格审查，专业考核。考核机构对候选人的材料及相关资格、条件进行审查。考核主要根据"基本条件"和"必备条件"。

三是综合评审，确定结果。评审机构对推荐的人选进行评审，在学校公示无异议后，予以确认并颁发证书。

（8）评价方式。

一是教师自评。教师可以对自己的工作态度、努力程度、教学效果等进行评价。教师对自己教学过程的评价是形成高效的教学方法，提高教学水平的重要途径。教师的自我评价也是教师自我反思教学过程和教学效果的过程。

二是年级组互评。年级组互评是以年级组为单位，根据评价标准，年级组成员之间对教育教学活动作出评价。年级组互评可以让组内人员更清晰地认识到自己的长处和不足，也能感受到团体合作的力量，让教师在合作中取长补短。

三是评审小组审评。教师的自评和年级组的互评都必须与星级教师评价标准结合起来，使评审小组的评审更加公平、公正、具体、全面。

（9）评价结果的运用。

一是调整教师工作岗位。利用星级教师评价的结果可以调整教育教学工作，星级等次越高，该教师的教育教学水平越高，在承担学校重要的教育教学任务中起着重要作用，相应的工作岗位就亟需这样的教师。若是星级等次低，说明该教师还需要进一步努力。

二是提高教师工作积极性。把星级教师评价结果与教师的职称、待遇、荣誉、培训相结合，满足了教师的物质需求和精神需求。教师要提高一个星级等次就得更加努力，越努力越能满足自己的需求。这样就进一步提高了教师的工作积极性。

2. 探索出星级教师成长路径（图3）

星级教师评价制度提升了教师们的个人素质，教师们从一星级到二星级、二星级到三星级、三星级到四星级、四星级到五星级一步一步不断成长。省市县校级骨干、名师将从星级教师中产生。星级教师制度促使学校优化了外部环境，开展了多姿多彩的文娱活动，开设了独具特色的校本课程，加强了校本教研活动，丰富了学校文化内涵。

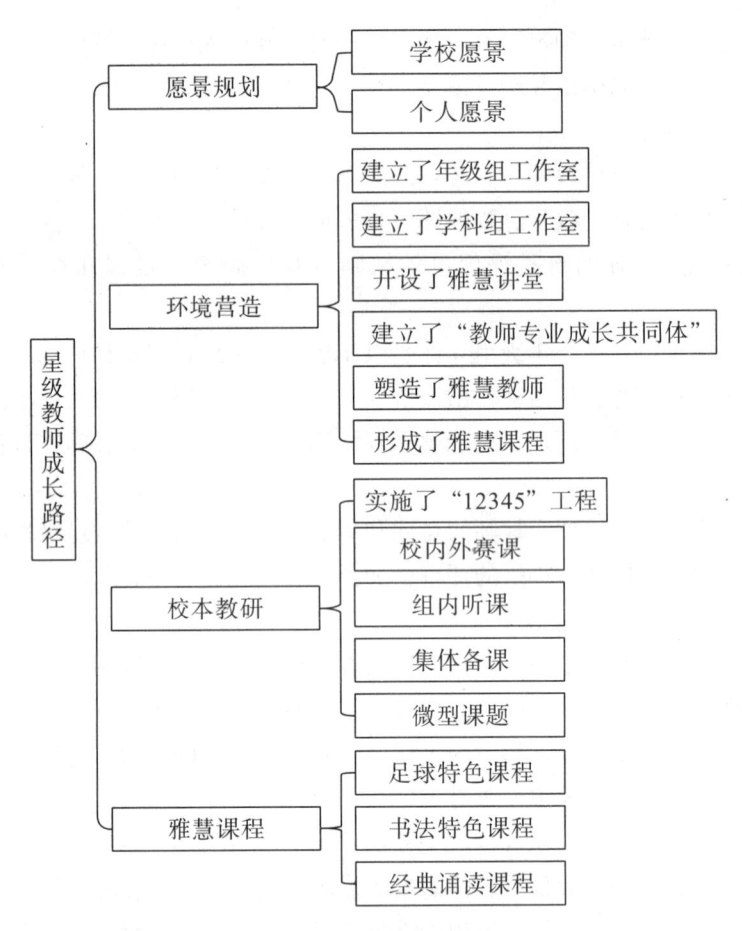

```
                    ┌─────────┬─── 学校愿景
                    │ 愿景规划 │
                    │         └─── 个人愿景
                    │
                    │         ┌─── 建立了年级组工作室
                    │         ├─── 建立了学科组工作室
                    │ 环境营造 ├─── 开设了雅慧讲堂
星级教师成长路径 ────┤         ├─── 建立了"教师专业成长共同体"
                    │         ├─── 塑造了雅慧教师
                    │         └─── 形成了雅慧课程
                    │
                    │         ┌─── 实施了"12345"工程
                    │         ├─── 校内外赛课
                    │ 校本教研 ├─── 组内听课
                    │         ├─── 集体备课
                    │         └─── 微型课题
                    │
                    │         ┌─── 足球特色课程
                    │ 雅慧课程 ├─── 书法特色课程
                    │         └─── 经典诵读课程
```

图3 星级教师成长路径

（1）愿景规划。

一是学校愿景。共同的学校愿景及使命，是激励教师和校长的重要动力，也是加快学校快速发展的有力推手。一所高质量的学校拥有清晰的目标，它可以提高学校成员共同的使命感，使其成员能够承担更多的责任，更热爱并忠诚于学校。

二是个人愿景。百年大计，教育为本。教育大计，教师为本。学校的发展靠教师。教师是学校办学的主力军，一支政治思想强，业务素质过硬的师资队伍是办好学校的关键，对于学生成长、教师发展、学校发展也起着至关重要的作用。教师个人愿景的规划明确了自己努力的方向，激发了学习的动力，调动了教师自我发展的积极性。

(2) 环境营造。

建立了年级组工作室。以校园文化主题为引领，培养"尊重、博爱、守望"的教师团队。2016年5月21日，学校开始打造墙体文化：美化、装饰教学楼、办公楼、功能室等墙体，比如装裱学生的绘画作品、悬挂古诗词等。打造年级组团队文化，以每个年级组为单位，组内老师团结奋进，共学共研，资料共享，共同攻坚克难。

建立了学科组工作室。以学科特点为基础，建立语文、数学、综合学科教研组，每周星期二下午为语文教研活动时间，星期三下午为综合科教研活动时间，星期四下午为数学教研活动时间。每个学科根据本学科的特点安排教研活动，比如年级组组内集体备课、同学科组"听、评、议、磨"课等。

开设了雅慧讲堂。根据学校文化特色，结合学校师生需要，每学期安排3~5位教师就某一专业知识在通慧堂给全校老师做一次专业讲座。比如如何上好小学作文课、如何培养学生的书法兴趣、如何建立良好的师生关系等。

建立了"教师专业成长互助共同体"。以"有星带无星的、星级高的带星级低的"的模式一对一"捆绑式"发展，塑造优秀教师团队，提升学校办学质量与品位。

塑造了雅慧教师。一是培养了教师才能。通过"教师足迹"评比、书画作品展示、书写技能大赛、说课比赛、优质课展评等途径培养了教师才能。二是开展了文体活动。通过开展篮球、乒乓球、拔河、跳绳、"趣味运动"等项目比赛，国学文化艺术节、校园吉尼斯、"雅慧之声"卡拉OK大赛、书画展、演讲比赛、田径运动会等活动，来增强了教师体质，活跃其身心。

创设了雅慧课程。一是开辟了师生践行园（稼穑园、耳园、花木园）。让全体教师体验劳动过程，培养教师热爱学校的情感，修雅慧课程。二是推行了长短课。每天早晨全校20分钟经典诵读，下午20分钟书法练习。三是开发了校本课程。开发了以传统文化，校园足球为主要内容的校本课程，开设了以"走班制"为形式的书法、绘画、吟诵、舞蹈、足球、乒乓球、刺绣、中国象棋、围棋等30多个社团，打破年龄界限，完全以兴趣爱好自由选择。

(3) 校本教研。

实施了"12345"工程，即"一赛、二帮、三研、四课、五星"。"一赛"即每一次分学科课堂竞赛；"二帮"即师带徒两人结对帮扶；"三研"即每周三个下午的常态教研；"四课"即新进教师的见面课、合格课，经验丰富教师的示范课，骨干教师的优质课；"五星"即"五星级教师"的评选和培养。

校内外赛课。每年上半年举行数学校内外赛课，下半年举行语文校内外赛课，我校多名教师在校内外赛课中成绩优异、表现突出。杨萍、张艳、李晓春、刘欢、钱明、徐锦、张慧等多名教师荣获省、市、县奖项，徐锦老师和付华老师制作的科技创新作品荣获 2019 年四川省一等奖。

组内听课。每学期，学校领导、教师都会分学科组进行听课，并且听课节数不少于 20 节，在听课中发现问题、解决问题、探究创新学习，达到不断学习、不断成长、教学共研的目的。

集体备课。单周组内集体备课，双周学科组一起集体备课，每周星期二下午为语文教研，每周星期三下午为综合教研，每周星期四下午为数学教研。在教研会上，通过开展听课、评课、议课、磨课、同课异构、集体备课、教材解读、读书分享等活动来促使教师快速成长。

微型课题。每年 3—5 月，教科室主任组织全校教师踊跃参加微型课题研究。2015—2017 年我校 50 多项微型课题获得县级一等奖，15 项课题获得市县级一等奖。学校营造教师做课题研究的"大环境"，从而创设教学研究氛围，提升科研能力。

（4）雅慧课程。

足球特色课程。一是我校将足球纳入课表，小学一、二年级每周 4 节体育课，三至六年级 3 节课，其中确保每周一节足球课教学；二是将足球纳入学校运动会等体育活动和大课间活动中；三是将足球纳入学校每期的"校园吉尼斯"等活动中；四是将足球纳入学校每天的课外活动和社团活动中。通过这一系列的措施，让校园足球贴近学生，让学生走进足球。

书法特色课程。我校将书法课纳入课表，每天下午开展 20 分钟的书法课，由专业的书法教师指导学生认真上好书法课。我校开设了 7 个书法社团，每天下午全校学生实行走班、选班上书法社团课。

经典诵读课程。我校将经典诵读纳入课表，每天早晨 8 点至 8 点 20 为经典诵读时间。这段时间，由语文老师指导学生阅读国学经典读物。校园书声琅琅，处处弥漫着一股浓浓的书香气息。

3. 明晰了星级教师评价指标

为了提升教师综合素质、促进学生全面发展、提升学校办学质量，我校制定了星级教师评价制度，初步构建了用于考核星级教师的评价指标体系（表1）。如下表所示，星级等次分为 5 个等次，分别是一星级、二星级、三星级、四星级、五星级。从满意度、教学常规、教学业绩、校本教研、个人业绩五个方面考核。不同的星级其评价标准不一样，星级等次越高对教师个人的要求也就越高。一定的保障待遇促使教师们积极参与星级教师的评审，不断提升自身素质。星级等次越高，其保障待遇越丰厚。

表1　星级评价制度考核评价指标

星级等次	评价维度	评价标准	保障待遇	备注
一星级	满意度	学生满意度不低于90%	1. 星级教师由学校授予称号，颁发荣誉证书。星级教师在教师评优晋职中按有关规定给予加分。 2. 一星级教师每年享有200元（买书）的科研补贴。 3. 学校在制作教师工作室座签时进行标注	全校教师都有资格申报
	教学常规	教学基本功扎实，在备课、上课、批改、辅导等环节中表现良好		
	教学业绩	该学年度连续两学期所任学科平均分不低于同年级同学科平均水平2分，或在其他活动中有突出贡献（以校长办公会认定为准）		
	校本教研	按时参加各类校本培训、教研活动，从未无故缺席；学年内听课达到15节以上，有较详细的听课、评课记录		
	个人业绩	学年内至少研读教育教学专著1本，并做好读书笔记。学年内积极指导学生参加各级各类活动		
二星级	满意度	学生满意度不低于90%	1. 星级教师由学校授予称号，颁发荣誉证书。星级教师在教师评优晋职中按有关规定给予加分。 2. 二星级教师每年享有200元（买书）的科研补贴。 3. 学校在制作教师工作室座签时进行标注	一星级教师考核合格即可申报二星级教师
	教学常规	教学基本功扎实，在备课、上课、批改、辅导等环节中表现良好		
	教学业绩	在该学年度连续两学期所任教学科平均分不低于同年级同学科的平均水平，或在上学年基础上所任教学科班平均分与级平均分缩小2分及以上，或在其他活动中突出贡献（以校长办公会认定为准）		
	校本教研	1. 积极参加各类校本培训、教研活动，从未无故缺席。学年内听课达到20节以上，有较详细的听课、评课记录。 2. 学年内至少上过1节公开课；学年内有市级微型课题获奖；学年内参与过指导青年教师参加县级以上赛课或学区赛课获一等奖（以上三个条件满足其一即可）		
	个人业绩	1. 学年内至少撰写2篇教育教学论文、案例或教学叙事、反思等； 2. 学年内研读1本教育教学专著，写一篇读书心得体会； 3. 学年内积极指导学生参加各类活动，并获校级及以上奖项		

续表

星级等次	评价维度	评价标准	保障待遇	备注
三星级	满意度	学生满意度不低于90%	1. 星级教师由学校授予称号，颁发荣誉证书。星级教师在教师评优晋职中按有关规定给予加分。 2. 三星级教师每年享有500元的科研补贴，其中300元用于买书，200元现金奖励。 3. 学校在制作教师工作室座签时进行标注	二星级教师考核合格即可申报三星级教师
	教学常规	教学基本功扎实，在备课、上课、批改、辅导等环节中表现良好		
	教学业绩	教学业绩良好，在该学年度连续两学期所任教学科的优秀率、合格率、平均分都高于年级组平均水平，或跟上学年相比，所任教学科班平均分与级平均分缩小3分及以上，或在其他活动中突出贡献（以校长办公会认定为准）		
	校本教研	1. 积极参加各类校本培训、教研活动，并主动表达观点，发表见解，从未无故缺席。 2. 学年内听评课达到20节以上，有较详细的听课、评课记录且发言踊跃。 3. 学年内至少上过1节校级及以上公开课；学年内有市级微型课题获奖或是省市立项课题的主研；学年内参与过指导青年教师参加县级及以上赛课或本人参加县级及以上的课赛获奖；学年内参加其他活动并获县级及以上奖项（以上四个条件满足其二即可）		
	个人业绩	1. 学年内至少有1篇论文、案例、随笔、文学作品等在校级级及以上发刊物发表或获奖； 2. 学年内研读1本教育教学专著，写一篇读书心得体会； 3. 学年内积极指导学生参加各类活动，并获校级及以上奖项		

续表

星级等次	评价维度	评价标准	保障待遇	备注
四星级	满意度	学生满意度不低于90%	1. 星级教师由学校授予称号，颁发荣誉证书。星级教师在教师评优晋职中按有关规定给予加分。 2. 四星级教师每年享有800元的科研补贴，其中400元用于买书，400元现金奖励。 3. 学校在制作教师工作室座签时进行标注	三星级教师考核合格即可申报四星级教师
	教学常规	教学基本功扎实，在备课、上课、批改、辅导等环节中表现良好		
	教学业绩	教学业绩良好，在该学年度连续两学期所任教学科的优秀率、合格率、平均分都高于年级组平均水平，或跟上学年相比，所任教学科班平均分与级平均分缩小3分及以上，或在其他活动中突出贡献（以校长办公会认定为准）		
	校本教研	1. 积极参加各类校本培训、教研活动，并主动表达自己的观点，从未无故缺席； 2. 学年内听课达到20节以上，有较详细的听课、评课记录且发言踊跃； 3. 学年内至少上过1节校级及以上公开课或示范课、研讨课		
	个人业绩	1. 学年内至少有1项微型课题获奖或是担任省市立项课题的主研； 2. 学年内至少有1次参加有其他竞赛类活动获奖（优课、技能赛、课件制作、信息化大赛等）； 3. 学年内至少有1篇论文、案例、随笔、文学作品等在校级及以上发刊物发表或获奖； 4. 学年内研读1本教育教学专著，写一篇读书心得体会； 5. 积极主动承担学校分派的各项工作，主动为学校排忧解难； 6. 学年内积极指导学生参加各类活动，并获校级及以上奖项		

续表

星级等次	评价维度	评价标准	保障待遇	备注
五星级	满意度	学生满意度不低于90%	1. 星级教师由学校授予称号,颁发荣誉证书。星级教师在教师评优晋职中按有关规定给予加分。 2. 五星级教师每年享有1000元的科研补贴,其中500元用于买书,500元现金奖励。 3. 学校在制作教师工作室座签时进行标注	四星级教师考核合格即可申报五星级教师
	教学常规	教学基本功扎实,在备课、上课、批改、辅导等环节中表现良好		
	教学业绩	有一定教学经验,教学业绩良好,在上一学年连续两学期所任教学科的优秀率、合格率、平均分都高于年级组平均水平,或跟上学年相比,所任教学科班平均分与级平均分缩小3分及以上。学年内参加其他活动并获县级及以上奖项(以校长办公会认定为准)		
	校本教研	1. 积极参加各类校本培训、教研活动,并积极表达自己的观点,从未无故缺席; 2. 学年内听评课达到20节以上,有较详细的听课、评课记录且发言踊跃; 3. 学年内至少上过2节校级及以上公开课或者示范课、研讨课		
	个人业绩	1. 学年内至任担任1项省市立项课题的主研; 2. 学年内至少有1次参加有其他竞赛类活动并获县级及以上奖项(优课、技能赛等); 3. 学年内至少有1篇论文、案例、随笔、文学作品等在县级及以上刊物发表或获奖; 4. 学年内研读1本教育教学专著或文学著作等,并在学科组读书会上分享; 5. 学年内积极指导学生参加各类活动,并获校级及以上奖项		

4. 确定了星级教师成长激励机制

为了让星级教师评价制度最大限度地发挥其作用,在星级教师制度里明确了一系列的激励机制(图4)。制度激励机制是前提,物质激励机制是保障,目标激励机制是方向,竞争激励机制是动力。

```
                ┌─── 制度激励机制 ───┐
星级教师激励机制 ─┼─── 物质激励机制 ───┤
                ├─── 目标激励机制 ───┤
                └─── 竞争激励机制 ───┘
```

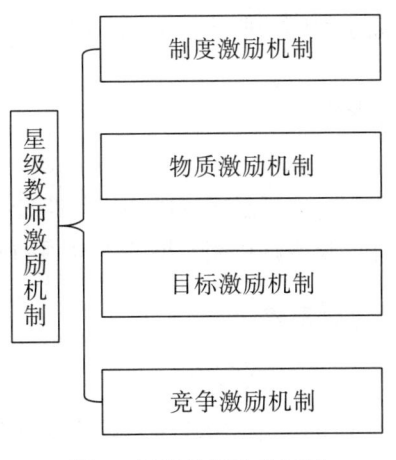

图 4　星级教师激励机制

（1）制度激励机制。星级教师评价制度是教师职称评审制度的补充。目前以教师学历达标的教师职称评定的激励制度已经不能有效地提高全体教师的综合素质，职称评定无法承担起有效引导教师持续发展的重任，而且各种条款限制又严重约束了教师的主观能动性。因此，建立一种以业绩评价为主导、反映教师综合素质，并能吸引全体教师积极参与的教师激励制度就成为现实的迫切需要。而星级教师评价制度就很好地优化了传统评价制度的弊端。星级教师在评优、晋级、职称评审方面优先考虑。学校每年会拿出一定的科研经费来促使老师们积极竞评星级教师。学校成立的名师工作室，其成员也将从星级教师中产生。

（2）物质激励机制。物质激励机制主要通过物质刺激的手段，鼓励教师工作，星级教师在评优、晋级、职称评审方面优先考虑。每年学校给予相应的经费保障，以促进教师们不断成长。星级教师评价制度公平合理，更能调动老、中、青各个年龄阶段的教师的工作积极性。

（3）目标激励机制。目标具有引发、导向、激励的作用，通过教师个人愿景的规划，教师们结合自身实际给自己定下成长目标，从而达到调动教师们工作的积极性。

（4）竞争激励机制。竞争激励则是鼓励进步、鞭策平庸、末位淘汰的关键环节。根据马斯洛的需要层次理论，人不仅有物质层面的需要，还有自我实现高级层次的需要。合理的竞争让具有自我实现需要的人全身心投入工作，并在竞争中获得成就感。通过星级教师管理机制，为教师的专业发展提供了有效的指导，不断促进教师自觉提高专业素养，使得教师们获得全面、快速的发展,从而增强了教师的职业幸福感,提高了学校办学品位。

四、成果应用及效果

在实践研究中,我们确定了星级教师的成长路径,明细了星级教师评价指标,确定了星级教师成长激励机制,增强了教师的职业幸福感。

(一)提高了教师综合素养

近年来,通过校本教研、各级各类的学习、培训,我校教师专业素养得到了很大的提升。近三年来,我校毕业班考试成绩均名列城区第一名,抽测年级均名列城区前三。学校多名教师在科研方面取得可喜的成绩(表2、表3)。教师们职业幸福感极大增强。学校书画室、舞蹈室、琴房等多功能教室配备齐全,教师们利用课余时间提升个人综合素质。学校开展丰富多彩的活动,通过师德师风演讲比赛,让教师们充分展现了个人魅力。在去年全省的书法等级测试中,教师们通过率达100%。

表2 星级教师人数统计

年份	一星级	二星级	三星级	四星级	五星级
2016	11	0	0	0	0
2017	25	11	0	0	0
2018	18	19	6	0	0
2019	26	18	15	1	0

表3 学年度教师获奖情况统计

年度	等次	国家/人次	省/人次	市/人次	县/人次	总数/人次	合计/人次
2015—2016	一等	0	0	6	2	8	19
	二等	0	1	8	0	9	
	三等	0	0	2	0	2	
2016—2017	一等	0	0	8	7	15	20
	二等	0	0	1	3	4	
	三等	0	1	0	0	1	

续表

年度	等次	国家/人次	省/人次	市/人次	县/人次	总数/人次	合计/人次
2017—2018	一等	0	0	5	20	25	51
	二等	0	0	5	17	22	
	三等	0	0	4	0	4	
2018—2019	一等	0	0	3	17	20	41
	二等	0	1	3	11	15	
	三等	2	3	1	0	6	
2019—2020	一等	0	2	11	15	28	72
	二等	1	8	4	7	20	
	三等	1	5	2	16	24	

（二）促进了学生健康成长

我校每周举行升旗仪式，安排学生国旗下讲话，对学生进行爱国主义教育。在小学六年级毕业考试中，我校在城区同类学校中已取得三连冠的佳绩（表4），其他修业年级也取得了可喜的成绩。我校是足球示范学校，每周三节体育课，体育老师对学生进行专业指导。通过抽查，我校学生身高、体重达标，近视率下降，体质有了明显增强（表5）。在桃李成熟之际，我校举行樱桃诗会、李子诗会，让学生们吟诗作画，品尝丰收的果实，体会春华秋实的深刻含义。为了学生的全面发展，我校还开设了劳动教育课程：两耳种植基地、稼穑实践园。

表4　学生学业水平测试成绩

比率\指标 年份	平均分 语文	平均分 数学	合格率 语文	合格率 数学	巩固率 语文	巩固率 数学	优生率 语文	优生率 数学	学困生率 语文	学困生率 数学
2016年	75.6	76.2	90.2%	90.5%	100%	100%	46.3%	72.9%	0.45%	0.45%
2017年	77.5	78.5	91.2%	91.2%	100%	100%	48.6%	75.2%	0.42%	0.42%
2018年	78.3	80.5	92.5%	93.4%	100%	100%	50.6%	77.1%	0.38%	0.29%
2019年	79.4	82.1	93.5%	94.2%	100%	100%	54.6%	79.5%	0.29%	0.15%

表5　学生身体素质

指标	2016年 男	2016年 女	2017年 男	2017年 女	2018年 男	2018年 女	2019年 男	2019年 女
身高（cm）	142	143	143	144	144	145	146	147
体重（kg）	38	39	39	40	40	41	42	43
近视率	0.47%	0.38%	0.33%	0.35%	0.32%	0.33%	0.29%	0.36%

（三）提升了学校办学品位

学校的巨大变化引起了县委、县政府的高度关注。近年来，学校获得多项荣誉：四川省优秀传统文化艺术传承学校、通江县教育教学先进单位、巴中市新德育示范学校、足球示范学校、教学质量优胜单位，多次被通江县教科体局评为先进单位、优秀组织单位……学校加强了校本教研，开设了雅慧讲堂，成立名师工作室，开辟劳动实践园，兄弟学校前来参观学习累计达数百人次，名师、名校长多次在我校进行校际经验交流，相关活动先后被省、市、县多家媒体报道。当地各种社会性考试的考点大多设在我校，巴中电视台多次对我校进行采访报道。学校得到了社会各界的认可、好评。

（四）产生了社会认可效应

近年来，我校频频被《教育导报》和当地电视台报道。随着学校教学质量的提高、办学品位的提升，每年的招生数据、转入学生数据呈上升趋势，截至2020年共有教学班级41个，学生人数突破2500人。

五、成果的创新

（1）创新教育发展理念。我校自2014建校以来，就围绕雅慧教育这个核心，以"改革和发展"为主题，以"质量奠基、文化塑魂、艺体固本"为途径，以"建雅慧校园，塑雅慧教师，修雅慧课程，育雅慧学生"为载体，构建雅慧文化体系，着力培养"外雅于形、内慧于心，有家国情怀、未来眼光"的现代小学生。

（2）创新教师培养体系。建立了"教师专业成长互助共同体"，以"有星带无星的、星级高的带星级低的"的模式一对一"捆绑式"发展。塑造优秀教师团队，提升学校办学质量与品位。实施了"12345"工程，即"一赛、二帮、三研、四课、五星"。"一赛"即每一学期分学科课堂竞赛;"二帮"即师带徒两人结对帮扶;"三研"即每周三个下午的常态教研;"四课"即新进教师的见面课、合格课,经验丰富教师的示范课,骨干教师的优质课;"五星"即"五星级教师"的评选和培养。通过"12345"工程,整体提升教师队伍教学能力和水平。

（3）创新教师评价机制。以动态的星级教师评价机制,促进教师主动提升教学能力和育人水平。以前的职称评审制度对于教师来说太过单一,一评定终身,而星级教师评价制度是对职称评审制度的一种很好的补充,是一种动态的评价机制,能充分调动教师们工作的积极性,从而更好地提高教师的教育教学水平。

（该成果获通江县首届基础教育成果奖一等奖）